OFICIO DE LA GERENCIA

VOL. I

Selección de Joseph L. Bower

Traducción
Jorge Cárdenas Nannetti

GRUPO EDITORIAL norma

Barcelona, Bogotá, Buenos Aires, Caracas, Guatemala
México, Miami, Panamá, Quito, San José, San Juan,
San Salvador, Santiago de Chile.

Edición original en inglés:
THE CRAFT OF GENERAL MANAGEMENT
de Joseph L. Bower
publicada en español en dos volúmenes con autorización de
Harvard Business School Press
Boston, Massachusetts 02163, USA.
Copyright © 1963, 1967, 1970, 1973, 1977, 1978, 1979, 1981, 1983, 1984, 1985,
1986,
1987, 1988, 1989, 1991 por el presidente y los asociados de Harvard College.

Copyright © 1995 para América Latina
por Editorial Norma S. A.
Apartado Aéreo 53550, Bogotá, Colombia.
Prohibida la reproducción total o parcial de este libro,
por cualquier medio, sin permiso escrito de la Editorial.
Primera reimpresión, 1995
Segunda reimpresión 1995
Impreso por Carvajal S. A. — Imprelibros
Impreso en Colombia — Printed in Colombia.
Mayo, 1995

Dirección editorial, María del Mar Ravassa G.
Edición, Armando Bernal M. y Lucrecia Monárez T.
Diseño de cubierta, María Clara Salazar

Volumen I, ISBN: 958-04-2897-2

CONTENIDO

Prólogo   IX

Introducción   Joseph L. Bower   XII

VOLUMEN I

PRIMERA PARTE
EL TRABAJO DEL GERENTE GENERAL

1 Seis tareas básicas de los gerentes generales   3
Andrall E. Pearson

Las diversas responsabilidades de la gerencia general se pueden condensar en seis tareas fundamentales que son las claves para fijar prioridades y alcanzar las metas de la compañía.

2 Los buenos gerentes no toman decisiones sobre política   20
H. Edward Wrapp

Contra lo que cree la gente, los gerentes generales de una compañía no pasan la mayor parte del tiempo fijando política y comunicando metas y objetivos precisos. Más bien se mantienen ampliamente informados sobre las decisiones operativas, y tratan de desarrollar oportunidades que impulsen a su compañía hacia sus objetivos a largo plazo.

SEGUNDA PARTE
FORMULACIÓN DE ESTRATEGIA

3 Cómo forman la estrategia las fuerzas de la competencia   37
Michael E. Porter

Entender las fuerzas subyacentes que gobiernan la competencia en una industria capacita a los gerentes generales para asumir posiciones menos vulnerables al ataque.

4 De ventaja competitiva a estrategia corporativa   55
Michael E. Porter

Una diversificación mal planificada puede resultar desastrosa para una compañía. Familiarizarse con cuatro conceptos básicos de estrategia corporativa puede guiar los esfuerzos de diversificación y ayudarles a los gerentes generales a forjar una estrategia corporativa coherente.

5 El propósito estratégico   90
Gary Hamel y C. K. Prahalad

Los gerentes generales que compiten por medio del propósito estratégico concentran sus organizaciones en la meta estratégica, comunican claramente el propósito estratégico y se sirven de éste para guiar la asignación de recursos.

TERCERA PARTE
CONSTRUCCIÓN DE LA ORGANIZACIÓN

6 Creación de una organización vigorosa   119
Andrall E. Pearson

Para convertir una compañía buena en una gran compañía los gerentes generales tienen que estar dispuestos a fijar altas normas, a medir constantemente por ellas a la gente y a reemplazar a los que no satisfacen esas normas.

7   **Gestión de asignación de recursos** 136
    Joseph L. Bower

    Los gerentes generales que se valen de un modelo basado en estrategia para la asignación de recursos tienen más probabilidades de obtener amplio apoyo organizacional para sus decisiones.

8   **Capacidad de ciclo rápido para poder competitivo** 148
    Joseph L. Bower y Thomas M. Hout

    Por ser el tiempo una fuente de ventaja competitiva, los gerentes generales tienen que aumentar la velocidad de las operaciones de una organización.

CUARTA PARTE
GESTIÓN DE LA COMPLEJIDAD

9   **Gestión de eficiencia, gestión de equidad** 169
    Joseph L. Bower

    Entendiendo los diversos sistemas de administración que utilizan los gobiernos y los negocios, los gerentes generales de una industria pueden manejar más eficazmente las tensiones que inevitablemente tienen lugar en su trato con el gobierno.

10 **Gerencia general en firmas diversificadas** 183
    Joseph L. Badaracco y Richard R. Ellsworth

    Los gerentes generales en compañías diversificadas deben gestionar el contexto en que se toman las decisiones refinando el diseño organizacional, apoyando la comunicación abierta y promoviendo una atmósfera de confianza e innovación.

11 **¿Pueden ser morales las mejores corporaciones?** 191
    Kenneth R. Andrews

    Siendo instituciones poderosas, las corporaciones tienen una responsabilidad social implícita. Pero los gerentes generales pueden frustrar esa responsabilidad sin quererlo, cuando les imponen a los empleados estrechos sistemas de recompensas y sanciones.

QUINTA PARTE
EL LIDERAZGO

12 Los dilemas humanos del liderazgo 209
Abraham Zaleznik

Los gerentes generales que tengan consciencia de las tensiones de liderazgo inherentes a su oficio serán más capaces de dirigirse a sí mismos y de dirigir a los demás.

13 Los gerentes y los líderes: ¿son distintos? 223
Abraham Zaleznik

Los gerentes generales necesitan reconocer y desarrollar líderes potenciales, más bien que formar gerentes que se conforman con la rutina burocrática.

Volumen II

Prólogo 9

Introducción   Joseph L. Bower 11

PRIMERA PARTE
EL TRABAJO DEL GERENTE GENERAL

1 Cambio estratégico: incrementalismo lógico 3
James Brian Quinn

El solo análisis racional no garantiza una estrategia viable. Un gerente general tiene que adoptar también un método intuitivo y flexible de planificación estratégica.

2 La administración y el trabajo del mundo 24
Peter F. Drucker

La administración ha creado una economía global y ha transformado la estructura económica y social del mundo. Los principios básicos de la administración pueden guiar a los gerentes generales para estructurar firmas muy prósperas y productivas.

3 **Los gerentes generales en el nivel medio** 44
   Hugo Uyterhoeven

   Los problemas de los "gerentes generales en el nivel medio" son a veces más difíciles que los de los gerentes generales que están a la cabeza de la compañía.

SEGUNDA PARTE
FORMULACIÓN DE ESTRATEGIA

4 **Competencia en manufactura** 65
   Steven W. Wheelwright y Robert H. Hayes

   Las contribuciones de la manufactura a las metas estratégicas de la firma son cruciales para el éxito competitivo de ésta.

5 **Cómo hacer que la planificación sea estratégica** 92
   Richard G. Hamermesh

   La planificación de cartera hay que hacerla con prudencia y en combinación con otras técnicas para que la planificación sea realmente estratégica.

TERCERA PARTE
CONSTRUCCIÓN DE LA ORGANIZACIÓN

6 **Diseño organizacional: ¿Moda o buen ajuste?** 109
   Henry Mintzberg

   El hecho de entender cinco configuraciones básicas les ayuda a los gerentes generales a diagnosticar problemas y a alcanzar coherencia en el diseño de una organización.

7 **De control a compromiso en el lugar de trabajo** 136
   Richard E. Walton

   Los gerentes generales están empezando a reconocer que a los empleados se les motiva mejor cuando se espera mucho de ellos y se les hace responsables de su propio rendimiento.

8 **Los sistemas de remuneración y el papel de la compensación**   153
Michael Beer y Richard E. Walton

Los gerentes generales tienen que inspirar confianza en el sistema de remuneraciones a fin de atraer, motivar y satisfacer a los empleados.

CUARTA PARTE
GESTIÓN DE LA COMPLEJIDAD

9 **Un marco de referencia para analizar la intervención del gobierno en los negocios**   173
J. Ronald Fox

Los gerentes generales que pueden forjar una relación productiva con el gobierno, protegiendo al mismo tiempo sus intereses mercantiles, ganarán una ventaja competitiva.

10 **Retos, motivaciones y mentalidades de la administración de compañías multinacionales**   182
Christopher A. Bartlett

La multinacional les presenta a los gerentes generales retos y oportunidades que no se encuentran en las firmas nacionales; entender la mentalidad de las multinacionales les permitirá desarrollar enfoques estratégicos para operaciones mundiales.

11 **La responsabilidad social de los negocios es aumentar sus utilidades**   195
Milton Friedman

Los gerentes generales deben entender que su objetivo principal es maximizar las utilidades de la compañía; no son responsables de gastar las utilidades en necesidades sociales.

QUINTA PARTE
EL LIDERAZGO

12 **La decisión eficaz**   207
Peter F. Drucker

Siguiendo una serie clara de pasos, los gerentes generales pueden mejorar la manera de tomar decisiones que afectan a toda la organización.

PRÓLOGO

La Escuela de Administración de Empresas de Harvard tiene una larga y honrosa tradición editorial. Durante varios decenios les ha venido proporcionando materiales educativos originales a las aulas académicas y a los programas de educación para ejecutivos en todo el mundo. Muchas de estas publicaciones las han utilizado los gerentes individualmente para actualizar sus conocimientos y habilidades. La Serie Practice of Management [Ejercicio de la gerencia] de Harvard Business School Publications, a la cual pertenecen los libros *Oficio y arte de la gerencia* y *La esencia del marketing*, publicados por el Grupo Editorial Norma en dos volúmenes cada uno, continúa esta tradición.

La Serie examina áreas principales del currículo de administración de empresas y temas importantes de esas áreas. En todos los libros hay equilibrio entre un amplio cubrimiento del área y una discusión a fondo; se han diseñado de manera que su uso ofrezca flexibilidad para atender a las diversas necesidades de instructores y programas en distintos ambientes académicos.

Estos libros servirán, igualmente, como obras autorizadas de consulta para gerentes en ejercicio. Permiten repasar conceptos básicos y perdurables de los negocios; ofrecen, asimismo, ideas y técnicas de vanguardia.

El objetivo principal de la Serie es hacer más amplia y fácilmente accesibles las continuas exploraciones de la Escuela de Administración de Empresas de Harvard en las mejores prácticas administrativas. Los libros aprovechan dos fuentes primarias de materiales producidos en la Escuela.

La Escuela de Administración de Empresas de Harvard probablemente es mejor conocida por sus investigaciones en el terreno y sus casos de estudio. Sin embargo, los miembros del profesorado preparan otros materiales para sus casos, incluso ensayos que definen y explican conceptos y prácticas claves de negocios. Al igual que otros materiales de clase producidos en la Escuela, estas "notas", como se llaman en la facultad, tienen un punto de vista común: el del gerente general. Tienen un propósito común: informar sobre la práctica real de la gerencia, en lugar de dar fundamentos teóricos. Las notas son una fuente importante de selección para los libros de la Serie.

La *Harvard Business Review* está reconocida por profesores y gerentes desde hace mucho tiempo como la revista más importante de administración. Su combinación de autores — académicos, ejecutivos y gerentes en ejercicio, y asesores — aporta una mezcla de conocimientos de investigación y de información práctica sobre una gran variedad de temas de negocios. Sus artículos cuestionan con nuevos enfoques las ideas que hoy son de recibo y a menudo pasan a la vez a formar parte de lo que generalmente aceptan los expertos. La revista se dedica principalmente a la práctica de la administración a nivel de gerente general. Sus artículos son otra fuente esencial de selecciones para los libros de la serie.

Finalmente, se incluyen en la Serie selecciones publicadas por otras distinguidas instituciones y organizaciones. En los casos en que existen lagunas en el cubrimiento o en el punto de vista, aprovechamos la oportunidad de tomar material de libros y de otras revistas, además de la *Harvard Business Review*.

RECONOCIMIENTOS

Los libros de esta serie son el producto de un esfuerzo de colaboración. Joseph L. Bower, miembro del profesorado de la Escuela de Administración de Empresas de Harvard, que escribió la introducción a *Oficio y arte de la gerencia*, trabajó en íntima asociación con una editora de Harvard Business School Publications, Sarah Conner, para seleccionar y ordenar los mejores materiales disponibles. La pericia del profesor Bower en materia de contenido, su experiencia en la cátedra y su diligencia, junto con la habilidad editorial y la dedicación de la señora Conner, han sido definitivos para la preparación de este libro.

Los miembros del profesorado de la Escuela de Administración de Empresas de Harvard cuyos trabajos se presentan en los libros han dedicado generosamente el tiempo necesario a revisar sus selecciones. Su cooperación merece todo nuestro aprecio.

Cada uno de los libros ha sido evaluado por profesionales o

por profesores de otras instituciones. Quisiéramos expresar nuestros agradecimientos a las siguientes personas que leyeron cuidadosamente el manuscrito para *Oficio y arte de la gerencia:* John Francis Lubin, Escuela Wharton, Universidad de Pensilvania; Edward Zajac, Escuela Kellogg de Postgrado en Administración, Universidad de Northwestern; Ari Gunsberg, Universidad de Nueva York; y Carolyn Woo, Escuela Krannert de Postgrado en Administración, Universidad de Purdue. Sus evaluaciones y sus muchas sugerencias útiles nos han ayudado a desarrollar esta obra y a moldearla como un instrumento más eficaz de enseñanza.

Deseamos darles las gracias a María Arteta, ex directora de gerencia de producto, y a Bill Ellet, director editorial, de Harvard Business School Publications; y a Benson P. Shapiro, profesor de la cátedra Malcolm P. McNair de marketing y ex asesor académico de Harvard Business School Publications. La Serie The Practice of Management no se habría materializado sin su apoyo, su guía y su penetración.

INTRODUCCIÓN

Para aprender sobre administración se requiere dominar un cuerpo considerable de conocimientos y habilidades. Ante todo, se necesita dominar la contabilidad, idioma por el cual se mide el desempeño económico de una empresa. Además, tenemos que entender las funciones básicas de ésta: producción, marketing y finanzas. Como las personas son las que hacen funcionar las compañías, estudiamos el comportamiento humano en las organizaciones y el diseño de sistemas de información y control, planificación y presupuestación. Más allá de estas cuestiones básicas, podemos estudiar negocios internacionales y el ambiente de los negocios. Últimamente, la atención se ha enfocado en la ética de los negocios y en la necesidad de tener en cuenta los valores personales y la responsabilidad social al tomar decisiones. Estos estudios suelen complementarse con trabajo en economía, psicología e historia económica.

¿El resultado de todo este trabajo es un cuadro global de lo que significa manejar una compañía? Ciertamente, no, pues la lista que se acaba de presentar deja por fuera la actividad más básica de todas: el trabajo de conducir la empresa. Alguien tiene que fijar metas para ella, motivar las actividades de sus miembros e integrar sus esfuerzos de modo tal que sean coherentes. La mayor parte de los gerentes toman parte en estas actividades, pero solamente el gerente general reúne todas estas responsabilidades.

En las compañías grandes, el papel del gerente general es a veces tan complejo que se ha tratado de dividir el trabajo. Una oficina ejecutiva de tres o cuatro miembros es a menudo el resultado. Muchas firmas de múltiples negocios tienen varios gerentes generales de división, lo mismo que gerentes de grupo para conjuntos de divisiones. Los retos de hacer frente a esta clase de complejidad se discuten en algunas de estas lecturas, pero los autores han concentrado su análisis en el trabajo del más alto gerente, cualquiera que sea la forma que tome la organización, el gerente en quien pensaba el presidente Harry Truman cuando dijo: "Hasta aquí llega la pelota".

La siguiente anécdota, que es verídica, ofrece una manera interesante de ilustrar lo que es gerencia general. El hecho de que haya ocurrido en una empresa colectiva, el más insólito de los experimentos sociales, es particularmente interesante puesto que indica la naturaleza general de los problemas que aquí se tratan. Hasta cierto punto, los hombres y las mujeres que formaron esta empresa colectiva pensaban que podrían evitar muchos de los problemas que abruman a los gerentes generales. El hecho de que no lo lograran revela que esos problemas existen en todas las organizaciones, en todas las culturas, en todo tiempo. Son problemas que vale la pena estudiar.

En los años 60, se publicaba en Boston un diario radical llamado el *Phoenix*. En su política era opuesto a la guerra, y tuvo gran éxito. Sus lectores eran el inmenso número de estudiantes universitarios y jóvenes adultos del área de Boston. Los teatros, las tiendas de ropa, Budweiser y Marlboro descubrieron que era un excelente medio para llegar con sus anuncios a los jóvenes adultos ricos.

Después de un tiempo, algunos miembros del personal del *Phoenix* llegaron a la conclusión de que el periódico "se había vendido" y se retiraron para fundar otro diario que fuera más fiel a sus ideas. Lo llamaron *The Real Paper*. Las cuatro o cinco personas que iniciaron la nueva publicación convinieron en manejarla como una empresa puramente cooperativa.

The Real Paper tuvo mucho éxito y creció. El personal aumentó. Al crecer el periódico, los empresarios vieron que era útil especializarse a fin de desempeñar con mayor eficiencia la tarea de administrarlo. Cada uno se volvió hábil en una tarea funcional, y uno de ellos descubrió que dedicaba muchísimo tiempo y energías a mantener al grupo coordinado. Tenía aptitud para ello, y encontró que sus colegas le pedían, cada vez con más frecuencia, que desempeñara esa función. Desde esa perspectiva, también notó que la situación cambiaba. Con la finalización de la guerra del Vietnam, el envejecimiento de la multitud apasionadamente antigobiernista y su mudanza a los suburbios, el mercado estaba cambiando, creciendo y variando de localidad. Serios problemas de producto y mercado se le planteaban al periódico. Cuando intentó hacer que sus colegas le pusieran atención al problema, descubrió que ya estaban cansados de las largas juntas cooperativas. Todos tenían que atender a su trabajo — ventas, producción o información —, y además tenían familias.

La organización había formado un gerente general que percibía la necesidad de un cambio de estrategia, pero no podía tener éxito porque la organización no estaba hecha para un gerente general. Hubo que vender el periódico.

Todas las organizaciones, como no sean temporales, pasan por este ciclo de visión compartida, crecimiento, especialización, visión local, pérdida de coherencia, difusión de recursos, pérdida de armonía con el ambiente y decadencia. Las mismas disposiciones internas que operan para darle al mercado lo que desea, con el tiempo pierden su eficacia a medida que la organización, sus miembros o sus clientes cambian.

En las compañías del siglo XIX, entenderse con este problema del cambio de circunstancias era responsabilidad del propietario. Pero al volverse más grandes las organizaciones y al convertirse los propietarios en accionistas anónimos, se hizo claro que alguien tenía que mantener a la organización y a sus miembros en armonía unos con otros y con los mercados. Por ejemplo, Alfred Sloan, Jr., en General Motors, tomó las riendas que estaban en las manos del empresario fundador William Durant una vez que éste demostró que no podía organizar en forma económica las muchas propiedades que había reunido. En Du Pont, Pierre Du Pont retiró los intereses de la familia del centro de la compañía para pasarlos a un comité de finanzas, a fin de que los profesionales de más talento que se encontraran pudieran trabajar sin trabas en los problemas de la compañía. En todos estos casos, aun cuando la escala era vasta, esos problemas eran ecos de los de *The Real Paper*. El historiador de los negocios Alfred D. Chandler, Jr., describe la manera como las compañías estadounidenses han pasado por esta secuencia, casi siempre con la aparición de un individuo que maneja una crisis en forma tal que implica traer personal nuevo a los puestos directivos y desarrollar una nueva organización.

El oficio de la gerencia general es difícil. No hay fórmulas que uno pueda seguir. Los muchos textos y libros de casos sobre la materia dan muchas ideas y guías, pero cada gerente general afronta un conjunto especial de circunstancias que hay que manejar en tiempo real. Por lo demás, al cambiar las circunstancias el gerente general también tiene que cambiar.

Los gerentes generales tienen que desempeñar muchos papeles. Tal vez lo más importante es que son responsables de los resultados del comportamiento de sus organizaciones — buenos o malos. Dentro de las restricciones sociales y legales, tienen que alcanzar resultados económicamente aceptables, de cualquier modo que éstos se definan. Ése es el papel del líder de la organización.

Si la capacidad de la organización es inadecuada en relación con sus objetivos, el gerente general tiene que ser un constructor de la organización. Contratando nuevos miembros y fortaleciendo a los actuales, diseñando relaciones útiles de trabajo y estimulando el esfuerzo de equipo, el gerente general hace de la organización un actor económico más eficiente. Haciendo el trabajo de construcción, un gerente general suele encontrarse desempeñando el papel de maestro o de entrenador.

No basta ser el arquitecto, diseñar la estructura organizacional y supervisar la construcción. Los individuos rara vez tienen las habilidades necesarias para las nuevas posiciones tal como éstas se describen en el papel, y no siempre quedan contentos trabajando en estrecha colaboración con sus colegas. Hacer que las nuevas disposiciones organizacionales funcionen es parte del deber del gerente general. A veces, cuando los resultados han sido deficientes y amenaza la crisis, el gerente general tiene que actuar como cirujano extirpando las partes deficientes de la organización. En tiempos recientes, el sencillo término "reestructuración" se ha usado para describir modificaciones absolutamente traumáticas en el tamaño y el posicionamiento de los recursos de una organización. En General Electric, por ejemplo, durante los primeros años 80, el nuevo gerente general, Jack Welch, dejó cesantes a más de 100 000 trabajadores y gerentes, a fin de restablecer la capacidad competitiva de la compañía. Por desagradable que esto fuera (Welch se ganó el apodo de "Jack el Neutrón"), resultó un paso esencial en el retorno de General Electric a los niveles de eficiencia y rentabilidad que exigían los mercados intensamente competitivos.

Para no limitarse a sólo reaccionar a las medidas de los competidores o a las fluctuaciones de los mercados, al gerente general le corresponde la principal responsabilidad de desarrollar una estrategia eficaz para la organización. El papel de estratega es particularmente exigente puesto que se requiere comprender la sustancia del negocio y cómo está cambiando. Esto significa que el gerente general debe entender la tecnología aplicable y cómo ésta está cambiando productos y procesos, evaluar a los clientes y desarrollar capacidad orgnizacional medida frente a la competencia.

Lo particularmente difícil en el desarrollo de una estrategia es que casi siempre se requiere que los miembros de la organización cambien en formas fundamentales. Esto perturba las relaciones sociales entre individuos y grupos, y a menudo se requiere que la gente desarrolle nuevas habilidades. Por tanto, tal vez lo más crucial que hace el gerente general es motivar a la gente. Su habilidad para inspirar a ejecutivos y trabajadores a fin de que hagan frente a los retos personales y organizacionales del cambio tiene mucho que ver con que la firma pueda ejecutar felizmente la estrategia.

Líder, constructor de la organización, maestro, entrenador, cirujano, estratega y motivador: estos papeles no siempre se compaginan fácilmente unos con otros. Un gerente con experiencia, personalidad y estilo que le faciliten algunas de esas tareas puede encontrar difíciles otras tareas. A veces es preciso desempeñar simultáneamente varios papeles, lo cual es un reto aun para los gerentes más fogueados.

El volumen II de esta obra proporciona doce perspectivas sobre la gerencia general, y éste, el I, trece (véase el contenido del volumen II en las páginas VI a la VIII de este libro). Los volúmenes se han dividido por autores, mas no por temas, pues ambos volúmenes constan de cinco secciones que abarcan la naturaleza del trabajo del gerente general, la tarea de formular la estrategia corporativa, la construcción de una organización, la gestión de la complejidad, y el reto de ser líder de una organización. Será útil esbozarlas un poco más detenidamente.

EL TRABAJO DEL GERENTE GENERAL

En el primer estudio se examinan los instrumentos que necesita un gerente general. El esquema de Andrall Pearson refleja su experiencia como presidente de una importante corporación multinacional. Su exigente punto de vista sobre el papel del gerente es una apertura apropiada. Se complementa con el artículo clásico de

Ed Wrapp en *Harvard Business Review* que pinta un cuadro más sutil de cómo dirige un gerente general. El lector cuidadoso observará que Pearson y Wrapp no están realmente en desacuerdo. El primero expone el campo de la administración general; el segundo muestra cómo ésta se ejecuta en el tiempo. James Brian Quinn va más allá; proporciona un marco de referencia flexible para gestionar el cambio constante y sus efectos. El artículo de Peter Drucker señala cuánto tiene que ver el trabajo de un gerente general con cuestiones que están fuera del ambiente de la compañía. Si existió algún día en que un gerente podía concentrarse exclusivamente en la compañía y en sus clientes, ese día ya pasó. Drucker plantea una agenda para los gerentes contemporáneos.

FORMULACIÓN DE ESTRATEGIA

Para formular una estrategia corporativa eficaz se requiere tener visión y creatividad, ayudadas por un análisis cuidadoso de lo que está ocurriendo en la industria de uno y de la forma en que la eficiencia corporativa se puede traducir en ventaja competitiva. El trabajo de Michael Porter ilumina este proceso, y la segunda sección se abre con dos artículos de su pluma. En el primero, plantea un marco de referencia para el análisis industrial y competitivo que proporciona una sólida base para entender la rentabilidad potencial de los mercados individuales. En el segundo, examina firmas multinacionales y los problemas que se presentan cuando las empresas tratan de diversificarse mediante fusiones y adquisiciones. Sin embargo, el enfoque analítico de Porter, que hace hincapié en la microeconomía, ha sido cuestionado. En los dos artículos siguientes se describen el papel que representa en la estrategia la capacidad manufacturera y el papel crítico que desempeña la firme voluntad de un jefe ejecutivo que sabe lo que él quiere que la organización realice.

El artículo de Wheelwright y Hayes sobre manufactura se relaciona directamente con el punto de vista de Pearson sobre el trabajo del gerente general que recalca la creación de capacidad operativa.

Por otra parte, la visión de Prahalad y Hamel sobre cómo se deben desarrollar las metas está más de acuerdo con Wrapp y

Quinn que con Porter. El lector encontrará que ambos enfoques son muy instructivos, pero debe preguntarse cómo se puede integrar el punto de vista de Porter sobre estrategia con la idea de Prahalad y Hamel sobre cómo debe formular el gerente general los propósitos de la corporación.

CONSTRUCCIÓN DE LA ORGANIZACIÓN

Esta sección se concentra en el duro trabajo de formar gerentes, diseñar estructuras organizacionales, desarrollar un ambiente de trabajo en el cual las personas se comprometan con lo que están haciendo, y pagarle a la gente de manera que su motivación sea congruente con la estrategia organizacional. Los dos últimos estudios examinan cómo influyen las funciones de la organización en la manera de distribuir los recursos y de gestionar las operaciones.

El artículo inicial, escrito por Andrall Pearson, da una visión clara del trabajo de contratar, entrenar, evaluar y seleccionar gerentes. El papel de maestro y entrenador se expone con considerable claridad. El estudio de Henry Mintzberg proporciona una amplia visión de estructura organizacional e indica como diseñar la que ofrezca el mejor ajuste.

La compensación es crítica para que funcione cualquier organización. Para un gerente general, la tarea de construir un esquema de compensación se complica porque a la gente se le paga por sus contribuciones pasadas, presentes y futuras. Los trabajadores esperan mucho más que dinero. El estudio de Michael Beer expone cómo un gerente general debe tomar en cuenta las múltiples dimensiones de la compensación. El artículo de Walton muestra la conexión vital entre motivación y sistemas de compensación y control. Para alcanzar el poder de una organización completamente comprometida y altamente motivada, se requiere una mentalidad de administración totalmente distinta.

El escrito de Bower sobre distribución de recursos y el artículo de Bower y Hout sobre organizaciones de ciclo rápido ponen en claro cómo se enlazan con la estrategia las cuestiones personales y organizacionales. Lejos de ser simples adiciones, incentivos y estructura les dicen a los miembros de una organización compleja qué espera de ellos la alta administración.

GESTIÓN DE LA COMPLEJIDAD

Las tres primeras secciones tratan de la variedad que caracteriza al trabajo de la gerencia general. Esta cuarta sección profundiza un poco más; explora la complejidad que debe enfrentar un gerente general. Los dos primeros artículos tratan de las diferencias fundamentales que hay entre negocios y gobierno, lo mismo que de los retos que se plantean con la intervención del gobierno en los negocios. En el tercero se examinan las estructuras particulares de la gerencia general que son necesarias para una compañía multinacional. La sección termina con un examen cuidadoso de los problemas morales relacionados con el trabajo de la gerencia general. Andrews y Friedman presentan puntos de vista radicalmente diferentes, lo cual refleja la honda división que caracteriza esta cuestión. Es importante pensar muy bien en las profundas diferencias de estos dos enfoques sobre la responsabilidad social, pues afectan directamente al arte de la gerencia general.

EL LIDERAZGO

Peter Drucker y Abraham Zaleznik escriben sobre lo que el futuro le reserva a la gerencia general. A ellos les interesa especialmente la singular contribución que pueden hacer líderes inteligentes y valerosos. Cerramos con sus trabajos esta colección porque ponen de relieve las contribuciones notables hechas por grandes líderes. El filósofo Alfred North Whitehead, Jr., dijo que "una sociedad grande es aquélla en que los gerentes de las empresas piensan en grande sobre su vocación". Drucker y Zaleznik ponen en claro este punto.

El trabajo de gerencia general, bien ejecutado, tiene efectos transformadores sobre una organización y sobre la sociedad. Cuando se ejecuta mal, los efectos pueden ser desastrosos. Esto es lo que está en juego y lo que hace que valga la pena el estudio de la gerencia general.

JOSEPH L. BOWER

PRIMERA PARTE

EL TRABAJO DEL GERENTE GENERAL

Seis tareas básicas de los gerentes generales

1

ANDRALL E. PEARSON

El trabajo del gerente general es variado y complejo. Sus responsabilidades son amplias puesto que abarcan todos los aspectos de una organización: finanzas, personal, operaciones, diseño organizacional, etc. Pero cualquiera que sea el estilo de liderazgo o el ambiente de una compañía, arguye Andrall Pearson, los gerentes generales que tienen éxito insisten en lo fundamental. En esta lectura él utiliza varios ejemplos para mostrar cómo ejecutan las seis tareas que sientan las bases de un rendimiento eficiente: modelar el ambiente de trabajo, fijar la estrategia, asignar recursos, formar gerentes, crear la organización y supervisar las operaciones. En conjunto, estas tareas constituyen la clave para fijar prioridades y alcanzar las metas corporativas.

Los grandes entrenadores insisten en lo fundamental: las habilidades y las jugadas básicas que hacen que un equipo sea ganador constante. Los grandes gerentes generales hacen lo mismo. Saben que un rendimiento superior sostenido no puede descansar sobre mejoras que se hacen una sola vez, como reestructuraciones, reducciones masivas de costos o reorganizaciones. Ciertamente, adoptan tan radicales medidas cuando se ven en una situación en que eso es necesario o deseable; pero su prioridad es evitarlas. Para lograrlo, se concentran en las seis tareas claves que constituyen los fundamentos del trabajo de todo gerente general: modelar el ambiente de trabajo, fijar la estrategia, asignar recursos, formar gerentes, crear la organización y supervisar las operaciones.

Esta lista no debe sorprender, pues los fundamentos del oficio de los gerentes generales deben ser familiares para todos. Lo que la hace importante es su status dentro de un marco organizacional para la vasta mayoría de actividades que llevan a cabo los gerentes generales. Le ayuda a uno a definir el alcance del trabajo, a fijar prioridades, y a ver relaciones importantes entre estas áreas de actividad.

MODELAR EL AMBIENTE DE TRABAJO

Toda compañía tiene su propio ambiente de trabajo particular, su legado del pasado que determina en gran medida cómo responden sus gerentes a problemas y oportunidades. Pero cualquiera que sea el ambiente que el gerente general herede del pasado, modelar — o remodelar — es una tarea de importancia crítica. Y esto es tan cierto en las compañías pequeñas y medianas como en las gigantes, como General Motors y General Electric.

Tres elementos determinan el ambiente de trabajo de una compañía: 1) Las normas de rendimiento que imperan y que fijan el ritmo y la calidad de los esfuerzos de la gente; 2) los conceptos mercantiles que definen cómo es la compañía y cómo opera; y 3) los conceptos sobre las personas y los valores que imperan y que definen cómo se trabaja allí.

De estos tres elementos, las normas de rendimiento constituyen el más importante porque, hablando en términos generales, definen la calidad del esfuerzo que hace la organización. Si el gerente general fija altas normas, los gerentes claves habitualmente seguirán su ejemplo; pero si las normas son bajas o vagas, los subalternos, sin duda, no lo harán mejor. Las altas normas son, por tanto, el medio principal por el cual los mejores gerentes generales ejercen su influencia y hacen pesar sus talentos en todo el negocio.

Por esta razón, a menos que su compañía o su división tenga ya normas exigentes (y pocas las tienen), la mayor contribución que uno puede hacer para obtener resultados inmediatos y éxito a largo plazo es levantar las expectativas de rendimiento para todos los gerentes, no sólo para uno mismo. Esto significa tomar decisiones a conciencia sobre qué medidas tangibles constituyen un desempeño superior; dónde está actualmente su compañía; y si uno está preparado para hacer las duras exigencias y dar los pasos necesarios para llegar a determinado punto.

Sin duda, una de las normas más importantes que fija un gerente general son las metas de la compañía. Los mejores gerentes generales establecen metas que obligan a la organización a esforzarse al máximo para alcanzarlas. Esto no quiere decir metas arbitrarias y poco realistas que no se van a lograr y que no motivan a nadie, sino más bien metas que no dejen olvidar a nadie cuán dura es la arena competitiva.

Recuerdo vivamente a un gran gerente general que sorprendió a sus subalternos rechazando un plan que mostraba buenas utilidades sobre buenos aumentos de ventas por tercer año consecutivo. A ellos les parecía que el plan era exigente y competitivo; pero el gerente les dijo que volvieran con otro plan en el cual conservaran los mismos volúmenes pero recortando los niveles básicos de costos en un 5% por debajo del año anterior, en lugar de dejarlos aumentar con el volumen. Tarea dura, pero él estaba convencido de que esa meta era indispensable porque esperaba que su competidor principal rebajaría precios para recuperar la participación de mercado.

Durante los siguientes años, la compañía cambió espectacularmente su estructura de costos mediante una serie innovadora de reducciones en los de producción, distribución, compras, gastos generales corporativos y administración de mezcla de producto. Como resultado, a pesar de una considerable erosión de los precios, pudo superar todos los records de utilidades y participación de mercado. Dudo que la compañía hubiera obtenido dichos resultados sin esa meta tangible que la administración tenía ante sí todas las mañanas.

El mismo modo de pensar se revela en el comentario de un jefe ejecutivo japonés a quien un negociador comercial norteamericano le preguntó cómo haría su compañía para competir si el yen cayera de 200 por dólar a 160. "Ya estamos preparados para competir a 120 yenes por dólar", contestó; "así que 160 no nos preocupa en absoluto".

Las altas normas provienen, desde luego, de algo más que metas exigentes. Como los grandes entrenadores, los jefes militares o los directores de orquesta, los altos gerentes generales dan ejemplo personal en cuanto a las largas horas que trabajan, su evidente compromiso con el éxito y la calidad indefectible de sus esfuerzos. Además, fijan y refuerzan altas normas en formas pequeñas que rápidamente se van acumulando.

Rechazan planes llenos de palabrería y mal preparados y metas infladas de utilidades, en lugar de quejarse y aceptarlos de todas maneras. Los gerentes de ellos tienen que conocer los detalles de su negocio o su función, no sólo el aspecto general. Los mediocres no duran mucho en los puestos importantes. Los mejores gerentes generales fijan fechas límite rígidas y las hacen cumplir. Sobre todo, es imposible complacerlos. Apenas el departamento de ventas, o de producción, o de I&D cumplen una norma, esos gerentes levantan las expectativas un punto más y siguen desde allí en adelante.

Un gerente general, por ejemplo, les pide a los gerentes claves que califiquen a los subalternos en una escala de 1 a 9, y luego les recuerda a todos que el mismo rendimiento que se necesitó para sacar 6 este año sólo merecerá un 5 el año próximo. Sin duda, este método crea una tensión extraordinaria, posiblemente hasta frustración, pero también evita que la gente se contente con poco; fomenta el crecimiento personal, y da mejores resultados.

El segundo elemento del ambiente de trabajo en que constantemente influye el gerente general lo constituyen los conceptos mercantiles básicos que adopta la compañía. Bien lo escriban, o bien no lo escriban, los mejores gerentes generales tienen una amplia perspectiva de los campos en los cuales quieren competir y del modo como la compañía tendrá éxito en esos campos escogidos — el equilibrio entre centralización y descentralización, el papel del personal de línea y de staff, el tipo de recompensas que motivará a las personas para alcanzar sus metas, las habilidades que se necesitan para ser un líder de la industria. En suma, esta perspectiva define cómo va a ser la compañía diferente y mejor que una colección de negocios totalmente independientes.

Además, como todo ambiente mercantil cambia con el correr del tiempo, los mejores gerentes generales constantemente se preguntan: ¿Qué clase de negocio queremos? ¿Estamos en los ramos adecuados? ¿Conservamos aún una posición viable en todos ellos? ¿Cómo debiéramos estar remodelando el negocio? El resultado de este proceso es un conjunto de conceptos comerciales que van cambiando en formas pequeñas pero *en una dirección constante*.

Johnson & Johnson es un ejemplo excelente. La compañía, que tiene magníficos antecedentes corporativos desde hace varios decenios, quiere ser líder en los segmentos de crecimiento de baja tecnología en cuidado de la salud, así que tiene un negocio de amplias bases enfrentándose con pequeños competidores en todo el mundo. Para seguir siendo líder, el director ejecutivo James Burke cree que él y sus gerentes tienen que sobresalir en el arte de descubrir temprano nuevos segmentos prometedores del mercado, adecuar los productos para servir esos segmentos y llevar esos productos rápidamente al mercado. Esto lo hacen por medio de una red de unas cien compañías operativas rígidamente enfocadas y autónomas.

Esta organización altamente descentralizada es muy hábil en marketing e innovación de productos, y está apoyada por un credo corporativo que lo aglutina todo en una compañía muy humana pero competitiva. Los gerentes de J&J saben exactamente lo que quieren y cómo hacerlo. Esta perspectiva corporativa, cuidadosamente estructurada, le da a J&J una significativa ventaja competitiva prácticamente en dondequiera que opere.

A pesar de su éxito general, J&J se ve ahora frente a una nueva serie de condiciones competitivas que están obligando a los gerentes a repensar conceptos comerciales ya bien arraigados. En varias partes importantes del negocio, los clientes han resuelto que quieren menos proveedores, y servicios mejor integrados de distribución y administración, de modo que J&J está estudiando cómo mantener sus tradicionales divisiones descentralizadas — y todo lo que ellas significan — y al mismo tiempo, competir con compañías que ofrecen líneas de productos y servicios más ampliamente coordinados.

El tercer elemento del ambiente de trabajo — los conceptos de la compañía respecto de las personas — se relacionan íntimamente con los otros dos. Los negocios de ritmo veloz e innovadores necesitan gerentes que sean distintos de los de las compañías que se dedican a negocios de crecimiento lento y más rutinarios, en los cuales el énfasis se pone en el control de costos y en el alto volumen. Por ejemplo, una compañía muy emprendedora orientada al crecimiento decidió que necesitaba: una combinación de gerentes de alto potencial, no unos pocos buenos gerentes en la cima y ejecutores abajo; gerentes innovadores que actúen como si fueran propietarios, no administradores que se contenten con pasar las decisiones línea arriba; personas de aspiraciones que aprendan rápidamente, no individuos que se contenten con ir subiendo poco a poco por la escala corporativa.

Desde luego, el mismo patrón no se aplica a todas las compañías. Para determinar qué se aplica, un gerente general se concentra en dos preguntas: ¿Qué clase de gerentes necesitamos para competir eficientemente ahora y en un futuro previsible? ¿Qué tenemos que hacer para atraer, motivar y retener a estas personas? Los gerentes generales que se hacen estas preguntas en forma consciente y actúan sobre la base de las respuestas consiguen más gerentes de gran impacto que los que no prestan mucha atención a la combinación de habilidades y estilos que se necesitan para ganar sus batallas.

Los mejores gerentes generales intervienen también a fondo para determinar los valores de su compañía — "cómo es trabajar aquí". Henry Schacht, el director ejecutivo de Cummins Engine, es un buen ejemplo. Tiene un agudo sentido de la clase de organización que quiere que sea Cummins. Aun cuando redujo la fuerza laboral de ésta en un 50%, pensó muy cuidadosamente cómo hacer los recortes en una forma que la gente entendiera y considerara equitativa. Por lo demás, esta honda preocupación por los compañeros empleados y las altas normas éticas saturan el ambiente de Cummins — exactamente lo mismo que cuando Erwin Miller era el director ejecutivo, de modo que los empleados no necesitan manuales de política ni reglamentos para actuar en forma ética y equitativa — sencillamente actúan así.

Si bien esto puede parecer obvio, yo he conocido a muchos gerentes generales que acaban por tener valores culturales conflictivos y normas de conducta inconsecuentes porque no han decidido conscientemente qué es importante para ellos. Y, por supuesto, siempre habrá unos pocos cuyos valores personales son equivocados o acomodaticios y que, sin embargo, tienen éxito a corto plazo. Pero a la larga, las fallas de carácter, o incluso los defectos como la inconsecuencia, hacen sentir sus efectos, causándoles serios problemas tanto al gerente general como a la compañía.

— FORMULACIÓN DE UNA VISIÓN ESTRATÉGICA

Como el gerente general es el único ejecutivo que puede comprometer a toda la organización en una estrategia particular, los mejores gerentes generales se ven invariablemente comprometidos en la formulación de estrategia; dirigen el esfuerzo, y no se limitan simplemente a presidir su ejecución. Para empezar, tienen una visión estratégica de cada negocio o la desarrollan rápidamente cuando les asignan un nuevo cargo.

Por ejemplo, cuando Ned Johnson se encargó de Fidelity Management & Research, vio que la industria de fondos mutuos adolecía de dos fallas: la competencia se basaba en quién había dado los mejores rendimientos últimamente, así que los gerentes de fondos vivían o morían a base de los resultados de cada trimestre o año; y los clientes cambiaban constantemente de unos fondos a otros a causa del mal rendimiento o del mal servicio. Para evitar estos problemas, Johnson ideó un supermercado de 50 a 60 fondos mutuos que les ofrecían a los clientes todas las oportunidades concebibles de inversión, además de un servicio superior. En esta forma, si un fondo particular no tiene un año récord, los clientes se culpan a sí mismos, y no al gerente del fondo. Y el superior servicio de la compañía les facilita cambiar a otro fondo de Fidelity. Además, teniendo tantos fondos en operación, Fidelity siempre cuenta con cuatro o cinco ganadores que puede mostrar con orgullo.

Cuando David Farrell se hizo cargo de May Department Stores, varios "expertos" le aconsejaron que diversificara la empresa saliéndose del negocio de tiendas de departamentos, "que estaba moribundo". Pero Farrell vio una oportunidad en el hecho de que competidores como Sears estaban diversificando, entrando en el ramo de servicios financieros, mientras que otros pasaban a tiendas de especialidades. En lugar de seguir a la multitud, enfocó su compañía en convertirse en el líder en comercialización y operaciones en el negocio de tiendas de departamentos en todos sus mercados. Centralizó conceptos de comercialización, fijó precios audazmente, eliminó departamentos perdedores, creó fuertes gerencias locales de espíritu ejecutivo y logró controlar costos. El resultado fue que mientras sus antiguos competidores claves como Allied, ADG y Federated daban traspiés, May surgió como la compañía más grande y la mejor del ramo. No en todos los mercados, por supuesto; pero, en general, es la mejor — lo cual es bien distinto del negocio de tamaño mediano y sin brillo que heredó Farrell.

En ambos casos, la visión estratégica del gerente general que tomó en cuenta la industria, los clientes y el ambiente competitivo específico, llevó a una innovación dirigida a una posición competitiva particular. Eso es lo que distingue una visión útil de las generalidades sin sentido que algunos gerentes generales usan para describir su estrategia comercial.

Los gerentes generales de gran impacto consideran las brechas de competitividad — en producto, en características, en servicio — como una crisis. Cerrar tales brechas se les convierte en una prioridad dominante, no sólo en un problema grande del negocio. Está implícito en esta realización algo que la mayor parte de los gerentes generales no hacen bien: entender en detalle cómo se comparan sus productos, servicios y sistemas con los de los competidores. Por ejemplo, ¿cuántos gerentes habrían desarmado totalmente un automóvil de un competidor para mostrarles a sus empleados de producción con qué tenían que competir, como lo hizo el presidente de Honda en los Estados Unidos? Demasiados gerentes generales — no solamente los de Detroit — basan su estrategia en supuestos no comprobados y en vanas ilusiones sobre su rendimiento comparativo.

Por ejemplo, hace poco vi un informe de un asesor en que se comparaba la estructura de costos de un importante productor norteamericano de componentes electrónicos con una competidora japonesa. La compañía japonesa había invertido más dinero y un más alto porcentaje de ventas en sólo dos áreas — I&D y calidad. Con ello obtuvo por resultado menos rechazos, mejores productos, mayor participación de mercado y más altos dividendos por acción. Ya se supondrá quién cambió sus ideas — con cinco años de retraso — sobre dónde estaba su compañía y qué se necesitaba para recuperar el liderazgo del mercado.

Hoy no se puede escribir sobre estrategia sin hablar de darles a los clientes mejor valor que los competidores. Sin embargo, hablar del concepto y hacerlo vivir son dos cosas distintas. Los gerentes generales sobresalientes parecen estar personalmente comprometidos a servir mejor a los clientes y a entregar productos que funcionen mejor. En lugar de mirar sólo lo interior, obtienen información de primera mano sobre la competencia hablando con clientes y distribuidores que la conocen. Y este conocimiento les da la convicción de que necesitan ser eficientes y ganar ventaja competitiva.

Reconociendo que es difícil generar ventajas competitivas duraderas, los mejores gerentes generales se basan en las capacidades existentes mientras buscan al mismo tiempo nuevas fuentes de ventaja. Primero mejoran las ventas y las utilidades de sus productos más fuertes, en sus mercados más fuertes, con sus más fuertes distribuidores. Luego emplean las utilidades resultantes para financiar la investigación de futuras ventajas. Además, el hecho de construir sobre los puntos fuertes existentes mantiene a los competidores tan ocupados respondiendo a las iniciativas de uno que no les queda tiempo para lanzar sus propias ideas.

Por último, los mejores gerentes generales esperan que la competencia tome represalias contra cualquier medida estratégica que funcione, y hacen planes para el peor de los casos. Se salen de juegos que saben que no pueden ganar. Por ejemplo, durante varios años, Heinz se jactaba de introducir más sopas nuevas que Campbell. Luego sus gerentes descubrieron que le estaban haciendo el juego a Campbell, pues ésta le copiaba sus nuevos productos y, haciendo uso del prestigio superior de su marca y de la fuerza de sus sistemas de distribución, los derrotaba en el punto de ventas. En consecuencia, Heinz cambió su enfoque y en lugar de "derrotar a Campbell" se dedicó a ganar dinero en sopas; rebajó costos y se concentró en el nicho de precio bajo que no le interesaba a Campbell.

ASIGNACIÓN DE RECURSOS

Todos los gerentes generales dicen que ellos asignan recursos para apoyar las estrategias competitivas, mantener a la compañía económicamente saludable y producir altas utilidades. Pero si se analiza la forma en que funciona el proceso en la mayor parte de las compañías, se encuentra excesivo apoyo a negocios marginales, a proyectos que pagan poco y a necesidades operativas. En suma, nada de foco estratégico.

Los mejores gerentes generales concentran recursos en situaciones que brindan la oportunidad de obtener una importante ventaja competitiva, o, por lo menos, mejorar una que ya se tiene. Mucho antes de que se pusiera de moda la reestructuración, estaban preparados para cambiar de énfasis y obtener más por su inversión.

Otra diferencia es la forma en que los mejores gerentes generales tratan el dinero. Esto parece un chiste hasta que uno reflexiona sobre una de las debilidades cardinales de la mayoría de los gerentes profesionales: que gastan el dinero de la compañía como si fuera ajeno. Hasta los que en un tiempo fueron dueños suelen invertir en proyectos marginales que nunca habrían apoyado cuando el negocio les pertenecía a ellos. Por el contrario, los gerentes generales sobresalientes piensan como propietarios. Evitan proyectos en los cuales todo tiene que funcionar el 110% para obtener utilidades decentes. A fin de disponer de recursos para estrategias ganadoras, están dispuestos a aplazar o repensar inversiones de alto riesgo o a postergar los negocios de bajo rendimiento. También son muy rígidos en cuanto a la distribución del dinero, pues se dan cuenta de que las utilidades notables no se consiguen repartiendo el dinero entre subalternos que prometen las mejores cifras (a pesar de bajas probabilidades) o entre gerentes claves, para mantenerlos contentos. Esto no significa que se opongan a correr riesgos; lejos de ello. Pero concentrándose en menos operaciones arriesgadas y sosteniendo estas operaciones vigorosamente, mejoran las probabilidades.

Además, se precaven contra la tendencia al desmejoramiento de inversiones importantes. Todo el mundo sabe que las ideas prometedoras muchas veces fallan en el mercado. Sin embargo, muchos gerentes generales no vacilan en comprometer a la compañía antes de saber si una nueva estrategia va a funcionar. Siguen adelante y construyen una fábrica, aumentan considerablemente los costos fijos, lanzan nuevos productos rápidamente y con entusiasmo — se supone que para ganarle por la mano a la competencia. Pero cuando la idea no tiene un éxito inmediato, este sistema de arriesgar todo no produce sino una gran pérdida que luego hay que liquidar.

Los mejores gerentes generales también hacen muchas cosas pequeñas — como contratar por fuera proyectos pilotos y tomar en arrendamiento plantas y maquinaria — que limitan la exposición frontal. Tratan de evitar procesos que no se puedan convertir para otros usos. Son renuentes a aumentar los gastos indirectos. Hacen ensayos regionales para probar los mercados y controlar costos. Sólo entonces, cuando están seguros de que la idea va a funcionar, van a la guerra por ella.

Por último, los mejores gerentes generales buscan constantemente activos improductivos para ponerlos a la par o liquidarlos en los libros. Para ello, les hacen seguimiento a los gastos grandes de capital a fin de asegurarse de que los beneficios proyectados se realicen. Responsabilizan del manejo de su balance general a cada unidad de negocio, miden cuidadosamente su rendimiento, y presionan constantemente a la organización para que mejore su productividad.

James Robison, ex gerente general de Indian Head, expresó esta perspectiva en forma gráfica: "Todos los viernes por la tarde empezamos un juego enteramente nuevo. Esto significa que todo negocio, planta, máquina y empleo queda abierto a la crítica. Si no está produciendo un rendimiento adecuado, queda en nuestra lista negra. Si no vemos la manera de mejorar la situación rápidamente, empezamos a buscar maneras de suprimirlo".

FORMACIÓN DE GERENTES DE PRIMERA

Todo el mundo sabe cuán importante es atraer gerentes de talento, prepararlos rápidamente y mantenerlos estimulados y en el cargo apropiado. Sin embargo, no todo el mundo sabe lo que se necesita para lograrlo. En realidad, muy pocas compañías lo saben. La falta de talento gerencial sigue en importancia a las bajas normas como causa de un rendimiento deficiente.

Los mejores gerentes generales toman resueltamente las duras medidas que se necesitan para vigorizar la organización. No tratan de racionalizar engañosamente la inacción con la esperanza de que más experiencia transformará automáticamente a un gerente débil en uno fuerte o un empleado mediocre en uno sobresaliente. En consecuencia, cada año tienen mejores gerentes en los puntos críticos en lugar de un grupo que simplemente tiene cada año un año más de viejo.

Para tomar decisiones difíciles relativas a las personas hay que comenzar por la cima. De otro modo, los gerentes aplazan la acción, racionalizan engañosamente el rendimiento marginal, o confunden la contratación de uno o dos individuos de fuera con la verdadera revitalización. Por esta razón los mejores gerentes generales dirigen personalmente las revisiones anuales en lugar de delegar esa tarea en los jefes de departamento o en los presidentes de división. Utilizan la asignación de cargos muy exigentes para acelerar la formación de gerentes de alto potencial y eliminan obstáculos para abrir puestos. Igualmente, entienden la importancia crítica de la rotación de oficios, y desbaratan los imperios funcionales que se interponen. Por último, influyen directamente en nombramientos importantes, ejerciendo el veto u ofreciéndoles a los subalternos una lista de candidatos para que escojan.

Sobre todo, comprometen a fondo a los gerentes de línea en el proceso de revitalización, forzando evaluaciones periódicas y rígidas de individuos y grupos. Preguntan constantemente cómo está desempeñando el cargo su gente de alto potencial y cómo están resolviendo los gerentes sus problemas. Pero la acción, no las preguntas, es la clave, especialmente contra los que están en el 25% inferior en la escala de rendimiento. Con este fin se aseguran de que cada año el proceso produzca mejores resultados y que se lleve cada vez más abajo en la organización.

Los mejores gerentes generales saben también que la compensación es un medio para lograr un fin y no un fin en sí misma. Las recompensas se vinculan con el rendimiento. Les pagan considerablemente más a los que más rinden, aun cuando esto signifique pagarles a los empleados de rendimiento medio menos de lo que éstos esperaban. También están preparados para afrontar la responsabilidad de cortar las bonificaciones en un año malo, en lugar de fingir que no hubo tal año malo y recompensar a todo el mundo "por haberse esforzado".

Por último, los mejores gerentes generales se rodean invariablemente de buenos empleados — eficientes, no compinches o empleados incondicionales. No contratan sólo a su imagen y semejanza; más bien toleran, e incluso estimulan, una variedad de estilos. Todos los años crece su reserva de talentos y mejora porque constantemente están creando una masa crítica con la teoría de que las personas capaces nunca son demasiadas. En esa forma, cuando se presenta la oportunidad, no necesitan abrir un hueco en una parte del negocio para llenar una vacante en otro.

— FORTALECIMIENTO DE LA ORGANIZACIÓN

Uno de los gerentes generales más innovadores que conozco me habló un día muy orgulloso de un plan que tenía para reorganizar y descentralizar su negocio a fin de poder tomar rápidas decisiones, mejorar la ejecución en los mercados locales y reducir costos. Grandes objetivos ... si son realistas. Sin embargo, en su negocio las decisiones locales rápidas no eran de especial importancia, y su compañía ya era considerada como muy rápida en sus decisiones. La ejecución local de la compañía ya era superior a la de su principal competidora por un amplio margen. La nueva organización descentralizada costaría más o menos lo mismo que la antigua — en las primeras etapas, antes de que tuviera la oportunidad de crecer. En suma, estaba proyectando una reorganización muy importante para problemas genéricos que no eran aplicables a su compañía. Ésta es la moraleja de la anécdota: Antes de reorganizar, asegúrese de qué es lo que quiere hacer mejor, y por qué.

Los mejores gerentes generales parecen buscar las maneras más sencillas de hacer las cosas, lo que generalmente significa menos niveles administrativos, cargos más importantes, y más amplias responsabilidades. También intervienen personalmente en la solución de grandes problemas sin hacer caso de lo que diga el organigrama. Los conceptos organizacionales teóricos no les impiden inmiscuirse en territorio ajeno si lo que está en juego es crucial para el éxito de la compañía. Para reducir resentimientos, se aseguran por anticipado de que los subalternos entiendan cómo funciona el sistema y por qué a veces es necesaria esa intervención; pero no se valen de esta prerrogativa como pretexto para meterse en los terrenos de todos los demás.

Otra idea organizacional que vale la pena anotar es que los mejores gerentes generales organizan en torno a personas más bien que en torno a conceptos o principios. Cuando tienen un problema de estrategia o mercantil, o una gran oportunidad, vuelven los ojos al individuo que tiene las habilidades y el estilo apropiados para el caso. Luego, habiéndolo encontrado, delegan en él la responsabilidad sin maniatarlo con estrictas descripciones de oficio o limitaciones organizacionales. En esta forma, los gerentes se sienten más responsables de los resultados, por la sencilla razón de que, en realidad, son más responsables.

He conocido a muchos gerentes generales que creían estar resolviendo graves problemas con reorganizaciones al parecer muy lógicas pero que dejaban por fuera el ingrediente más importante: el líder apropiado. Desde luego, esas organizaciones no logran gran cosa. Es claro que no se puede pasar por alto la lógica organizacional o el ajuste estratégico, pero la gente tiene que ser la principal consideración.

Por trillado que parezca, los mejores gerentes generales han aprendido en algún momento el valor y el impacto del trabajo en equipo. Hoy, cuando se pone tanto énfasis en la reestructuración financiera, en la formulación de la estrategia y en la tecnología, no sorprende que muchos ejecutivos progresen llevando a cabo un proyecto de éxito en sus áreas funcionales particulares. Aprenden a sacar adelante sus ideas en un grupo pequeño de subalternos y colegas, de base estrecha, pero no aprenden a dirigir un grupo mixto de ejecutivos de diversas áreas. Y no aprenden casi nada sobre los problemas de llevar a la práctica sus ideas en otras áreas funcionales o integrar los esfuerzos de un grupo heterogéneo de gerentes, con frecuencia geográficamente disperso.

Por el contrario, los mejores gerentes generales siempre reúnen a los gerentes para hablar del negocio, oír múltiples puntos de vista sobre proyectos importantes, y asegurar su apoyo.

Por último, los mejores gerentes generales tratan bien al personal y esperan que éste haga contribuciones positivas sin perderse en minucias ni aceptarlo todo servilmente. Nombran líderes funcionales fuertes (no desechos de las gerencias de línea, políticos o viejos profesionales ya cansados) que puedan proporcionar un liderazgo innovador impulsado por ideas (no únicamente hacer buenas preguntas) y que puedan llevar ideas a través de toda la organización. Como resultado, los gerentes de línea respetan y aprovechan al personal en lugar de estar mandando memorandos inamistosos o de dedicarse a jugadas políticas improductivas.

LA ADMINISTRACIÓN COTIDIANA

La sexta y última tarea de responsabilidad de un gerente general es supervisar las operaciones y la ejecución. Eso significa dirigir el negocio día por día, produciendo planes sensatos, descubriendo temprano problemas y oportunidades y respondiendo vigorosamente a ellos.

Los mejores gerentes generales se orientan a resultados. Sus planes de operaciones son compromisos, no simplemente algo que quisieran alcanzar. Conocen los números y lo que se necesita para alcanzarlos, pero también saben que pueden ocurrir sorpresas, de modo que mantienen suficiente flexibilidad en los gastos para tener en cuenta amenazas competitivas, buenas ideas nuevas o menores volúmenes. A diferencia de otros menos previsivos, no dejan de cumplir todos los años su plan de utilidades porque *esperan* lo inesperado.

Al mismo tiempo, no destruyen el negocio por sólo cumplir el plan durante una época de fuerte baja. Si el negocio cae fuertemente, actúan con más rápidez que otros para disminuir costos, recortar gastos discrecionales y eliminar perdedores. Pero no sacrifican la competitividad sólo por guardar las apariencias en un año malo.

Después se empeñan en obtener excelencia funcional en todo el negocio. A diferencia del gerente general que se contenta con tener sólo uno o dos departamentos de alto rendimiento, ellos exigen ejecución superior en todas las funciones. Tampoco permiten que la debilidad de una o dos áreas (como control, I&D o ingeniería) neutralicen a sus departamentos fuertes. En consecuencia, obtienen más de toda estrategia y de todo programa que sus competidores.

Un agudo sentido de las capacidades de la organización separa a los grandes gerentes generales de los ejecutivos menos capaces. No comprometen a la compañía a más de lo que puede hacer, pero tampoco permiten que haga menos de lo que su capacidad justifica. Entienden, igualmente, la importancia de concentrarse en unas pocas cosas a la vez. En May Department Stores, por ejemplo, David Farrell obtuvo mejoras casi milagrosas al reducir niveles de inventario, costos de mano de obra y comercialización a nivel de tiendas, sencillamente concentrando los esfuerzos de toda la organización en estos problemas tan comunes de operación.

Estos gerentes son también fanáticos en materia de costos. Entienden la "mecánica del dinero" en su negocio: cómo se comportan los costos de acuerdo con las fluctuaciones de los volúmenes. Y no permiten que los porcentajes de costos se les salgan de las manos, por más "razonable" que sea la explicación. Por ejemplo, no permiten, por ningún motivo, que los costos fijos suban del 12% de las ventas al 14%, pase lo que pase. Siguen buscando maneras de hacer mejor las cosas a menor costo. Y no se satisfacen con respuestas vagas, ilusiones o falta de seguimiento cuando se proponen nuevos departamentos o programas.

Finalmente, los grandes gerentes utilizan mejor que sus colegas la información para descubrir temprano los problemas e identificar ventajas competitivas potenciales. No es cuestión de disponer de más información; simplemente usan mejor la información. En parte esto se debe a que los grandes gerentes generales son una rara combinación de espléndidos operadores y conceptualizadores. Pero la cosa va más allá. Las cifras y los hechos tienen significado para ellos porque conocen muy bien a los clientes, los productos y los competidores, y nunca cesan de estudiar esos hechos y cifras en busca de indicios de una ventaja en el mercado.

Ellos se habitúan a preguntar "¿Ahora qué?" y "¿Por qué?" Las visitas a las plantas y oficinas les dan información de primera mano. Exigen informes sobre lo que es importante, no páginas y más páginas de datos estadísticos. Sobre todo, han aprendido a escuchar, a interesarse genuinamente en lo que la gente piensa sobre el negocio, el ambiente competitivo, la estrategia, las demás personas, la organización, todo. Lawrence Bossidy, vicepresidente de la junta directiva de General Electric, lo dijo muy bien: "Si sus subalternos no tienen buenas ideas, échelos y consiga otros que las tengan; pero cuando tenga gente capaz, no deje de escucharla".

En suma, los gerentes generales sobresalientes afectan a sus compañías de seis maneras importantes: Desarrollan un ambiente de trabajo distintivo; encabezan el pensamiento estratégico innovador; manejan productivamente los recursos de la compañía; dirigen la formación del personal y el proceso de situarlo; construyen una organización dinámica; y supervisan las operaciones día por día. Por sí misma, ninguna de estas cosas es totalmente nueva o única. Pero los gerentes generales que tienen éxito ven mejor las relaciones recíprocas entre estas seis áreas, fijan prioridades, y ven que se haga lo que se debe hacer. Como resultado, sus actividades en esas áreas siguen una pauta coherente y consecuente que impulsa el negocio hacia adelante.

Estas seis responsabilidades no lo dicen todo, por supuesto. Las destrezas de liderazgo y el estilo personal del gerente general y su experiencia son partes importantes del todo; pero el hecho de concentrarse en estas seis áreas le ayuda al gerente general a ser más eficiente. Y eso significa hacer que las cosas correctas se lleven a cabo más rápidamente y con más frecuencia — que es lo que todos queremos lograr como gerente generales.

Copyright © 1989; revisado en 1991.

TEMAS DE DISCUSIÓN

1. Haga un inventario de sus habilidades y sus puntos fuertes de acuerdo con las seis características básicas de los gerentes generales. ¿En cuáles áreas se siente más cómodo o tiene más experiencia? ¿Cuáles son más problemáticas para usted, y por qué?
2. ¿Exagera el autor la influencia que puede ejercer un gerente general en una organización? ¿Tiene él debidamente en cuenta el impacto de las fuerzas económicas, las medidas de la competencia, los gerentes incompetentes, etc., sobre la competitividad de la compañía?
3. ¿Cómo desarrollan los gerentes generales la visión estratégica que, según dice el autor, deben desarrollar? Escoja una firma que le sea bien conocida e identifique los componentes de la visión estratégica de ella.
4. De acuerdo con el autor, los mejores gerentes generales también deben intervenir a fondo para determinar los valores de su compañía. ¿Cómo comunican los gerentes generales los valores y la ética de una compañía? ¿Debe una compañía orientarse únicamente por las normas éticas del gerente general?
5. Para ser eficientes, los gerentes generales tienen que entender todos los niveles de operaciones de sus empresas. ¿Es necesario que los empleados de todos los niveles de la organización entiendan el oficio del gerente general?

2 Los buenos gerentes no toman decisiones sobre política

H. EDWARD WRAPP

De acuerdo con la creencia popular y con muchos textos sobre administración, los gerentes generales pasan la mayor parte del tiempo fijando la política, comunicando metas y objetivos precisos y tomando decisiones. En esta lectura, Edward Wrapp presenta un punto de vista distinto, basado en sus muchas relaciones íntimas de trabajo con gerentes generales. Para tener éxito, dice, los altos ejecutivos necesitan cultivar cinco habilidades: La primera: Necesitan desarrollar una red de fuentes de información a fin de mantenerse informados acerca de decisiones operativas que se están tomando en diferentes niveles de la compañía. La segunda: Necesitan encauzar sus energías y su tiempo para concentrarse en un número limitado de cuestiones significativas. La tercera: Necesitan cultivar sensibilidad a la estructura de poder de la compañía. La cuarta: Necesitan saber indicar el sentido de dirección sin comprometerse públicamente con una serie específica de objetivos. Por último, y esto es lo más importante, necesitan ser muy hábiles para desarrollar oportunidades. En esencia, el alto gerente eficiente es un oportunista que trata de juntar partes que parecen incidentales en un programa que impulse hacia el logro de sus objetivos.

Las altas esferas de la administración son una tierra de misterio e intriga. Son muy pocas las personas que han llegado hasta allá, y sus actuales habitantes suelen enviar mensajes que resultan incoherentes para otros niveles de la administración, no menos que para el mundo en general.

A esta ausencia de informes de primera mano tal vez se pueden achacar los mitos y las caricaturas que saturan la literatura sobre administración; por ejemplo, ideas tan difundidas como éstas:

- Que la vida se hace menos complicada a medida que un gerente llega al tope de la pirámide.

- Que los gerentes que están en el más alto nivel saben todo lo que está pasando en la organización, disponen de todos los recursos que puedan necesitar y, por consiguiente, pueden ser más decisivos.
- Que el gerente general dedica la jornada a tomar amplias decisiones sobre política y formular objetivos precisos.
- Que la actividad primaria de los altos ejecutivos es conceptualizar planes a largo plazo.
- Que en una gran compañía, el más alto ejecutivo puede meditar acerca del papel de su organización en la sociedad.

Yo diría que ninguna de estas versiones por sí sola o en combinación es un cuadro fiel de lo que hace un gerente general. Tal vez a los estudiantes del proceso administrativo se les ha ido la mano en su empeño en desarrollar una teoría y una disciplina. Como me dijo un ejecutivo a quien conozco: "Seguramente yo hago algunas de las cosas que describen los libros y los artículos; pero las descripciones no tienen vida y mi oficio sí".

¿Cuáles son, pues, las características que sí tienen en común los ejecutivos de éxito? Voy a enumerar cinco habilidades o talentos que, según mi experiencia, parecen especialmente significativos:

MANTENERSE BIEN INFORMADOS

Ante todo, mis héroes tienen un talento especial para mantenerse informados acerca de una amplia gama de decisiones operativas que se toman a diversos niveles en la compañía. A medida que van ascendiendo por la escala, desarrollan una red de fuentes de información en muchos departamentos distintos, y las cultivan y las mantienen abiertas por más alto que suban en la organización. Cuando se presenta la necesidad, dejan a un lado las líneas del organigrama y buscan más de una versión de una situación.

En algunos casos, especialmente cuando el subalterno sospecha que el gerente no está totalmente de acuerdo con su decisión, resuelve informarlo por anticipado antes de anunciarla. En estas circunstancias, el gerente puede aplazar la decisión, darle una nueva dirección o incluso impedir que se siga adelante. Sin embargo, el gerente no insiste en este procedimiento. De ordinario, los miembros de la organización deciden en qué etapa informar al gerente.

A los gerentes de más alto nivel suelen criticarlos escritores, consultores y gerentes inferiores por seguir mezclándose en problemas operativos en lugar de retirarse "al cuadro grande". Sin duda, algunos se pierden en el maremagno de los detalles, e insisten en tomar demasiadas decisiones. A primera vista, podría parecer que el buen gerente también comete el mismo error — pero con un propósito distinto. Sólo manteniéndose bien informado sobre las decisiones que se toman puede el buen gerente evitar la esterilidad que con tanta frecuencia se encuentra en los que se aíslan de las operaciones. Si sigue el consejo de aislarse, el gerente general vivirá de una dieta de abstracciones, y dejará la elección de los alimentos en manos de subalternos. Como lo dice Kenneth Boulding: "El propósito mismo de una jerarquía es evitar que la información llegue a las capas superiores. Opera como un filtro de ésta, y hay pequeños cestos para los papeles por todo el camino".[1]

¿Qué puede hacer un alto ejecutivo para asegurarse de que le llegue información viva y exacta? Cierto presidente de una compañía en que trabajé sentía que sus vicepresidentes lo estaban aislando de algunas cuestiones vitales que se discutían en niveles inferiores. Aceptó una propuesta para establecer un programa formal de desarrollo gerencial, principalmente porque le daba la oportunidad de discutir problemas de la compañía con gerentes medios que estaban varios niveles por debajo de él en la organización. Reuniéndose con grupos pequeños de estos hombres en un ambiente académico, se enteró de sus preocupaciones y también de las de sus vicepresidentes, y logró su propósito sin socavar la autoridad de los gerentes de línea.

— CONCENTRACIÓN DE TIEMPO Y ENERGÍA

La segunda habilidad de un buen gerente es saber economizar energía y horas para dedicarlas a cuestiones, decisiones o problemas especiales que requieren su atención personal. Él conoce la sutil distinción que hay entre mantenerse muy bien informado acerca

---

[1] De un discurso ante una reunión patrocinada por el Crowell Collier Institute of Continuing Education de Nueva York, según relato en *Business Week*, 18 de febrero de 1967, p. 202.

de decisiones operativas y permitir que la organización lo fuerce a participar en esas decisiones o, peor aún, a tomarlas él mismo. Reconociendo que los talentos especiales sólo pueden pesar sobre un número limitado de asuntos, el buen gerente elige cuestiones que tengan a la larga el mayor impacto sobre la compañía y en las cuales él pueda ser más productivo. En circunstancias ordinarias, el límite es de tres o cuatro objetivos grandes durante un período determinado de actividad sostenida.

Para *no* verse comprometidos en la toma de decisiones, lo mejor es que se aseguren de que la organización los mantenga informados en distintas etapas, pues no quieren que los acusen de indiferencia frente a tales cuestiones. Acostumbran a sus subalternos a no esperar la decisión. La comunicación desde abajo se convierte fundamentalmente en: "Así es como nosotros vemos el asunto, y esto es lo que nos proponemos hacer".

Reservando el estímulo cordial para aquellos proyectos que hacen una especial contribución a la estrategia corporativa total, el gerente superior acusa recibo de la información sobre todos los demás asuntos. Cuando se presenta un problema de la organización, encuentra la manera de indicar lo que se debe hacer sin llegar hasta dar órdenes — generalmente haciendo preguntas penetrantes.

EL JUEGO DEL PODER

¿Hasta qué punto imponen los altos ejecutivos sus ideas y sus propuestas en toda la organización? La idea común de que el "primer motor" crea continuamente e impone nuevos programas, como un poderoso líder de la mayoría en un congreso, es, en mi opinión, muy engañosa.

El gerente de éxito es sensitivo a la estructura de poder de la organización. Cuando estudia propuestas importantes puede determinar la posición de los distintos individuos y unidades en una escala que va desde apoyo completo y franco hasta oposición firme, a veces rencorosa, y a menudo bien disimulada. En medio de la escala está la indiferencia. Por lo general, varios aspectos de una propuesta caen en esa área y es ahí donde opera el gerente. Evaluando la profundidad y la naturaleza de las obstrucciones, el gerente puede andar por lo que yo llamo corredores de indiferencia comparativa. No ataca un corredor bloqueado, y prefiere hacer una pausa hasta que se abra.

Guarda relación con esta habilidad particular la de reconocer cuándo conviene lanzar unos cuantos globos de ensayo. La organización sólo tolera cierto número de propuestas que emanen del vértice de la pirámide, así que por grande que sea la tentación de estimular a la organización con una corriente de ideas personales, el buen gerente sabe que tiene que trabajar por intermedio de otras personas en distintas partes de la compañía. Estudiando la reacción de distintos individuos y grupos frente a esos globos de ensayo, el gerente puede juzgar mejor cómo limitar la anulación de las propuestas. Rara vez hay una propuesta que reciba el apoyo de todos los sectores de la organización. La aparición de un fuerte apoyo en determinados sectores casi con toda seguridad suscita fuerte oposición en otros.

SENTIDO DE LA OPORTUNIDAD

Circunstancias como éstas significan que un buen sentido de la oportunidad es un activo valiosísimo para un alto ejecutivo. Por ejemplo, una vicepresidenta estaba convencida desde hacía tiempo de que su compañía carecía de sentido de dirección y que necesitaba una actividad formal de planificación a largo plazo para llenar el vacío. Hasta entonces sus suaves insinuaciones a otros altos ejecutivos habían sido rechazadas. Entonces vio una oportunidad:

Un comité de desarrollo gerencial propuso una serie de reuniones de fin de semana para funcionarios de segundo nivel. Después de mucho discutir, pero por razones que no se divulgaron, el presidente rechazó el plan. Los miembros del comité se resintieron abiertamente por lo que a ellos les pareció un rechazo arbitrario.

La vicepresidenta, entendiendo la situación, le sugirió al presidente que los mismos empleados que debían haber asistido a los seminarios semanales de desarrollo gerencial se organizaran como un comité de planificación a largo plazo. La oportunidad era perfecta. El presidente, que quería complacer de alguna manera al comité, aceptó inmediatamente, y el comité de desarrollo gerencial en su siguiente reunión apoyó la idea con entusiamo.

La vicepresidenta había venido llevando a cabo una especie

de investigación de mercado continua para ver cómo podría hacer aceptar su idea de planificación a largo plazo. Sus anteriores sondeos del "mercado" le indicaban que los rechazos previos del presidente no eran tan definitivos que no se pudiera pensar en un cambio en los "corredores de actitud".

La vicepresidenta atrapó al comité en un estado de ánimo conciliador, y su propuesta salió adelante felizmente.

PRESIÓN CAUTELOSA

Muchos gerentes pueden identificar en un momento determinado una serie de metas, aun cuando sean bastante vagas. Su programación, también bastante vaga, les sugiere que ciertas metas tienen que cumplirse antes que otras, y que otras bien pueden aplazarse varios meses o años. Tienen una idea más vaga todavía de cómo lograr estas metas. Evalúan individuos y grupos. Saben que cada uno tiene sus propias metas, algunas de las cuales entienden perfectamente y otras sobre las cuales sólo pueden hacer conjeturas. Saben también que estos individuos y grupos representan obstrucciones a determinados programas o proyectos y que como puntos de oposición es preciso tenerlos en cuenta. Cuando se toman las decisiones operativas día por día y los individuos y grupos responden a las propuestas, se aclara dónde están los corredores de indiferencia comparativa. El gerente actúa de conformidad.

APARENTE IMPRECISIÓN

La cuarta habilidad de un gerente de éxito es saber cómo convencer a la organización de que ésta tiene un sentido de dirección, sin comprometerse nunca públicamente con un conjunto específico de objetivos. Esto no quiere decir que no tenga mejores objetivos — personales o corporativos a largo y a corto plazo. Éstos son guías significativas para pensar, y el buen gerente los modifica continuamente y, a la vez, obtiene una mejor comprensión de los recursos, la competencia y las demandas cambiantes del mercado. Pero cuando la organización pide a gritos una declaración de objetivos, lo que recibe son afirmaciones como éstas:

"Nuestra compañía quiere ser el número uno en su industria".
"Nuestro objetivo es el crecimiento con utilidades".
"Buscamos el máximo rendimiento sobre la inversión".
"La meta de la administración es cumplir sus responsabilidades para con los accionistas, los empleados y el público".

En mi opinión, declaraciones como éstas no les dan ninguna guía a los distintos niveles gerenciales. Y, sin embargo, un gran número de personas inteligentes las aceptan como objetivos.

CONSERVAR LA VIABILIDAD

¿Por qué el buen gerente es renuente a hacer declaraciones precisas de objetivos para la organización? La razón más importante es que los objetivos específicos no pueden seguir siendo aplicables durante un período de tiempo razonable en el futuro. Las condiciones de los negocios cambian de manera continua y rápida, y hay que revisar la estrategia corporativa para tomar en cuenta el cambio. Cuanto más explícita sea la declaración de la estrategia, más difícil será persuadir a la organización de que busque nuevas metas cuando cambian las necesidades y las condiciones.

Sin duda, el público y los accionistas deben percibir que la organización tiene objetivos bien definidos y un claro sentido de dirección; pero, en realidad, el buen gerente general rara vez está muy seguro de la dirección que debe seguir. Ve mejor que nadie los muchos, muchísimos, peligros que amenazan a la compañía — amenazas que están dentro de la economía, en las acciones de los competidores y también dentro de la organización misma.

El buen gerente sabe también que es imposible plantear los objetivos con claridad suficiente para que todo el mundo en la compañía entienda lo que éstos significan. Los objetivos sólo se comunican con el tiempo mediante la coherencia en la acción o los patrones de decisiones operativas. Tales decisiones son más significativas que las palabras. Cuando los objetivos precisos se exponen en detalle, la organización tiende a interpretarlos de modo que se ajusten a sus propias necesidades.

Los subalternos que siguen pidiendo objetivos más precisos trabajan contra su propio interés. Cada vez que los objetivos se exponen más específicamente, se reduce la gama de posibilidades operativas para el subalterno. El campo más estrecho significa menos espacio para moverse y para acomodar la corriente de ideas que surgen de su propia parte de la organización.

EVITAR LA CAMISA DE FUERZA DE UNA POLÍTICA

La renuencia del gerente de éxito a ser preciso se extiende al área de las decisiones de política. Rara vez hace una declaración explícita de política, tal vez consciente de que en algunas compañías los ejecutivos gastan más tiempo arbitrando disputas causadas por las políticas declaradas que en llevar adelante la compañía. Los textos de administración sostienen que las políticas bien definidas son el *sine qua non* de una compañía bien manejada. Mis investigaciones no corroboran esto.

Por ejemplo, el presidente de una compañía que conozco muy bien, deja deliberadamente vagas las tareas que les asigna a sus altos funcionarios, y se niega a definir la política para ellos. Distribuye tareas aparentemente sin ningún patrón en mente y deliberadamente les asigna actividades que compiten entre sí. Aunque sus métodos nunca serían aprobados por un planificador organizacional clásico, son deliberados — y, dicho sea de paso, muy eficaces.

Si los gerentes capaces no toman decisiones sobre política, ¿significa esto que las compañías bien manejadas funcionan sin política? Ciertamente, no. Pero sus políticas se van formando con el tiempo, de una mezcla indescriptible de decisiones operativas. Una pauta de lineamientos para diversos niveles de la organización proviene de una serie de decisiones.

El gerente hábil resiste la tentación de redactar un credo para la compañía o de preparar un manual de política. La preocupación por declaraciones detalladas de objetivos corporativos, metas departamentales, organigramas globales y descripciones de oficios es a menudo el primer síntoma de atrofia.

La escuela de "administración por objetivos", tan ensalzada hace pocos años, indica que se detallen los objetivos en todos los niveles de la corporación. Este método es factible en los niveles gerenciales bajos, pero no funciona en los niveles más altos. La alta administración tiene que pensar en objetivos en detalle, pero debe guardarlos para sí, o, por lo menos, comunicárselos a la organización en dosis moderadas. Se pueden gastar meses o años en preparar la organización para radicales desviaciones de lo que actualmente se está tratando de realizar.

Supongamos, por ejemplo, que el presidente está convencido de que la compañía debe abandonar el negocio principal a que se ha dedicado durante treinta y cinco años. Aun cuando realizar ese cambio sea uno de sus objetivos, le parece que no puede comunicar esa idea abiertamente, ni siquiera a sus vicepresidentes cuyo conocimiento total se limita al negocio actual. Un anuncio intempestivo de que la compañía va a cambiar de orientación sería demasiado duro, así que empieza a moverse hacia su meta sin revelársela del todo a su grupo administrativo.

Detallar los objetivos puede servir sólo para complicar la tarea de alcanzarlos. Las declaraciones precisas le dan a la oposición la oportunidad de organizar sus defensas.

CONFUNDIR CON UN PROPÓSITO

La quinta habilidad, y la más importante de las que voy a enumerar, tiene poca relación con la doctrina de que la administración es o debe ser una ciencia global, sistemática, lógica, bien programada. De todas las herejías que estampo aquí, ésta les parecerá a los doctrinarios la más descarada.

El gerente de éxito reconoce la futilidad de tratar de imponer paquetes o programas totales en la organización. Está dispuesto a contentarse con menos que aceptación total, a fin de lograr un progreso moderado hacia las metas. Evitando debates sobre principios, trata de juntar partes que pueden parecer incidentales en un programa que por lo menos avanza parte del camino hacia los objetivos. Optimista y perseverante, dice una y otra vez: "En esta propuesta tiene que haber algunas partes que podamos capitalizar".

Las relaciones entre diferentes propuestas ofrecen oportunidades de combinación y reestructuración, de donde se sigue que el gerente tiene campo para amplios intereses y curiosidad. Cuantas más cosas sepa, más oportunidades tendrá de descubrir partes que se relacionan entre sí. Este proceso no requiere gran brillo intelectual ni creatividad especial. La amplia gama de intereses hace más probable que pueda enlazar diversas propuestas no relacionadas entre sí. El buen gerente tiene habilidad como analista, pero más aún como un conceptualizador de talento.

Si el gerente ha creado o heredado una sólida organización, será difícil encontrar una idea que no se le haya ocurrido antes a nadie en la compañía. La contribución más significativa puede ser ver relaciones que nadie había visto.

Por ejemplo, una gerente de división se había fijado como objetivo a comienzos del año una mejora en la calidad del producto. Al final del año, revisando el progreso hacia ese objetivo, pudo identificar tres hechos significativos que habían producido una mejora perceptible:

Primero, el jefe del grupo de control de calidad, gerente veterano que estaba haciendo un trabajo apenas adecuado, había pedido que lo asignaran a un nuevo grupo de investigación. La gerente de división instaló en ese puesto clave a un joven ingeniero que mucho prometía.

Pocos meses después, vino la segunda oportunidad. El departamento de personal propuso un programa continuo para verificar la eficacia de los métodos de capacitación de nuevos empleados. La propuesta era aceptable para el grupo de manufactura. La única contribución de la gerente de división fue sugerir que se incluyera en el programa un fuerte énfasis en las actitudes de los empleados hacia la calidad.

La tercera oportunidad se presentó cuando uno de los mejores clientes de la división descubrió que en un gran lote de partes se habían empleado materiales inadecuados. La conmoción que esto produjo hizo posible instituir un sistema enteramente nuevo de procedimientos de inspección y prueba de materias primas.

Cuando la gerente de división pasó revista al progreso logrado en el año, en materia de calidad del producto, éstos tres fueron los hechos más importantes. Ninguno de ellos se podría haber predicho al comenzar el año, pero ella vio rápidamente el potencial de cada uno cuando se presentó la ocasión en el curso de las operaciones cotidianas de rutina.

EXPLOTAR EL CAMBIO

El buen gerente sólo puede funcionar eficazmente en un ambiente de cambio continuo. Un caricaturista de la *Saturday Review* captó esta idea cuando pintó a un ejecutivo sentado a un enorme escritorio dándole instrucciones a su secretaria: "Tráigame algún negocio; tengo ganas de cambiar". Sólo el gerente que trae entre manos muchos cambios puede descubrir nuevas combinaciones y oportunidades y desbloquear nuevos corredores de indiferencia comparativa. Su estimulación creativa proviene de tratar de hacer algo útil de las propuestas o ideas que tiene sobre la mesa. Trata de hacer del cambio estratégico una cosa común y corriente en la vida de la organización y revisa continuamente la estrategia aunque los resultados actuales sean buenos.

Charles Lindblom escribió un artículo con un título interesante: "La ciencia de salir del paso".[2] En él describe lo que llama el "método global racional" de tomar decisiones. La esencia de este método es que para cada problema el tomador de decisiones procede deliberadamente, paso por paso, recopilando datos completos; analizando los datos a fondo; estudiando una amplia serie de alternativas, cada una con sus propios riesgos y consecuencias; y, por último, formulando una guía detallada de acción. Lindblom descarta en el acto el "método global racional" y propone lo que él llama "comparaciones sucesivas limitadas". Ve al tomador de decisiones comparando las alternativas a fin de descubrir cuál se aproxima más a cumplir los objetivos que él busca. Como esto es un proceso oportunista, ve al gerente como un embrollador, pero un embrollador con un fin determinado.

H. Igor Ansoff en su libro *Corporate Strategy* propone una idea parecida en lo que describe como el "enfoque de cascada".[3] A su modo de ver, las posibles reglas de decisión se formulan en términos generales y se van refinando en varias etapas, a medida que avanza una solución que surge. Con este proceso parece que el problema se estuviera resolviendo varias veces seguidas, pero con resultados cada vez más precisos.

---

[2] Harold J. Leavitt y Louis R. Pondy, eds., *Readings in Managerial Psychology* (Chicago: University of Chicago Press, 1964), p. 61.

[3] H. Igor Ansoff, *Corporate Strategy* (Nueva York: McGraw-Hill, 1965).

Tanto Lindblom como Ansoff nos acercaron más a la comprensión de cómo piensan en realidad los gerentes. El proceso no es abstracto; más bien el gerente busca una manera de reducir a un patrón los miles de incidentes que constituyen, día por día, la vida de una compañía en crecimiento.

IMÁGENES DISTINTAS

Es interesante observar en los escritos de los que estudian la administración el surgimiento del concepto de que la tarea principal del líder no es tomar decisiones sino mantener condiciones operativas que permitan que funcionen bien los distintos sistemas de toma de decisiones. A mí me parece que los partidarios de esta teoría pasan por alto los sutiles cambios de dirección que puede proporcionar el líder. El líder no puede agregarles propósito y estructura a los juicios equilibrados de sus subalternos simplemente aprobando maquinalmente sus decisiones. Tiene que sopesar las cuestiones y llegar a sus propias decisiones.

Richard M. Cyert y James G. March sostienen que en la vida real los gerentes no consideran todas las posibles vías de acción sino que su búsqueda termina cuando encuentran una alternativa satisfactoria. Según mi experiencia, los buenos gerentes no pecan de semejante miopía. A menos que estudien una amplia serie de posibilidades, no pueden llegar a las combinaciones imaginativas de ideas que caracterizan su trabajo.

Muchos artículos sobre los ejecutivos que tienen éxito los pintan como grandes pensadores que se sientan a su escritorio a trazar planes maestros para sus compañías. Los altos ejecutivos a quienes yo he visto trabajar no operan en esa forma. En lugar de producir un árbol de decisiones ya completamente desarrollado, empiezan con un ramito, lo cultivan para que vaya creciendo y se bajan de las ramas sólo después de haberlas probado para ver cuánto peso resiste cada una.

En mi modelo, el gerente general está sentado en medio de una corriente continua de problemas operativos. La organización le presenta una serie de propuestas para resolver esos problemas. Algunas de ellas constan de voluminosos informes formales muy bien documentados; otras son tan fugaces como la visita casual de un empleado que tuvo una inspiración durante la pausa del café de la mañana. Sabiendo que no tiene sentido eso de decir "Éste es un problema financiero" o "Ése es un problema de comunicaciones", el gerente no se siente obligado a clasificarlos, pues como dijo Gary Steiner en un discurso, "él tiene una alta tolerancia para la ambigüedad".

Al considerar cada propuesta, el gerente general la somete a prueba por lo menos a la luz de tres criterios:

1. ¿El proyecto total — o con más frecuencia, alguna parte de él — impulsará a la organización hacia los objetivos que se buscan?
2. ¿Cómo recibirán la propuesta total, o partes de ella, los diversos grupos y subgrupos de la organización? ¿De dónde provendrá la más fuerte oposición, qué grupo le dará el más firme apoyo y qué grupo será neutral o indiferente?
3. ¿Cómo se relaciona la propuesta con programas que ya están en ejecución o que se han propuesto actualmente? ¿Algunas partes de la propuesta pueden agregarse a un programa que ya esté en marcha, o pueden combinarse con otras propuestas o partes de ellas en un paquete que se pueda guiar a través de la organización?

LA TOMA DE UNA DECISIÓN

Como otro ejemplo del trabajo de un gerente general, considérese la serie de hechos que llevaron a la decisión que tomó el presidente de una compañía matriz, de tratar de consolidar dos de sus divisiones.

Llamemos al ejecutivo el Sr. Brown. Un día se le presentó el gerente de la división A con la propuesta de que dicha división adquiriera cierta compañía cuyo fundador y presidente — a quien llamaremos el Sr. Johansson — tenía un récord fenomenal de inventar nuevos productos, aunque las utilidades habían sido menos que fenomenales. Johansson pedía por su compañía un precio que resultaba alto al calcularlo de acuerdo con las utilidades.

Sólo cuando Brown se puso a hacer conjeturas sobre cómo podría Johansson infundir nuevo vigor en la división A para nuevos productos, pareció que quizá sí se justificaba pagar un precio alto.

Durante varios años, Brown había tratado sin éxito de estimular al gerente de esa división para que viera que tenía que sacar nuevos productos para reemplazar los que estaban perdiendo su posición en el mercado.

La siguiente idea que concibió Brown fue que Johansson podría inventar no sólo para la división A sino también para la división B. Continuando con el análisis de cómo podría funcionar esto desde el punto de vista organizacional, Brown se puso a pensar en los mercados que servían las divisiones A y B. En el transcurso de los años habían ocurrido varios cambios básicos, aunque paulatinos, en los patrones de mercado, y las consideraciones de marketing según las cuales era aconsejable tener dos divisiones distintas ya no tenían validez. ¿Por qué había de seguir la compañía sosteniendo una duplicación de gastos fijos con dos divisiones? Se convenció de que consolidando las dos divisiones podría también reasignar las responsabilidades entre los grupos gerenciales de manera tal que los fortaleciera a todos.

Si se nos pidiera que evaluáramos las capacidades de Brown, ¿cómo lo juzgaríamos? Haciendo a un lado la objeción de que la información es demasiado esquemática, nuestra tendencia podría ser criticar a Brown. ¿Por qué no identificó los patrones cambiantes del mercado en su continua revisión de la posición de la compañía? ¿Por qué no forzó la decisión cuando el gerente de división no hizo nada por desarrollar nuevos productos? Estas críticas reflejarían el método "global racional" de tomar decisiones.

Pero cuando yo analizo los giros del modo de pensar de Brown, se destaca una característica, y es que siguió buscando oportunidades de seguimiento en la propuesta original; oportunidades que se justificarían a la luz de los tres criterios antes mencionados. En mi sentir, Brown es un gerente general sumamente hábil.

Si este análisis de cómo piensan y operan los buenos gerentes generales tiene validez, entonces debe ayudarnos a ver varios problemas por un aspecto mejor. Por ejemplo, la comunidad inversionista se interesa hoy cada vez más en valorar la administración de una compañía que se está evaluando. Hasta ahora, los analistas se valen principalmente de los resultados o del rendimiento, más bien que de investigación de las habilidades de la administración. Pero el rendimiento actual puede afectarse por muchas variables, tanto favorables como desfavorables, y es una base peligrosa para predecir lo que va a producir en el futuro la gerencia de una compañía. Probar a los gerentes claves de una compañía por las cinco destrezas descritas ofrece una manera de evaluar el calibre de un grupo administrativo. El gerente que está creando una compañía y el que está ascendiendo por la jerarquía de una gran organización requieren esencialmente las mismas capacidades para triunfar.

Copyright © 1984; revisado en 1991.

TEMAS DE DISCUSIÓN

1. El artículo estimula a los gerentes generales para que se mantengan bien informados sobre las decisiones en todos los niveles de la compañía, manteniendo una amplia red de fuentes de información. ¿Es posible que un gerente general disponga de demasiada información, o nunca se puede tener la suficiente cuando se toman decisiones?
2. El autor observa que los gerentes generales eficientes concentran su tiempo y sus recursos en unos pocos objetivos principales y se mantienen bien informados sobre los demás. ¿En un momento determinado tiende usted a concentrarse en más de unos pocos proyectos? ¿Cómo elige los proyectos a los cuales va a dedicar la mayor parte de su tiempo?
3. ¿La descripción que hace el autor de operar en los "corredores de indiferencia comparativa" contradice la concepción que usted tiene de cómo se ejerce la autoridad gerencial?
4. ¿Usted está de acuerdo con que, en la mayoría de los casos, los objetivos corporativos no se deben comunicar concretamente? ¿Cuáles son algunas ventajas de hacer explícita la estrategia de una compañía? ¿En qué situaciones querría usted definir públicamente los objetivos y la estrategia corporativos?
5. ¿Su educación en negocios lo está capacitando para ver las relaciones y las oportunidades en la "corriente continua de problemas y decisiones operativas"? ¿Está aprendiendo a reconocer patrones en el flujo constante de información y a utilizarlos para fomentar las metas corporativas?

SEGUNDA PARTE

FORMULACIÓN DE ESTRATEGIA

Cómo forman la estrategia las fuerzas de la competencia

3

MICHAEL E. PORTER

Para planificar estrategias eficaces, los gerentes generales tienen que entender los puntos fuertes y los puntos débiles de su compañía, la naturaleza de su industria y las características de sus competidores. En este ensayo, Michael Porter les proporciona a los gerentes generales un marco de referencia para posicionar una compañía y aprovechar los cambios que se operan en la industria detallando las cinco fuerzas que gobiernan a la competición en una industria: la amenaza de nuevos competidores, el poder negociador de los clientes, el poder negociador de los proveedores, la amenaza de sustitución de productos o servicios y la pugna entre los actuales contendientes. Entender cómo operan estas fuerzas en una industria y cómo afectan a la situación particular de una empresa les permite a los gerentes generales establecer una posición en su industria que sea menos vulnerable al ataque.

La esencia de la formulación de estrategia es hacer frente a la competencia. Pero no hay que ver ésta con un criterio estrecho ni con pesimismo. Aunque a veces se oye a los ejecutivos quejarse de lo contrario, la competencia intensa en una industria no es ni una coincidencia ni mala suerte.

Además, en la emulación por participación de mercado en una industria, la competencia no se manifiesta únicamente en los otros concurrentes; más bien puede decirse que está arraigada en su economía subyacente, y existen fuerzas competitivas que van mucho más allá de los combatientes establecidos en una industria determinada. Clientes, proveedores, nuevos participantes en potencia y productos sustitutivos son todos competidores que pueden ser más o menos destacados o activos según la industria.

El estado de la competencia en una industria depende de cinco fuerzas básicas que se diagraman en la figura 1, página 38. La

FIGURA 1
Fuerzas que gobiernan la competencia en una industria

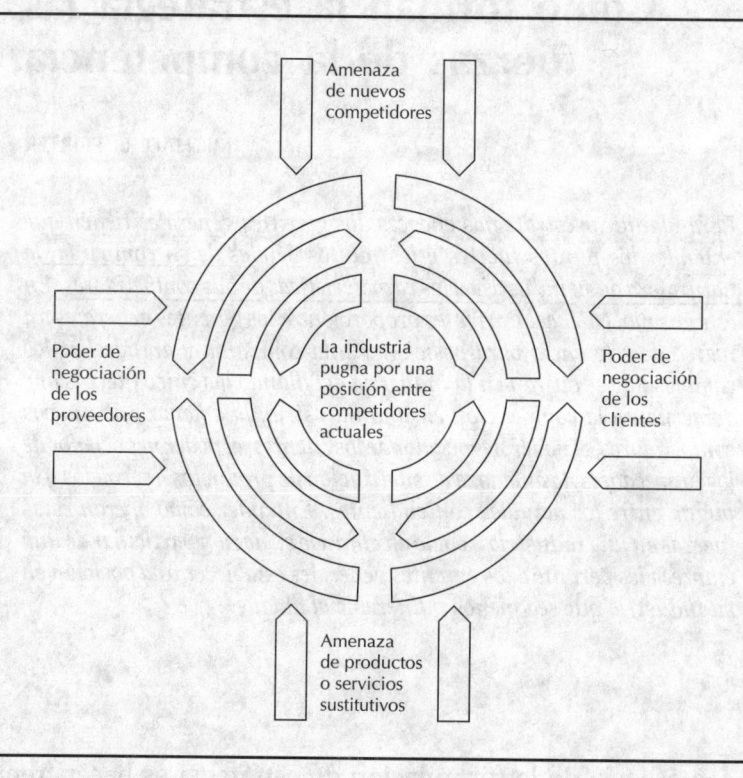

```
                    Amenaza
                    de nuevos
                    competidores


    Poder de                    La industria              Poder de
    negociación                 pugna por una             negociación
    de los                      posición entre            de los
    proveedores                 competidores              clientes
                                actuales


                    Amenaza
                    de productos
                    o servicios
                    sustitutivos
```

resultante de estas fuerzas combinadas determina el potencial de rentabilidad de una industria, y va desde intensa, en industrias como neumáticos, latas de envase, y acero, en las cuales ninguna compañía obtiene rendimientos espectaculares sobre la inversión, hasta débil, en industrias como servicios y equipos para campos petroleros, bebidas gaseosas y artículos de tocador, en las cuales sí hay campo para rendimientos muy altos.

En la industria "perfectamente competitiva" de los economistas, la emulación por ganar posiciones no tiene freno, y la entrada es muy fácil. Desde luego, este tipo de estructura industrial ofrece las peores perspectivas de alta rentabilidad a largo plazo. Sin embargo, cuanto más débiles sean las fuerzas colectivamente, mayor es la oportunidad de superior comportamiento.

Cualquiera que sea la fuerza colectiva, la meta del estratega corporativo es encontrar una posición en la industria, desde la cual su empresa pueda defenderse mejor contra esas fuerzas o influir en ellas para que le sean favorables. La intensidad colectiva de esas fuerzas puede ser dolorosamente aparente para todos los antagonistas; pero para hacerles frente, el estratega tiene que escudriñar bajo la superficie y analizar el origen de cada una. Por ejemplo: ¿Qué hace que la industria sea vulnerable a la entrada de nuevos competidores? ¿Qué determina el poder de negociación de los proveedores?

El conocimiento de esas fuentes subyacentes de presión competitiva sienta las bases para una agenda estratégica de acción. Ellas destacan las fortalezas y las debilidades críticas de la compañía, animan la posición de ésta en su industria, aclaran las áreas en las cuales los cambios estratégicos pueden dar los mejores resultados y destacan los lugares donde las tendencias de la industria prometen tener la mayor significación, bien como oportunidades, o bien como amenazas. Entender esas fuentes también resulta útil para estudiar áreas para diversificación.

FUERZAS EN PUGNA

Las fuerzas competitivas más intensas determinan la rentabilidad de una industria y, por tanto, son de la mayor importancia en la formulación de la estrategia. Por ejemplo, aunque una compañía ocupe una posición fuerte en una industria no amenazada por la posible entrada de nuevos competidores, obtendrá bajos rendimientos si se ve ante un producto sustitutivo superior o de precio más bajo — como les pasó a los fabricantes de válvulas al vacío y de cafeteras filtradoras. En una situación así, enfrentar el producto sustitutivo viene a ser la prioridad estratégica número uno.

Desde luego, las diversas fuerzas ejercen más influencia en unas industrias que en otras para dar forma a la competencia. En la de buques cisterna de alta mar, la fuerza clave probablemente son los compradores (las grandes compañías petroleras), mientras que en la de neumáticos, son sus compradores, los poderosos fabricantes de equipos originales, junto con competidores muy fuertes. En la industria del acero, las fuerzas claves son los competidores extranjeros y los materiales sustitutivos.

Toda industria tiene una estructura subyacente, o un conjunto de características fundamentales, económicas y técnicas, que dan origen a estas fuerzas competitivas. El estratega que busca posicionar a su compañía para enfrentarse mejor con el ambiente de la industria o influir en él en favor de la compañía, tiene que aprender a conocer cuáles son los resortes que mueven ese ambiente.

Este modo de ver la competencia se aplica por igual a las industrias de servicios y a las que venden productos. Para evitar la monotonía, en este artículo me refiero a productos y servicios como "productos". El mismo principio general se aplica a toda clase de negocios.

Unas pocas características son críticas para la intensidad de cada fuerza competitiva. Trataré de ellas en esta sección.

AMENAZA DE INGRESO

Los nuevos competidores que entran en una industria tienen nueva capacidad, deseo de ganar participación de mercado y, a menudo, recursos considerables. Las compañías que buscan diversificación adquiriendo a otras dentro de la industria invadida, con frecuencia multiplican sus recursos para causar una sacudida, como lo hizo Philip Morris con la cerveza Miller.

La gravedad de la amenaza depende de las barreras que existan y de la reacción que los intrusos puedan esperar de los competidores existentes. Si las barreras son altas y los nuevos concurrentes pueden esperar fuertes represalias de competidores bien atrincherados, es obvio que los recién llegados no representarán una amenaza muy seria.

Las seis barreras principales son:

1. *Economías de escala.* Estas economías disuaden de entrar porque obligan al aspirante, o bien a entrar en grande escala, o bien a aceptar una desventaja de costos. Las economías de escala en producción, investigación, marketing y servicio probablemente son las barreras claves a la entrada en la industria de computadores grandes, como lo vieron pronto GE y Xerox. También actúan como obstáculos en distribución, utilización de la fuerza vendedora, financiamiento y casi todas las demás partes de un negocio.

2. *Diferenciación de producto.* La identificación de marca crea una barrera porque obliga a los entrantes a efectuar cuantiosos gastos para vencer la lealtad de los clientes. La publicidad, el servicio al cliente, ser los primeros en la industria y las diferencias de producto se cuentan entre los factores que fomentan la identificación de una marca. Ésta es tal vez la barrera más grande en gaseosas, medicamentos de venta libre, cosméticos, banca de inversión y contaduría pública. Para crear elevadas vallas en torno a su negocio, los cerveceros combinan la identificación de marca con las economías de escala en producción, distribución y marketing.

3. *Requisitos de capital.* La necesidad de invertir cuantiosos recursos financieros para competir crea una barrera al ingreso, particularmente si el capital se necesita para gastos no reembolsables en costosa publicidad o I&D. El capital se necesita no solamente para instalaciones fijas sino también para crédito a los clientes, inventarios, y para absorber las pérdidas de lanzamiento. Mientras las grandes corporaciones cuentan con los recursos financieros para invadir casi cualquier industria, los grandes requisitos de capital en ciertos campos, tales como manufactura de computadores y extracción de minerales, limitan el número de posibles aspirantes.

4. *Desventajas de costos independientes del tamaño.* Las compañías bien establecidas pueden tener ventajas de costos de que no disponen sus rivales en potencia, sin que importen sus dimensiones o las economías de escala que puedan realizar. Estas ventajas pueden provenir de los efectos de la curva de aprendizaje (y su prima hermana la curva de experiencia), de la tecnología patentada, del acceso a las mejores fuentes de materias primas, de los activos comprados a precios de preinflación, de los subsidios oficiales, o de una situación favorable. A veces las ventajas de costo están protegidas por la ley, como es el caso de las patentes.

5. *Acceso a canales de distribución.* Un recién llegado necesita, desde luego, asegurar la distribución de su producto o servicio. Por ejemplo, un nuevo producto alimenticio tiene que desplazar a otros de los anaqueles del supermercado por medio de rebajas de precio, promociones, intenso esfuerzo de ventas o algún otro medio. Cuanto más limitados sean los canales de venta al por mayor o al por menor y más monopolicen estos canales los competidores existen-

tes, obviamente más difícil será el ingreso en la industria. A veces esta barrera es tan elevada que, para vencerla, un nuevo aspirante tiene que crear sus propios canales de distribución, como lo hizo Timex en la industria de relojes en los años 50.

6. *Política oficial*. El gobierno puede limitar, y hasta impedir, el ingreso en industrias mediante controles como requisitos de licencia o límites de acceso a las materias primas. Las industrias reglamentadas, como el acarreo en camión, la venta de licores al por menor y el despacho de carga, son ejemplos notables; las restricciones oficiales más sutiles operan en campos como desarrollo de áreas para esquiar y minería de carbón. El gobierno también puede afectar grandemente al ingreso mediante controles tales como normas de contaminación del aire y del agua y reglamentos de seguridad.

Las expectativas del rival en potencia relativas a la reacción de los competidores existentes también influirán en su decisión de entrar o no entrar. La compañía posiblemente vacilará si en ocasiones anteriores los participantes actuales han atacado violentamente a los nuevos competidores, o en los casos siguientes:

- Si los competidores existentes tienen considerables recursos para defenderse, incluso dinero en exceso y poder de endeudamiento extraordinario, capacidad productiva, o gran influencia en los canales de distribución y en los clientes.
- Si los competidores actuales parecen dispuestos a rebajar precios por su deseo de conservar su participación de mercado o por exceso de capacidad en toda la industria.
- Si el crecimiento de la industria es lento, hasta tal punto que afecte a su capacidad para absorber a nuevos competidores y probablemente haga que los rendimientos financieros de todos los interesados declinen.

Condiciones cambiantes. Desde el punto de vista estratégico, hay que advertir dos puntos adicionales acerca de la amenaza de ingreso:

El primero: La amenaza cambia a medida que las condiciones cambian. Por ejemplo, el vencimiento de las patentes básicas de Polaroid sobre fotografía instantánea redujo grandemente la barrera de ingreso por costo absoluto, erigida por su tecnología patentada. Por supuesto, Kodak se lanzó al mercado. La diferenciación de producto en la industria impresora ha desaparecido casi del todo. Por el contrario, en la industria automovilística las economías de escala aumentaron grandemente con la automatización que vino después de la Segunda Guerra Mundial y la integración vertical — lo cual, prácticamente, detuvo todo nuevo ingreso.

El segundo: Las decisiones estratégicas referentes a un gran sector de la industria pueden producir un gran impacto en las condiciones que determinan la amenaza de ingreso. Por ejemplo, muchos productores de vino de los Estados Unidos en los años 60 optaron por la política de aumentar la introducción de nuevos productos, subir los niveles de publicidad y ampliar la distribución nacionalmente, lo cual, sin duda, fortaleció los obstáculos al ingreso al aumentar las economías de escala y dificultar más el acceso a los canales de distribución. De modo similar, cuando los miembros de la industria de vehículos de recreo decidieron integrarse verticalmente para reducir costos, aumentaron grandemente las economías de escala e incrementaron las barreras de costo de capital.

PROVEEDORES Y COMPRADORES PODEROSOS

Los proveedores pueden ejercer poder de negociación sobre los participantes en una industria subiendo los precios o reduciendo la calidad de los bienes y servicios comprados. Los proveedores poderosos pueden extraer así rentabilidad de una industria incapaz de recuperar los aumentos de costo en sus propios precios. De igual manera, los clientes pueden forzar una baja de precios, exigir más alta calidad o más servicio, y hacer que se enfrenten los competidores unos con otros — todo a costa de las utilidades de la industria.

El poder de cada grupo importante de proveedores o compradores depende de varias características de la situación de su mercado, y de la importancia relativa de sus ventas o compras a la industria en comparación con su negocio total.

Un grupo de *proveedores* es poderoso en los casos siguientes:

- Cuando está dominado por unas pocas compañías y está más concentrado que la industria a la cual vende.

- Cuando su producto es único, o, por lo menos, diferenciado, o cuando ha creado costos de cambio. Éstos son costos fijos en que los compradores tienen que incurrir cuando cambian de proveedor. Se presentan, entre otras cosas, porque las especificaciones de producto del comprador lo atan a determinados proveedores, porque ha invertido fuertemente en equipo auxiliar especializado o en aprender a operar el equipo de un proveedor (como en *softwear* de computador), o porque sus líneas de producción están conectadas con las instalaciones manufactureras del proveedor (como es el caso en algunas manufacturas de envases de bebidas).
- Cuando no está obligado a luchar con otros productos que se venden a la industria. Por ejemplo, la competencia entre las compañías de acero y las de aluminio por vender a la industria de enlatados debilita el poder de ambos proveedores.
- Cuando plantea una amenaza verosímil de integración hacia adelante en el negocio de la industria. Esto representa una restricción a la capacidad de la industria para mejorar las condiciones en que compra.
- Cuando la industria no es un cliente importante del grupo proveedor. Si la industria es un cliente importante, la suerte de los proveedores estará íntimamente ligada con ella y éstos querrán protegerla por medio de precios razonables y ayuda en actividades como I&D y cabildeo.

Un grupo de *compradores* es poderoso:

- Cuando está concentrado o si compra en grandes volúmenes. Los compradores que adquieren en gran volumen constituyen fuerzas poderosas si la industria se caracteriza por fuertes costos fijos — como en envases de metal, refinación de maíz, y sustancias químicas a granel — lo cual las induce a operar a plena capacidad.
- Cuando el producto que le compra a la industria es estándar o no diferenciado. Los compradores, seguros de que siempre encontrarán otros proveedores, pueden hacer enfrentar a una compañía con otra, como lo hacen en extrusión de aluminio.
- Cuando los productos que le compra a la industria forman un componente del suyo y representan una parte importante de sus costos. Los compradores, en ese caso, probablemente buscarán un precio más favorable y comprarán en forma selectiva, mientras que si el producto que la industria les vende sólo es una pequeña fracción de los costos del comprador, éste será mucho menos sensitivo al precio.

- Cuando el producto de la industria no es importante para la calidad del producto o de los servicios del comprador. Cuando la calidad de los productos del comprador se ve muy afectada por el producto de la industria, los compradores suelen ser menos sensitivos al precio. Entre las industrias en que existe esta situación se cuentan la de equipos para campos petroleros, en la cual el mal funcionamiento puede acarrear graves pérdidas, y la de cubiertas para instrumentos electrónicos médicos y de ensayo, en la cual la calidad de la cubierta puede influir en la impresión que el usuario se forme sobre la calidad del equipo que contiene.
- Cuando el producto de la industria no le economiza dinero al comprador. Si el producto de la industria produce muchas veces más de lo que cuesta, el comprador casi no se preocupa por el precio; más bien le interesa la calidad. Esto es cierto en servicios como la banca de inversión y la contaduría pública, en los cuales los errores de juicio pueden ser sumamente costosos, y en negocios como la explotación de pozos petrolíferos, en los cuales una exploración de precisión puede economizar miles de dólares en costos de perforación.
- Cuando los compradores presentan una amenaza verosímil de proceder a integración hacia atrás haciendo ellos mismos el producto de la industria. Los Tres Grandes productores de automóviles y los principales compradores muchas veces han apelado a la amenaza de fabricar ellos mismos, como palanca para negociar. Pero a veces la industria engendra la amenaza para los compradores de que sus miembros procedan a integración hacia adelante.

La mayor parte de estas fuentes de poder del comprador se pueden atribuir a los consumidores como grupo, lo mismo que a compradores industriales y comerciales; sólo se necesita una modificación del marco de referencia. Los consumidores tienden a ser más sensitivos al precio si están comprando productos no diferenciados, caros con respecto a sus ingresos, y de naturaleza en que la calidad no sea particularmente importante.

El poder de los minoristas se determina por las mismas reglas, con una adición importante: Los minoristas pueden tener un fuerte poder de negociación sobre los fabricantes cuando pueden influir en las decisiones de compra de los consumidores, como en los casos de componentes de audio, joyería, electrodomésticos, artículos deportivos y otros bienes.

Acción estratégica. Cuando una compañía elige proveedores a quienes comprar o compradores a quienes vender, esa elección debe verse como una decisión estratégica crucial. Una compañía puede mejorar su postura estratégica encontrando proveedores o compradores cuyo poder de influir en ella adversamente sea ínfimo.

La situación más común es la de una compañía que puede elegir a quién vender — en otras palabras, seleccionar los compradores. Rara vez todos los grupos compradores a quienes vende una compañía gozan de igual poder. Aunque una compañía le venda a una sola industria, generalmente existen dentro de esa industria segmentos que ejercen menos poder que otros y que, por tanto, son menos sensitivos al precio. Por ejemplo, el mercado de repuestos para la mayor parte de los productos es menos sensitivo al precio que el mercado total.

Por lo general, una compañía puede venderles a compradores poderosos, y, sin embargo, obtener rentabilidad por encima del promedio solamente si es productora de bajo costo en su industria, o si su producto goza de algunas características poco comunes, si no únicas.

Si la compañía carece de una posición de bajo costo o de un producto único, venderles a todos es contraproducente porque cuanto más venda más vulnerable se vuelve. Tal vez tenga que hacer acopio de valor para rechazar negocios y venderles únicamente a los clientes menos poderosos. Desde luego, algunas industrias no se pueden dar el lujo de seleccionar "buenos" compradores.

Cuando los factores que crean el poder de los proveedores y de los compradores cambian con el correr del tiempo o como resultado de decisiones estratégicas de la compañía, obviamente el poder de estos grupos aumenta o declina. En la industria de ropa hecha, como los compradores (las tiendas de departamentos y las tiendas de ropa) se han vuelto más concentrados y el control ha pasado a las grandes cadenas, la industria se ha visto sometida a creciente presión y ha sufrido márgenes descendentes. No ha podido diferenciar su producto ni crear costos de cambio que le den compradores lo suficientemente cautivos como para neutralizar esas tendencias.

PRODUCTOS SUSTITUTIVOS

Los productos o servicios sustitutivos limitan el potencial de una industria poniéndoles tope a los precios que ésta puede cobrar. A menos que la industria pueda mejorar la calidad de su producto o diferenciarlo en alguna forma (como mediante marketing), la industria sufrirá en utilidades y posiblemente en crecimiento.

Evidentemente, cuanto más atractiva es la alternativa que los productos de sustitución ofrecen desde el punto de vista de precios, más firme es el tope puesto al potencial de utilidades de la industria. Los productores de azúcar aprendieron esta lección al verse frente a la comercialización en grande escala de jarabe de maíz de alta fructosa, sustitutivo del azúcar. Los productos de sustitución no solamente limitan las utilidades en tiempos normales; también reducen la ganancia extraordinaria que una industria podría obtener en tiempos de bonanza.

Los productos sustitutivos que merecen mayor atención estratégica son aquéllos que a) están sujetos a tendencias que mejoran la alternativa que ellos ofrecen al producto de la industria desde el punto de vista del precio o b) son producidos por industrias que obtienen grandes utilidades. Los sustitutivos suelen entrar rápidamente en juego si algún hecho aumenta la competencia en sus industrias y causa reducción de precios o mejora del rendimiento.

EN BUSCA DE POSICIÓN

La rivalidad entre los competidores existentes toma la forma familiar de emulación por adquirir posición — usando tácticas como competencia de precios, introducción de productos y violentas campañas publicitarias. La intensa rivalidad guarda relación con la presencia de diversos factores:

- Los competidores son muchos o aproximadamente iguales en tamaño y poder. Los contendientes extranjeros, por supuesto, ya son parte del cuadro competitivo en muchas industrias estadounidenses.
- El crecimiento de la industria es lento y provoca peleas por participación en el mercado, en las cuales toman parte miembros que quieren expansión.

- El producto o servicio carece de diferenciación o de costos de cambio que aten a los compradores y protejan a un combatiente de otro que quiera quitarle sus clientes.
- Los costos fijos son altos o el producto es perecedero, lo cual crea una fuerte tentación de rebajar precios. Muchos negocios de materiales básicos, como papel y aluminio, sufren de este problema cuando la demanda afloja.
- La capacidad normalmente aumenta en incrementos grandes. Esas adiciones, como en los negocios de cloro y cloruro de vinilo, perturban el equilibrio oferta-demanda de la industria, y a menudo conducen a períodos de exceso de capacidad y recortes de precios.
- Las barreras de salida son altas. Estas barreras, lo mismo que los activos muy especializados o la lealtad de la administración a negocios particulares, mantienen a las compañías compitiendo aunque estén obteniendo rendimientos bajos o hasta negativos sobre la inversión. El exceso de capacidad sigue funcionando, y la rentabilidad de los competidores sanos sufre cuando los enfermos no se dan por vencidos.[1] Si toda la industria sufre de exceso de capacidad, quizá busque ayuda del gobierno — sobre todo si hay competencia extranjera.
- Los rivales tienen distintas estrategias, orígenes y "personalidades". Tienen distintas ideas sobre cómo competir, y constantemente se estrellan los unos con los otros por el camino.

A medida que madura una industria, su tasa de crecimiento va cambiando, lo cual da por resultado una declinación de las utilidades, y a menudo un sacudimiento. En la boyante industria de vehículos de recreo de los primeros años 70, casi todos los productores prosperaban; pero de entonces acá el lento crecimiento ha eliminado los altos rendimientos, salvo para los miembros más fuertes, por no decir nada de las muchas compañías débiles. Ese mismo camino lo han seguido las utilidades en industria tras industria — los autonieves, los envases de aerosol y los equipos deportivos son algunos ejemplos.

Una adquisición puede introducir una personalidad suma-

---

[1] Una discusión más completa de las barreras de salida y sus consecuencias para la estrategia se encontrará en mi artículo "Please Note Location of Nearest Exit", *California Management Review*, invierno de 1976, p. 21.

mente distinta en una industria, como ha sido el caso con la adquisición de McCullough, productor de sierras de cadena, por Black & Decker. La innovación tecnológica puede subir el nivel de costos en los procesos de producción.

Si bien una compañía tiene que amoldarse a muchos de estos factores — porque son inherentes a la economía de la industria —, puede tener cierta libertad para mejorar las cosas mediante cambios estratégicos. Por ejemplo, puede tratar de aumentar el costo de cambio para los compradores o aumentar la diferenciación de producto. Concentrarse en esfuerzos de venta en los segmentos de crecimiento más rápido de la industria, o en las áreas de mercado que tienen los más bajos costos fijos, puede reducir el impacto de los rivales de la industria. Si es viable, una compañía puede tratar de evitar el enfrentamiento con competidores que tengan altas barreras de salida, y en esa forma evitar enredarse en una cruel guerra de precios.

FORMULACIÓN DE ESTRATEGIA

Una vez que el estratega corporativo haya evaluado las fuerzas que afectan a la competición en una industria y sus causas subyacentes, puede identificar las fortalezas y las debilidades de la compañía. Las fortalezas y las debilidades cruciales, desde el punto de vista estratégico, son la actitud de la compañía frente a las causas subyacentes de cada fuerza. ¿Cuál es su posición frente a los artículos sustitutivos? ¿Frente a las barreras de ingreso?

Entonces el estratega puede idear un plan de acción que puede incluir: 1) Posicionar a la compañía de manera que sus capacidades proporcionen la mejor defensa contra la fuerza competitiva; 2) influir en el equilibrio de fuerzas mediante medidas estratégicas, y mejorar así la posición de la compañía; y 3) anticiparse a los cambios en los factores subyacentes de esas fuerzas y responder a ellos, con la esperanza de explotar el cambio escogiendo una estrategia apropiada para el nuevo equilibrio competitivo antes de que los opositores se den cuenta de ello. Estudiaré por separado cada uno de los enfoques estratégicos.

POSICIONAR A LA COMPAÑÍA

El primer enfoque toma la estructura de la industria tal como es y equipara las fortalezas y las debilidades de la compañía con ella. La estrategia se puede ver como construir defensas contra las fuerzas competitivas o como encontrar posiciones en la industria donde las fuerzas sean sumamente débiles.

Conociendo las capacidades de la compañía y las causas de las fuerzas competitivas, se ponen de manifiesto las áreas en que la compañía debe enfrentarse con la competencia y en dónde debe evitarla. Si la compañía es un productor de costos bajos, puede elegir enfrentarse con compradores poderosos pero cuidando de venderles únicamente productos no vulnerables a la competencia de sustitutos.

El éxito de la bebida Dr Pepper en la industria de gaseosas ilustra la combinación del conocimiento realista de las ventajas competitivas con un sesudo análisis industrial para producir una estrategia superior. Coca-Cola y Pepsi-Cola dominan la industria, en la cual muchos productores pequeños compiten por un fragmento del mercado. Dr Pepper eligió la estrategia de evitar el segmento de mayores ventas; mantiene una reducida línea de sabor, prescinde de desarrollar una red de embotelladoras cautivas y comercializa vigorosamente. Esa compañía se posicionó de modo tal que fuera lo menos vulnerable posible, y, al mismo tiempo, pudiera explotar su pequeño tamaño.

En la industria de bebidas gaseosas, que vale 11 500 millones de dólares, son enormes las barreras para el ingreso, en forma de identificación de marca, marketing en grande escala y acceso a una red de embotelladoras. En lugar de aceptar los costos formidables y las economías de escala que implicaría el tener su propia red de embotelladoras — es decir, en vez de seguir el ejemplo de las Dos Grandes y de Seven Up — Dr Pepper aprovechó el sabor diferente de su bebida para "ir al remolque" con las embotelladoras de Coke y Pepsi que querían una línea completa para vender a su clientela. Dr Pepper contrarrestó el poder de esos compradores mediante un servicio extraordinario y otros esfuerzos para distinguirse de Coke y Pepsi en el tratamiento que les daba.

Muchas compañías pequeñas en la industria de gaseosas ofrecen bebidas de cola que las enfrentan directamente en competencia con las grandes. Dr Pepper, por el contrario, maximizó la diferenciación de producto conservando una línea reducida de bebidas creada en torno a un sabor especial.

Por último, Dr Pepper hizo frente a Coke y a Pepsi con una campaña de publicidad en que recalcaba el supuesto sabor único y exclusivo. La campaña creó fuerte identificación de marca y gran lealtad de clientes. Contribuyó al éxito de sus esfuerzos el hecho de que su fórmula empleaba materias primas de bajo costo, lo cual le daba una ventaja absoluta de costo sobre sus grandes competidores.

No hay economías de escala en la producción de bebidas gaseosas de concentrados, de modo que Dr Pepper podía prosperar a pesar de su pequeña participación en el negocio (6%). Se ve, pues, que se enfrentó con la competencia en marketing, pero la evitó en línea de producto y en distribución. Este hábil posicionamiento, combinado con una buena ejecución, ha llevado a un envidiable récord de utilidades y en la bolsa de valores.

INFLUIR EN EL EQUILIBRIO

Frente a las fuerzas que impulsan a la competencia industrial, una compañía puede idear una estrategia que tome la ofensiva. Esta actitud tiene por objeto algo más que simplemente hacer frente a las fuerzas mismas; su propósito es alterar sus causas.

Las innovaciones en marketing pueden realzar la identificación de marca o diferenciar de alguna otra manera el producto. La inversión de capital en grandes instalaciones y la integración vertical afectan a las barreras de ingreso. El equilibrio de fuerzas es, en parte, el resultado de factores externos y, en parte, está bajo el control de la compañía.

EXPLOTAR EL CAMBIO INDUSTRIAL

La evolución de la industria es importante porque trae consigo cambios en las fuentes de competencia que he identificado. En el patrón familiar de ciclo de vida del producto, por ejemplo, las tasas de crecimiento varían, la diferenciación de producto se dice que declina al madurar el negocio, y las compañías tienden a la integración vertical.

Estas tendencias no son tan importantes en sí; lo que es crítico es si afectan o no afectan a las fuentes de competencia. Obviamente, las tendencias que tienen la más alta prioridad desde el punto de vista estratégico son las que afectan a las fuentes más importantes de competencia en la industria y las que llevan nuevas causas a la vanguardia.

El marco de referencia que he descrito para analizar la competencia se puede utilizar igualmente para predecir la futura rentabilidad de una industria. En la planificación a largo plazo la tarea consiste en examinar, una por una, las fuerzas competitivas, predecir la magnitud de cada una de las causas subyacentes y luego construir un cuadro compuesto del probable potencial de utilidades de la industria.

Es posible que el resultado de ese ejercicio difiera grandemente de la estructura industrial existente. Hoy, por ejemplo, el negocio de calefacción solar está poblado por docenas de empresas, ninguna de las cuales ocupa una posición dominante en el mercado. El ingreso es fácil, y los competidores luchan por establecer la superioridad de la calefacción solar sobre los métodos tradicionales.

El potencial de esta industria dependerá en gran parte de la forma que tomen las futuras barreras al ingreso, la mejora de la posición relativa de la industria con respecto a sustitutivos, la intensidad final de la competencia, y el poder que adquieran los compradores y los proveedores. En estas características influirán a la vez factores tales como el establecimiento de identidades de marcas, significativas economías de escala o curvas de experiencia en manufactura de equipos producidas por los cambios tecnológicos, los costos finales de capital para competir y el monto de los costos indirectos en las instalaciones de producción.

El marco de referencia para analizar la competencia industrial produce beneficios directos al fijar la estrategia de diversificación. Ofrece un plano para contestar el muy difícil interrogante inherente a las decisiones de diversificación: "¿Cuál es el potencial de este negocio?" Combinando el marco de referencia con buen juicio en su aplicación, una compañía podría identificar una industria con buen futuro antes de que ese buen futuro se refleje en el precio de los candidatos para adquisición.

RIVALIDAD MULTIFACÉTICA

Los gerentes corporativos han prestado mucha atención a definir sus negocios como paso crucial en la formulación de estrategia, a evitar la miopía de definiciones estrechas, orientadas al producto. Al definir un negocio, muchas autoridades han recalcado la necesidad de mirar más allá del producto — mirar la función —, más allá de las fronteras nacionales — mirar la posible competencia internacional —, y más allá de las filas de los actuales competidores — mirar a los que mañana podrían convertirse en competidores. Estas preocupaciones han dado por resultado que la definición de la industria o industrias de una compañía se haya convertido en un tema de interminables discusiones.

Motiva la discusión, entre otras cosas, el deseo de explotar nuevos mercados. Otro motivo, tal vez más importante, es el temor de pasar por alto fuentes latentes de competencia que algún día puedan amenazar a la industria. Muchos gerentes se concentran tanto en sus rivales directos en la lucha por los mercados que no se dan cuenta de que también están compitiendo con sus clientes y sus proveedores por poder de negociación. Al mismo tiempo, olvidan vigilar a los nuevos competidores en el torneo, o no reconocen la sutil amenaza de productos sustitutivos.

La clave del crecimiento, e incluso de la supervivencia, es adoptar una actitud que sea menos vulnerable al ataque proveniente de opositores directos, ya establecidos o nuevos, y menos vulnerable a la erosión causada por compradores, proveedores o bienes sustitutivos. La adopción de esa actitud puede tomar diversas formas — consolidar relaciones con los clientes favorables, diferenciar el producto en forma material o psicológica mediante marketing, integrar hacia adelante o hacia atrás, establecer liderazgo tecnológico.

Copyright © 1979; revisado en 1991.

TEMAS DE DISCUSIÓN

1. ¿Cómo analizan los gerentes en realidad la naturaleza y el alcance de las fuerzas competitivas en una industria? ¿Qué

recursos y métodos se deben emplear para hacer ese análisis?
2. ¿Con qué frecuencia debe el gerente general evaluar la posición de su compañía en la industria y en las fuerzas competitivas de esa industria? ¿Cada 2 o 3 años? ¿Anualmente? ¿Mensualmente? Explique la razón del lapso que usted eligió.
3. ¿Es perjudicial reposicionar constantemente su compañía y responder a cambios en las fuerzas industriales? ¿Una compañía debe fijarse un rumbo estratégico y seguirlo estrictamente para obtener mejores resultados a largo plazo?
4. Escoja una firma que conozca bien; identifique las fuerzas industriales significativas y describa la respuesta de la compañía a ellas.
5. ¿Puede usted identificar otras fuerzas que gobiernan la competencia en una industria, además de las que menciona Porter?

De ventaja competitiva a estrategia corporativa

4

MICHAEL E. PORTER

Los gerentes generales de firmas diversificadas tienen el deber de planificar la estrategia corporativa. Ésta implica decisiones sobre los negocios en que debe estar la corporación y la forma en que debe manejar sus diversas unidades de negocios. En esta lectura Michael Porter describe algunos errores comunes de diversificación, basándose en su estudio de treinta y tres grandes corporaciones de los Estados Unidos. Identifica cuatro conceptos de estrategia corporativa —administración de cartera, reestructuración, traspaso de habilidades, y actividades compartidas— que pueden guiar los esfuerzos de diversificación de una firma. Familiarizarse con estos conceptos les ayudará a los gerentes generales a forjar una estrategia corporativa coherente.

La estrategia corporativa, el plan global para una compañía diversificada, es a la vez la niña bonita y la hijastra de la moderna práctica de administración; es la niña bonita porque los jefes ejecutivos se han obsesionado con la diversificación desde los primeros años 60, y la hijastra porque no hay acuerdo acerca de qué es estrategia corporativa, ni mucho menos cómo debe formularse.

En una compañía diversificada, hay dos niveles de estrategia: a nivel de unidad de negocio (o sea estrategia competitiva) y a nivel de corporación (o sea estrategia para toda la compañía). La estrategia competitiva busca cómo crear una ventaja competitiva en cada uno de los negocios en que compite la empresa. La estrategia corporativa se refiere a dos cuestiones distintas: en qué negocios debe estar la compañía y cómo debe la oficina central manejar la serie de unidades de negocio.

La estrategia corporativa es la que hace que el todo corporativo sea más que la suma de sus partes o unidades de negocio. El historial de la estrategia corporativa ha sido desalentador. Yo estudié las historias de diversificación de treinta y tres compañías grandes y prestigiosas de los Estados Unidos entre 1950 y 1986, y en la mayoría de ellas encontré que eran más las adquisiciones de las que se habían desposeído que las que habían conservado. En vez de crear valor para los accionistas, las estrategias corporativas de la mayor parte de las empresas lo han disipado.

La necesidad de repensar esa estrategia no puede ser más urgente. Adquiriendo compañías y desbaratándolas, los asaltantes corporativos viven del fracaso de la estrategia corporativa. Apoyándose en financiamiento con bonos sin respaldo y en una creciente aceptabilidad, exponen a cualquier compañía a ser forzosamente adquirida, por grande o firme que sea.

Reconociendo sus errores pasados en materia de diversificación, algunas compañías han iniciado grandes programas de reestructuración. Otras no han hecho absolutamente nada. Cualquiera que sea la reacción, la cuestión estratégica persiste. Las que se han reestructurado tienen que resolver qué van a hacer ahora para evitar que el pasado se repita; las que no han hecho nada tienen que abrir los ojos y ver su vulnerabilidad. Para sobrevivir, las compañías tienen que entender qué es una buena estrategia corporativa.

UN CUADRO SOBRIO

Aun cuando hay inquietudes al respecto, no se dispone de ninguna documentación que indique satisfactoriamente el éxito o el fracaso de la estrategia corporativa. La mayor parte de los estudios han enfocado la cuestión midiendo la valuación de las fusiones en el mercado de valores, captada en el movimiento de precios de las acciones de las compañías adquirientes inmediatamente antes y después de anunciarse las fusiones. Estos estudios muestran que el mercado valora las fusiones como neutrales o ligeramente negativas, lo cual no es motivo de seria preocupación.[1] Sin embargo, la

---

[1] Los estudios muestran, igualmente, que los vendedores de compañías captan una buena parte de las ganancias de la fusión. Véase a Michael C. Jensen y Richard S. Ruback, "The Market for Corporate Control: The Scientific Evidence", *Journal of Financial Economics* (abril de 1983): 5, y Michael C. Jensen, "Takeovers: Folklore and Science", *Harvard Business Review* (noviembre-diciembre de 1984): 109.

reacción del mercado de valores a corto plazo es una medida muy imperfecta del éxito a largo plazo de la diversificación, y ningún ejecutivo que se respete juzgaría una estrategia corporativa de este modo.

Para determinar si una estrategia corporativa ha tenido un feliz resultado o ha fracasado, un medio mucho más eficaz es estudiar los programas de diversificación de una compañía durante un largo período de tiempo. Cada compañía entró en un promedio de ochenta nuevas industrias y veintisiete nuevos campos. Ligeramente más del 70% de las nuevas entradas fueron adquisiciones: el 22% fueron puestas en marcha y el 8% fueron operaciones de riesgo conjunto. IBM, Exxon, Du Pont y 3M, por ejemplo, se concentraron en puestas en marcha mientras que ALCO Standard, Beatrice y Sara Lee diversificaron casi exclusivamente mediante adquisiciones (véase el cuadro 1 en las páginas 58-59).

Los datos dan mucho que pensar sobre la proporción de éxitos de estas medidas (véase el cuadro 2, páginas 60 y 61). Encontré que, por término medio, las corporaciones se desposeyeron de más del 50% de sus adquisiciones en nuevas industrias y de más del 60% de sus adquisiciones en campos totalmente nuevos. Catorce compañías abandonaron más del 70% de todas las adquisiciones que habían hecho en nuevos campos. La historia de adquisiciones no relacionadas es peor aún, con una tasa promedio de desposeimiento del 74% (véase el cuadro 3, páginas 62-63). Hasta una compañía tan respetada como General Electric abandonó un alto porcentaje de sus adquisiciones, especialmente las que había hecho en nuevos campos. Las compañías que encabezan la lista en el cuadro 2 lograron una tasa notablemente baja de desapropiaciones. Algunas dan testimonio del éxito de estrategias corporativas bien pensadas, pero otras obtuvieron una tasa baja sencillamente porque no han atendido a sus unidades problemáticas para deshacerse de ellas.

Yo calculé los rendimientos totales para el accionista (apreciación de las acciones, más dividendos) durante el período de estudio para cada compañía, para poder compararlos con la tasa de desposeimiento. Si bien las compañías que están a la cabeza de la lista muestran rendimientos por encima del promedio para accionistas, estos rendimientos no son una medida confiable del éxito de la diversificación. El rendimiento para accionistas muchas veces depende del atractivo inherente a las industrias de base de las

CUADRO 1
Perfil de diversificación de 33 compañías de los EE. UU., 1950-1986

Compañía	Número total de entradas	Todas las entradas en nuevas industrias — Porcentaje de adquisiciones	Porcentaje de operaciones de riesgo conjunto	Porcentaje de puestas en marcha	Entradas en nuevas industrias que representaban campos enteramente nuevos	Porcentaje de adquisiciones	Porcentaje de operaciones de riesgo conjunto	Porcentaje de puestas en marcha
ALCO Standard	221	99%	0%	1%	56	100%	0%	0%
Allied Corp.	77	67	10	22	17	65	6	29
Beatrice	382	97	1	2	61	97	0	3
Borden	170	77	4	19	32	75	3	22
CBS	148	67	16	17	28	65	21	14
Continental Group	75	77	6	17	19	79	11	11
Cummins Engine	30	54	17	29	13	46	23	31
Du Pont	80	33	16	51	19	37	0	63
Exxon	79	34	5	61	17	29	6	65
General Electric	160	47	20	33	29	48	14	38
General Foods	92	91	4	6	22	86	5	9
General Mills	110	84	7	9	27	74	7	19
W. R. Grace	202	83	7	10	66	74	5	21
Gulf & Western	178	91	4	6	48	88	2	10
IBM	46	18	18	63	16	19	0	81
IC Industries	67	85	3	12	17	88	6	6
ITT	246	89	2	9	50	92	0	8
Johnson & Johnson	88	77	0	23	18	56	0	44
Mobil	41	53	16	31	15	60	7	33
Procter & Gamble	28	61	0	39	14	79	0	21
Raytheon	70	86	9	5	16	81	19	6

CUADRO 1 (*Continuación*)

Perfil de diversificación de 33 compañías de los EE. UU., 1950-1986

Compañía	Número total de entradas	Todas las entradas en nuevas industrias — Porcentaje de adquisiciones	Porcentaje de operaciones de riesgo conjunto	Porcentaje de puestas en marcha	Entradas en nuevas industrias que representaban campos enteramente nuevos	Porcentaje de adquisiciones	Porcentaje de operaciones de riesgo conjunto	Porcentaje de puestas en marcha
RCA	53	46	35	15	50	19	37	21	42
Rockwell	101	75	73	24	3	27	74	22	4
Sara Lee	197	141	96	1	4	41	95	2	2
Scovill	52	36	97	0	3	12	92	0	8
Signal	53	45	67	4	29	20	75	0	25
Tenneco	85	62	81	6	13	26	73	8	19
3M	144	125	54	2	45	34	71	3	56
TRW	119	82	77	10	13	28	64	11	25
United Technologies	62	49	57	18	24	17	23	17	39
Westinghouse	129	73	63	11	26	36	61	3	36
Wickes	71	47	83	0	17	22	68	0	32
Xerox	59	50	66	6	28	18	50	11	39
Total	3 788	2 644				906			
Promedio	114.8	80.1	70.3%	7.9%	21.8%	27.4	67.9%	7.0%	25.9%

Notas: Beatrice, Continental Group, General Foods, RCA, Scovill y Signal fueron adquiridas mientras se realizaba el estudio. Los datos cubren el período hasta la fecha de adquisición inclusive, pero no los desposeimientos subsiguientes.

Los porcentajes promedios pueden no dar como total el 100% por haberse redondeado algunas cifras.

CUADRO 2

Historia de adquisiciones para diversificación hechas por compañías sobresalientes de EE. UU., por porcentaje de desposeimientos, 1950-1986

Compañía	Total adquisiciones en nuevas industrias	Hechas hasta 1980 y luego desechadas	Hechas hasta 1975 y luego desechadas	Adquisiciones en nuevas industrias que representaban nuevos campos	Hechas hasta 1980 y luego desechadas	Hechas hasta 1975 y luego desechadas
Johnson & Johnson	59	17%	12%	10	33%	14%
Procter & Gamble	14	17	17	11	17	17
Raytheon	50	17	26	13	25	33
United Technologies	28	25	13	10	17	0
3M	67	26	27	24	42	45
TRW	63	27	31	18	40	38
IBM	7	33	0*	3	33	0*
Du Pont	13	38	43	7	60	75
Mobil	17	38	57	9	50	50
Borden	74	39	40	24	45	50
IC Industries	35	42	50	15	46	44
Tenneco	50	43	47	19	27	33
Beatrice	198	46	45	59	52	51
ITT	159	52	52	46	61	61
Rockwell	55	56	57	20	71	71
Allied Corp.	33	57	45	11	80	67
Exxon	19	62	20*	5	80	50*
Sara Lee	135	62	65	39	80	76
General Foods	48	63	62	19	93	93
Scovill	35	64	77	11	64	70
Signal	30	65	63	15	70	67
ALCO Standard	164	65	70	56	72	76

CUADRO 2 (Continuación)

Historia de adquisiciones para diversificación hechas por compañías sobresalientes de EE. UU., por porcentaje de desposeimientos, 1950-1986

Compañía	Total adquisiciones en nuevas industrias	Hechas hasta 1980 y luego desechadas	Hechas hasta 1975 y luego desechadas	Adquisiciones en nuevas industrias que representaban nuevos campos	Hechas hasta 1980 y luego desechadas	Hechas hasta 1975 y luego desechadas
W. R. Grace	167	65	70	49	71	70
General Electric	51	65	78	14	100	100
Wickes	38	67	72	15	73	70
Westinghouse	46	68	69	22	61	59
Xerox	33	71	79	9	100	100
Continental Group	36	71	72	15	60	60
General Mills	86	75	73	20	65	60
Gulf & Western	127	79	78	42	75	72
Cummins Engine	13	80	80	6	83	83
RCA	16	80	92	7	86	100
CBS	54	87	89	18	88	88
Total	2 021			661		
Promedio por compañía[a]	61.2	53.4%	56.5%	20.0	61.2%	61.1%

* Compañías con tres o menos adquisiciones hasta el año de corte.

[a] Las compañías con tres o menos adquisiciones hasta el año de corte se excluyen del promedio para minimizar distorsiones estadísticas.

Nota: Beatrice, Continental Group, General Foods, RCA, Scovill y Signal fueron adquiridas mientras se realizaba el estudio. Los datos cubren el período que va hasta la fecha de adquisición inclusive, pero no los desposeimientos subsiguientes.

CUADRO 3

Comportamiento de diversificación en operaciones de riesgo conjunto, puestas en marcha y adquisiciones no relacionadas, 1950-1986 (compañías en el mismo orden que en el cuadro 2)

Compañía	Operaciones de riesgo conjunto como porcentaje de nuevas entradas	Hechas hasta 1980, y luego abandonadas	Hechas hasta 1975, y luego abandonadas	Puestas en marcha como porcentaje de nuevas entradas	Hechas hasta 1980, y luego abandonadas	Hechas hasta 1975, y luego abandonadas	Adquisiciones en nuevos campos no relacionados, como porcentaje de adquisiciones totales en nuevos campos	Hechas hasta 1980, y luego abandonadas	Hechas hasta 1975, y luego abandonadas
Johnson & Johnson	0%	∆	∆	23%	14%	20%	0%	∆	∆
Procter & Gamble	0	∆	∆	39	0	0	9	∆	∆
Raytheon	9	60%	60%	5	50	50	46	40%	40%
United Technologies	18	50	50	24	11	20	40	0*	0*
3M	2	100*	100*	45	2	3	33	75	86
TRW	10	20	25	13	63	71	39	71	71
IBM	18	100*	∆	63	20	22	33	100*	100*
Du Pont	16	100*	33	51	61	61	43	0*	0*
Mobil	16	33	33	31	50	56	67	60	100
Borden	4	33	33	19	17	13	21	80	80
IC Industries	3	100*	100*	13	80	30	33	50	50
Tenneco	6	67	67	13	67	80	42	33	40
Beatrice	1	∆	∆	2	0	0	63	59	53
ITT	2	0*	∆	8	38	57	61	67	64
Rockwell	24	38	42	3	0	0	35	100	100
Allied Corp.	10	100	75	22	38	29	45	50	0
Exxon	5	0	0	61	27	19	100	80	50*
Sara Lee	1	∆	∆	4	75	100*	41	73	73
General Foods	4	∆	∆	6	67	50	42	86	83
Scovill	0	∆	∆	3	100	100*	45	80	100
Signal	4	∆	∆	29	20	11	67	50	50
ALCO Standard	0	∆	∆	1	∆	∆	63	79	81

CUADRO 3 (Continuación)

Comportamiento de diversificación en operaciones de riesgo conjunto, puestas en marcha y adquisiciones no relacionadas, 1950-1986 (compañías en el mismo orden que en el cuadro 2)

Compañía	Operaciones de riesgo conjunto como porcentaje de nuevas entradas	Hechas hasta 1980, y luego abandonadas	Hechas hasta 1975, y luego abandonadas	Puestas en marcha como porcentaje de nuevas entradas	Hechas hasta 1980, y luego abandonadas	Hechas hasta 1975, y luego abandonadas	Adquisiciones en nuevos campos no relacionados, como porcentaje de adquisiciones totales en nuevos campos	Hechas hasta 1980, y luego abandonadas	Hechas hasta 1975, y luego abandonadas
W. R. Grace	7	33	38	10	71	71	39	65	65
General Electric	20	20	33	33	33	44	36	100	100
Wickes	0	∆	∆	17	63	57	60	80	75
Westinghouse	11	0*	0*	26	44	44	36	57	67
Xerox	6	100*	100*	28	50	56	22	100	100
Continental Group	6	67	67	17	14	0	40	83	100
General Mills	7	71	71	9	89	80	65	77	67
Gulf & Western	4	75	50	6	100	100	74	77	74
Cummins Engine	17	50	50	29	0	0	67	100	100
RCA	15	67	67	50	99	55	36	100	100
CBS	16	71	71	17	86	80	39	100	100
Promedio por compañía[∆∆]	7.9%	50.3%	48.9%	21.8%	44.0%	40.9%	46.1%	74.0%	74.4%

* Compañías con dos o menos entradas.
∆ Ninguna entrada en esta categoría.
∆∆ Del promedio se excluyen compañías con dos o menos entradas para minimizar las distorsiones estadísticas.

Nota: Beatrice, Continental Group, General Foods, RCA, Scovill y Signal fueron adquiridas mientras se realizaba el estudio. Los datos cubren el período hasta la fecha de adquisición inclusive, pero no los desposeimientos subsiguientes.

compañías. Compañías como CBS y General Mills tenían negocios básicos sumamente rentables que subsidiaban las diversificaciones equivocadas.

Sin embargo, vincular cuantitativamente el valor para los accionistas con los resultados de la diversificación solamente funciona si se compara ese valor, tal como es, con lo que podría haber sido sin diversificación. Como semejante comparación es prácticamente imposible, medir el éxito de la diversificación por el número de unidades que la compañía conserva parece el mejor indicador posible de la contribución de la diversificación al rendimiento corporativo.

Los datos dan una indicación escueta del fracaso de las estrategias corporativas.[2] De las treinta y tres compañías, seis fueron adquiridas mientras yo terminaba mi estudio (véase la nota del cuadro 2). Sólo los abogados, los banqueros de inversión y los vendedores originales salen ganando en la mayoría de estas adquisiciones, no los accionistas.

—— PREMISAS DE LA ESTRATEGIA CORPORATIVA

Toda estrategia corporativa que tenga éxito se basa en ciertas premisas. Éstas son realidades sobre la diversificación que no pueden alterarse, y si no se hace caso de ellas, explican en parte por qué fracasan tantas estrategias corporativas.

La competencia se da a nivel de las unidades de negocio. Las compañías diversificadas no compiten; las que compiten son las unidades de negocio. A menos que la estrategia corporativa preste atención preferente a fomentar el éxito de cada unidad, la estrategia fracasará, por más brillante que haya sido su concepción. Una

---

[2] Algunas pruebas recientes apoyan también la conclusión de que las compañías adquiridas sufren erosión de su rendimiento después de la adquisición. Véase a Frederick M. Scherer, "Mergers, Sell-Offs and Managerial Behavior", en *The Economics of Strategic Planning,* ed. Lacy Glenn Thomas (Lexington, Mass.: Lexington Books, 1986), p. 143, y a David A. Ravenscraft y Frederick M. Scherer, "Mergers and Managerial Performance", ponencia presentada ante la Conferencia sobre Adquisiciones Forzosas y Emulaciones por Control Corporativo, Facultad de Derecho de Columbia University, 1985.

estrategia corporativa de éxito tiene que proceder de la estrategia competitiva y reforzarla.

La diversificación les agrega inevitablemente costos y limitaciones a las unidades de negocio. Los costos obvios, como los costos fijos corporativos que se reparten entre las unidades, pueden no ser tan importantes o sutiles como los costos y limitaciones ocultos. Una unidad de negocio tiene que explicarle sus decisiones a la alta administración, destinar tiempo a cumplir la planificación y otros sistemas corporativos, observar las directrices de la compañía matriz y sus políticas de personal, y renunciar a la oportunidad de motivar a sus empleados ofreciéndoles que adquieran directamente acciones. Estos costos y limitaciones se pueden reducir pero no se pueden eliminar del todo.

Los accionistas se pueden diversificar fácilmente ellos mismos. Los accionistas pueden diversificar sus propias carteras de valores eligiendo las que mejor satisfagan sus preferencias y perfiles de riesgo.[3] Los accionistas por lo general se pueden diversificar a menor costo que una corporación porque pueden comprar acciones a los precios del mercado y evitar las fuertes primas de adquisición.

Estas premisas significan que la estrategia corporativa no puede tener éxito a menos que efectivamente agregue valor — a las unidades de negocio, dándoles beneficios tangibles que compensen los costos inherentes a la pérdida de independencia, y a los accionistas diversificándose en una forma que ellos no puedan copiar.

PASAR LAS PRUEBAS ESENCIALES

Para entender cómo formular la estrategia corporativa es necesario especificar las condiciones en las cuales la diversificación creará realmente valor para los accionistas. Estas condiciones se pueden sintetizar en tres pruebas esenciales:

---

[3] Esta observación ya la han hecho diversos autores. Véase, por ejemplo, a Malcolm S. Salter y a Wolf A. Weinhold, *Diversification Through Acquisition* (Nueva York: Free Press, 1979).

1. *La prueba de atractivo.* Las industrias escogidas para diversificación tienen que ser estructuralmente atractivas o susceptibles de hacerse atractivas.
2. *La prueba de costo de entrada.* El costo de entrada no debe capitalizar todas las ganancias futuras.
3. *La prueba de beneficio real.* La nueva unidad debe ganar una ventaja competitiva en virtud de su vinculación con la corporación, o viceversa.

Desde luego, la mayor parte de las compañías harán lo posible para que sus estrategias satisfagan con algunas de estas pruebas. Pero mi estudio muestra claramente que cuando han pasado por alto una o dos de ellas, los resultados estratégicos han sido desastrosos.

¿ES ATRACTIVA LA INDUSTRIA?

A la larga, la tasa de rendimiento que proviene de competir en una industria es función de la estructura subyacente, que describí en otro artículo.[4] Entrar en una industria atractiva con un alto promedio de rendimiento sobre la inversión será difícil porque las barreras son altas, los proveedores y los compradores sólo tienen un modesto poder de negociación, los productos y los servicios sustitutivos son pocos y la rivalidad entre los competidores es estable. Una industria poco atractiva, como el acero, tiene defectos estructurales, incluso una superabundancia de materiales de sustitución, compradores poderosos y sensitivos a los precios, y una excesiva rivalidad causada por altos costos fijos y un grupo numeroso de competidores, muchos de los cuales gozan de apoyo oficial.

La diversificación no puede crear valor para los accionistas, a menos que las nuevas industrias tengan estructuras favorables capaces de sostener rendimientos que superen al costo de capital. Si la industria no tiene tales rendimientos, la compañía tiene que estar en capacidad de reestructurarla o de alcanzar una ventaja

---

[4]Véase a Michael E. Porter, "How Competitive Forces Shape Strategy", *Harvard Business Review* (marzo-abril de 1979): 86.

competitiva sostenible que lleve a rendimientos muy por encima del promedio de la industria. Una industria no necesita ser atractiva antes de la diversificación. En realidad, una compañía podría beneficiarse de entrar antes de que la industria muestre su potencial total. La diversificación puede entonces transformar la estructura de la industria.

En el curso de mi investigación encontré con frecuencia que las compañías habían abandonado la prueba de atractivo porque tenían una vaga idea de que la industria "armonizaba" muy bien con su propio negocio. Con la esperanza de que la "tranquilidad" corporativa que sentían daría un resultado feliz, las compañías pasaron por alto estructuras industriales fundamentalmente débiles. Pero si esa armonía no permite una considerable ventaja competitiva, esa tranquilidad se convertirá en dolor cuando la diversificación produzca pobres resultados. Royal Dutch Shell y otras compañías petroleras importantes han tenido esa triste experiencia en varios negocios de sustancias químicas, donde estructuras industriales pobres anularon los beneficios de la integración vertical y de las habilidades en tecnología de procesos.

Otra razón común para pasar por alto la prueba de atractivo es el bajo costo del ingreso. A veces el comprador ve la oportunidad de hacer un negocio redondo o el vendedor está muy ansioso de vender. Pero aunque el precio sea realmente muy bajo, una ganancia de una sola vez no compensa un negocio perpetuamente malo. Casi siempre la compañía encuentra que tiene que reinvertir en la unidad recién adquirida, aunque sólo sea para reponer activos fijos y financiar capital de trabajo.

Las compañías que se diversifican también suelen tomar el crecimiento rápido u otros sencillos indicadores como prueba del atractivo de la industria en la cual quieren ingresar. Muchas que se lanzaron a industrias de rápido crecimiento (por ejemplo, computadores personales, juegos de vídeo y robótica) se quemaron porque tomaron el crecimiento inicial por potencial de utilidades a largo plazo. Las industrias son rentables no porque sean muy llamativas o de alta tecnología; son rentables únicamente si su estructura es atractiva.

¿CUÁL ES EL COSTO DE INGRESO?

La diversificación no puede crear valor para el accionista si el costo de ingreso en un nuevo negocio se come los rendimientos esperados, que es justamente lo que tienden a hacer las intensas fuerzas del mercado. Una compañía puede entrar en nuevas industrias mediante adquisiciones o poniendo en marcha nuevas empresas. Las adquisiciones la exponen a las vicisitudes de un mercado de fusiones que es cada vez más eficiente. Un adquiriente gana en ese mercado si paga un precio que no refleje totalmente las perspectivas de la nueva unidad. Sin embargo, la multiplicidad de licitantes es cosa corriente; la información fluye rápidamente, y los banqueros de inversión y otros intermediarios trabajan activamente para hacer que el mercado sea lo más eficiente posible. En años recientes, nuevos instrumentos financieros, como, por ejemplo, los bonos sin respaldo, han llevado nuevos compradores al mercado y han hecho que hasta las compañías grandes sean vulnerables a las adquisiciones forzosas. Las primas de adquisición son elevadas, y reflejan las perspectivas futuras de la compañía adquirida — a veces demasiado bien. Por ejemplo, Philip Morris pagó más de cuatro veces el valor en libros por la compañía Seven-Up. Una simple operación aritmética permite ver que eso significaba que las utilidades tendrían que ser más del cuádruplo para sostener el mismo rendimiento sobre la inversión que prevalecía antes de la adquisición. Como resultó que Philip Morris no tenía gran cosa que aportar en materia de marketing a las sofisticadas guerras de la industria de bebidas gaseosas, el resultado fue un rendimiento financiero nada satisfactorio de Seven-Up, y, finalmente, la decisión de desapropiarse de ella.

En una puesta en marcha, la compañía tiene que superar las barreras de ingreso. Pero ésta es una situación realmente paradójica porque las industrias atractivas lo son porque sus barreras de entrada son altas. Pagar el costo total de las barreras de ingreso bien podría disipar las utilidades potenciales. De otra manera, otros de los que entran en la industria ya habrían erosionado su rentabilidad.

En su afán por encontrar un nuevo negocio atractivo, las compañías a veces olvidan aplicar la prueba de costo de ingreso. Cuanto más atractiva sea la nueva industria, más cuesta entrar en ella.

¿SE BENEFICIARÁ EL NEGOCIO?

Una corporación debe aportarle alguna ventaja competitiva de significación a la nueva unidad, o la nueva unidad debe ofrecerle una ventaja potencial significativa a la corporación. A veces, los beneficios para la nueva unidad se producen una sola vez, hacia el tiempo de ingreso, cuando la casa matriz fomenta una revisión importante de su estrategia o instala un equipo gerencial de primera. Otras veces, la diversificación produce una ventaja competitiva corriente, por ejemplo, si la nueva unidad puede comercializar su producto por el sistema de distribución bien desarrollado de unidades hermanas. Éste es uno de los apuntalamientos importantes en la fusión de Baxter Travenol y American Hospital Supply.

Cuando el beneficio de la nueva unidad se da una sola vez, la casa matriz no tiene justificación para conservar esa nueva unidad en su cartera durante largo tiempo. Una vez que están claros los resultados de la mejora que se realiza una sola vez, la compañía diversificada ya no agrega valor para compensar los costos inevitables impuestos a la unidad. Lo mejor es vender la unidad y liberar los recursos corporativos.

La prueba de beneficio no implica que diversificar el riesgo corporativo cree de por sí valor para los accionistas. Hacer para los accionistas algo que ellos pueden hacer por sí mismos no es base para una estrategia corporativa. (Sólo en el caso de una compañía de propiedad estrictamente privada, en la cual el riesgo de la compañía y el del accionista son la misma cosa, la diversificación para reducir riesgos es valiosa de por sí.) La diversificación del riesgo sólo debe ser un subproducto de la estrategia corporativa, no un motivador primario.

Los ejecutivos hacen caso omiso más que todo de la prueba de beneficio, o la tratan con una lógica acomodaticia más bien que con un sólido análisis estratégico. Una razón es que confunden el tamaño de la compañía con el valor para los accionistas. En su afán por dirigir una compañía más grande pierden de vista su verdadera tarea. Tal vez justifiquen la omisión de la prueba de beneficio señalando la forma en que ellos manejan la diversidad. Recortando al mínimo el personal corporativo y dándoles a las unidades de negocio autonomía casi completa, creen que evitan los escollos. Ese modo de pensar hace caso omiso del propósito mismo de la

CUADRO 4
Conceptos de estrategia corporativa

	ADMINISTRACIÓN DE CARTERA	REESTRUCTURACIÓN	TRANSFERENCIA DE TÉCNICAS	ACTIVIDADES COMPARTIDAS
Requisitos estratégicos previos	Visión superior para identificar y adquirir compañías subvaloradas.	Visión superior para identificar oportunidades de reestructuración.	Técnicas patentadas en actividades importantes para la ventaja competitiva en las industrias elegidas.	Actividades en actuales unidades que se pueden compartir con las nuevas unidades de negocio para ganar ventaja competitiva.
	Voluntad de vender rápidamente las perdedoras o de desposeerse en forma oportunista de las buenas rendidoras cuando se presentan compradores dispuestos a pagar grandes primas.	Voluntad y capacidad de intervenir para transformar las unidades adquiridas.	Habilidad de realizar transferencia de técnicas entre unidades en forma continua.	Beneficios de compartir que superan los costos.
	Amplitud de directrices y limitaciones sobre los tipos de unidades de la cartera, a fin de que la alta administración pueda desempeñar eficazmente el papel de revisión.	Similitudes entre las unidades de la cartera. Voluntad de cortar pérdidas vendiendo unidades en que la reestructuración resulta imposible.	Adquisiciones de posiciones de cabeza de playa en nuevas industrias como base.	Puestas en marcha y adquisiciones como vehículos de ingreso.
	Una compañía de propiedad privada o mercados de capital subdesarrollados.	Voluntad de vender unidades cuando la reestructuración está completa, los resultados son claros y las condiciones del mercado son favorables.		Capacidad de superar la resistencia organizacional a la colaboración de unidades de negocio.
	Capacidad de dejar a un lado la administración de cartera a medida que los mercados de capital se hacen más exigentes o la compañía se vuelve inmanejable.			

CUADRO 4 (*Continuación*)
Conceptos de estrategia corporativa

	ADMINISTRACIÓN DE CARTERA	*REESTRUCTURACIÓN*	*TRANSFERENCIA DE TÉCNICAS*	*ACTIVIDADES COMPARTIDAS*
Requisitos organizacionales previos	Unidades de negocio autónomas. Un staff corporativo muy pequeño y de bajo costo. Incentivos basados en gran parte en los resultados de las unidades de negocio.	Unidades de negocio autónomas. Organización corporativa con el talento y los recursos para supervisar la recuperación y el reposicionamiento estratégico de las unidades adquiridas. Incentivos basados en gran parte en los resultados de las unidades adquiridas.	Unidades de negocio muy autónomas pero colaboradoras. Miembros del staff corporativo de alto nivel que ven su papel sobre todo como integradores. Comités, fuerzas de tarea y otros grupos combinados de representantes de las diversas unidades de negocio que sirvan como puntos focales para captar y transferir técnicas. Objetivos de gerentes de línea que incluyan transferencia de técnicas. Incentivos basados en parte en los resultados corporativos.	Unidades estratégicas de negocio a las que se estimula para compartir actividades. Un papel activo de planificación estratégica a niveles de grupo, de sector y corporativo. Miembros del staff corporativo de alto nivel que ven su papel principalmente como integradores. Incentivos basados principalmente en los resultados de grupo y corporativos.
Escollos comunes	Persistir en administración de cartera en países con eficiente mercado de capital y una concentración desarrollada de talento gerencial profesional. No hacer caso del hecho de que la estructura de la industria no es atractiva.	Creer equivocadamente que un rápido crecimiento o una industria boyante es prueba suficiente de una oportunidad de reestructuración. Carecer de resolución o recursos para enfrentar situaciones problemáticas o intervenir en la administración. No hacer caso del hecho de que la estructura de la industria no es atractiva. Alabar la reestructuración de labios para afuera, pero, en realidad, practicar administración pasiva de cartera.	Tomar como suficiente base de diversificación la similitud o el hecho de que a uno le gusten los nuevos negocios. No proporcionar ninguna manera práctica para que se verifique la transferencia de técnicas. No hacer caso del hecho de que la estructura de la industria no es atractiva.	Compartir porque sí y no porque esto lleve a una ventaja competitiva. Dar por sentado que el compartir tendrá lugar en forma natural sin que tome parte activa la alta administración. No hacer caso del hecho de que la estructura de la industria no es atractiva.

diversificación, que es crear valor para los accionistas, más bien que evitar destruirlo.

CONCEPTOS DE ESTRATEGIA CORPORATIVA

Las tres pruebas de una diversificación acertada sientan las normas a que debe ceñirse cualquier estrategia corporativa; satisfacerlas es tan difícil que la mayoría de las diversificaciones fracasan. Muchas compañías carecen de un concepto claro de estrategia corporativa que guíe su diversificación o siguen un concepto que no satisface las pruebas. Otras fallan porque ejecutan mal una estrategia.

Mi estudio me ha permitido identificar cuatro conceptos de estrategia corporativa que se han llevado a la práctica: administración de cartera, reestructuración, transferencia de técnicas y actividades compartidas. Si bien los conceptos no son siempre mutuamente excluyentes, cada uno descansa en un mecanismo distinto por el cual la corporación crea valor para los accionistas, y requiere que la compañía diversificada se administre y se organice en una forma distinta. Los dos primeros no requieren conexiones entre las unidades de negocio; los dos últimos dependen de ellas. (Véase el cuadro 4 en las páginas 70-71.) Si bien todos los cuatro conceptos de estrategia han tenido éxito cuando se han empleado en las circunstancias adecuadas, hoy algunos resultan más útiles que otros. Hacer caso omiso de cualquiera de los conceptos es tal vez la vía más rápida hacia el fracaso.

ADMINISTRACIÓN DE CARTERA

El concepto de estrategia corporativa que más se usa es la administración de cartera, el cual se basa principalmente en la diversificación mediante adquisiciones. La corporación adquiere compañías sólidas, atractivas, con gerentes competentes que aceptan continuar en sus cargos. Aunque las unidades adquiridas no tienen que estar en las mismas industrias de las unidades existentes, los mejores gerentes de cartera suelen limitar en alguna forma la diversidad de sus negocios, en parte para conservar la pericia específica que necesita la alta administración.

Las unidades adquiridas son autónomas, y los equipos que las manejan son remunerados de acuerdo con los resultados de dichas unidades. La corporación les proporciona capital, y trabaja con ellas para infundirles técnicas de gerencia profesional. Al mismo tiempo, la alta administración hace una revisión objetiva y desapasionada de los resultados de cada unidad. Los gerentes de cartera clasifican las unidades por potencial, y con regularidad trasladan recursos de las unidades que generan fondos a las de alto potencial que necesitan dinero.

En una estrategia de cartera, la corporación busca crear valor para los accionistas en diversas formas. Pone en juego su pericia y sus recursos analíticos para descubrir candidatos atractivos para adquisición, cosa que no podría hacer el accionista individual. La compañía proporciona el capital en condiciones favorables que reflejan la capacidad de la corporación para conseguir fondos. Introduce técnicas de administración profesional y disciplina. Finalmente, proporciona revisión y entendimiento de alta calidad, libre de conocimientos trillados o adhesión emotiva al negocio.

La lógica del concepto de administración de cartera descansa en ciertos supuestos vitales. Para que el plan de diversificación de una compañía se ajuste a las pruebas de atractivo y costo de entrada, tiene que encontrar compañías buenas pero subvaloradas. Las compañías que se adquieren tienen que estar realmente subvaloradas porque la casa matriz poco hace por ellas una vez adquiridas. Para satisfacer la prueba de beneficios, los que la corporación aporta tienen que darles a las unidades adquiridas una ventaja competitiva de significación. El estilo de operar por medio de unidades de negocio autónomas tiene que desarrollar sólidas estrategias mercantiles y, al mismo tiempo, motivar a los gerentes.

En la mayoría de los países ya pasaron los tiempos en que la administración de cartera era un concepto válido de estrategia corporativa. En presencia de mercados de capital bien desarrollados, compañías atractivas con buenos gerentes aparecen en todas las pantallas de computador y atraen las mayores sumas como primas de adquisición. Limitarse a aportar capital no es aportar gran cosa. Una estrategia sólida se puede financiar fácilmente; las compañías pequeñas o medianas no necesitan una casa matriz dadivosa.

Otros beneficios también se han erosionado. Las compañías

grandes ya no monopolizan el mercado de técnicas gerenciales profesionales; en efecto, cada vez más observadores creen que los gerentes no pueden manejar nada sin conocimientos y experiencia específicos para su industria. Otra supuesta ventaja del concepto de administración de cartera — la revisión desapasionada — descansa sobre bases igualmente débiles puesto que el valor agregado de la sola revisión es cuestionable en una cartera de compañías sólidas.

El beneficio de concederles a las unidades autonomía total también es discutible. Las unidades de negocio están cada vez más entrelazadas, unidas por nueva tecnología, por más amplios canales de distribución y por reglamentación cambiante. Fijar independientemente las estrategias de las unidades bien podría socavar el rendimiento de la unidad. Las compañías de mi muestra que han tenido éxito en la diversificación han reconocido el valor de las relaciones recíprocas y han comprendido que un fuerte sentido de identidad corporativa es tan importante para los resultados financieros de la unidad de negocio como una adhesión servil a la unidad de negocio parroquial.

Pero es la complejidad misma de la tarea gerencial lo que al fin ha derrotado a los gerentes de cartera, incluso a los mejores. A medida que el tamaño de la compañía aumenta, los gerentes tienen que encontrar cada vez más tratos para sólo sostener el crecimiento. Teniendo que supervisar docenas y hasta centenares de unidades diversas — y bajo presión de todas partes para que agregue más —, la administración empieza a cometer errores. Al mismo tiempo, los costos inevitables de ser parte de una compañía diversificada se hacen sentir, y el rendimiento de la unidad disminuye mientras que el rendimiento sobre la inversión de toda la compañía se inclina hacia abajo. Al fin se instala un nuevo equipo administrativo que inicia desposeimientos al por mayor y poda la compañía para dejarla en su negocio básico. Las experiencias de Gulf & Western, Consolidated Foods (hoy Sara Lee) e ITT son unos pocos ejemplos relativamente recientes. Reflejando estas realidades, los mercados de capital en los EE. UU. les pagan a las compañías que siguen el modelo de administración de cartera con un "descuento por conglomerado": valoran el todo en menos que la suma de sus partes.

En los países en vías de desarrollo, donde las compañías grandes son pocas, los mercados de capital están subdesarrollados, la gerencia profesional es escasa y la administración de cartera todavía opera. Pero ésta ya no es un modelo válido de estrategia corporativa en las economías avanzadas. A pesar de todo, la técnica está en boga hoy en el Reino Unido, donde la sostiene hasta ahora un mercado de valores nuevamente activado y ansioso de emociones. Pero ese entusiasmo pasará ... y está bien que así suceda. La administración de cartera no es la manera de conducir una estrategia corporativa.

REESTRUCTURACIÓN

A diferencia de su papel pasivo como gerente de cartera, en que sirve de banquera y revisora, una compañía que base su estrategia en reestructura se convierte en una reestructuradora activa de unidades de negocio. Los nuevos negocios no necesitan guardar relación con las unidades existentes. Lo único que se necesita es un potencial que no se haya convertido en realidad.

La estrategia de reestructuración busca organizaciones subdesarrolladas, enfermas o amenazadas, o industrias al borde de un cambio significativo. La casa matriz interviene, bien sea cambiando el equipo administrativo de la unidad, modificando la estrategia o infundiéndole a la compañía una nueva tecnología. Procede a hacer otras adquisiciones para construir una masa crítica, y vende las partes innecesarias o desconectadas, y así reduce el costo efectivo de la adquisición. El resultado es una compañía fortalecida o una industria transformada. Como una coda, la casa matriz vende la unidad ya fortalecida una vez que los resultados son claros, porque ya no le está agregando valor, y la alta administración resuelve que su atención se debe dirigir a otra parte.

Cuando se aplica bien el concepto de reestructuración, es sano, pues satisface las tres pruebas de una buena diversificación. El reestructurador satisface la prueba de costo de ingreso por el tipo de compañías que adquiere. Limita las primas de adquisición comprando compañías con problemas y mala imagen, o comprando en industrias cuyo potencial no se prevé aún. La intervención de la corporación satisface claramente la prueba de beneficios. Siempre que las industrias objetivo sean estructuralmente atractivas, el modelo de reestructuración puede crear un enorme valor para los accionistas. Algunas compañías reestructuradoras son Loew's, BTR y General Cinema. Irónicamente, muchos de los reestructuradores de hoy se están beneficiando de las estrategias de administración de cartera de ayer.

Para que funcione, la estrategia de reestructuración necesita un equipo corporativo de administración con la sagacidad suficiente para descubrir compañías subvaloradas o posiciones en industrias maduras para transformación. La misma sagacidad se necesita para luego revitalizar en la práctica esas unidades aun cuando estén en negocios nuevos y no familiares.

Estos requisitos exponen al reestructurador a riesgos considerables y suelen limitar el tiempo en que la compañía puede tener éxito en la estrategia. Los más hábiles partidarios entienden este problema, reconocen sus equivocaciones y toman medidas decisivas para corregirlas. Las mejores compañías se dan cuenta de que no sólo están adquiriendo compañías sino reestructurando la industria. A menos que puedan integrar las adquisiciones para crear una posición estratégica totalmente nueva, serán sólo gerentes de cartera disimulados. Otra gran dificultad se presenta cuando muchas otras compañías entran en la pugna y agotan la provisión de candidatos deseables y hacen subir los precios.

Sin embargo, tal vez el escollo principal es que a las compañías les cuesta mucho trabajo deshacerse de unidades de negocio una vez que las han reestructurado y que están funcionando muy bien. La naturaleza humana rechaza la justificación económica. El tamaño suplanta el valor para los accionistas como meta corporativa. La compañía no vende una unidad aun cuando ya no le esté agregando valor; la conserva a pesar de que la unidad transformada estaría mejor en otra compañía que tuviera un negocio más relacionado con el suyo. Gradualmente se convierte en gerente de cartera. Los rendimientos sobre la inversión de la casa matriz declinan por la necesidad de reinvertir en las unidades, y los riesgos normales del negocio al fin contrarrestan lo que se ganó con la reestructuración. La necesidad percibida de seguir creciendo intensifica el ritmo de adquisiciones; se cometen errores, y las normas bajan. La compañía reestructuradora se convierte en un conglomerado con unas utilidades que, en el mejor de los casos, apenas igualan al promedio de todas las industrias.

TRANSFERENCIA DE TÉCNICAS

El propósito de los dos primeros conceptos de estrategia corporativa es crear valor por medio de la relación de la compañía con cada unidad autónoma. El papel de la corporación es actuar como seleccionadora, banquera e interventora.

Los dos últimos conceptos explotan las relaciones recíprocas entre los negocios. Pero al expresarlos, se encuentra uno cara a cara con el concepto de sinergia, tan a menudo mal definido. Si se da crédito al texto de los innumerables informes anuales de compañías, parecería que todo guarda relación con todo. Pero la sinergia imaginaria es mucho más común que la real. La compra de Hughes Aircraft por GM simplemente porque los automóviles se estaban haciendo electrónicos y Hughes era una empresa electrónica, demuestra la necedad de una sinergia teórica. Semejante relación corporativa no es más que una racionalización *ex post facto* de una diversificación realizada por otras razones.

Incluso una sinergia claramente definida muchas veces no se materializa. En lugar de cooperar, las unidades de negocio compiten entre sí. Una compañía que pueda definir las sinergias que busca se encuentra todavía con impedimentos organizacionales significativos para lograrlas.

Pero nunca ha sido más importante la necesidad de captar los beneficios de las relaciones entre negocios. Los desarrollos tecnológicos y competitivos ya están vinculando muchos negocios y están creando nuevas posibilidades de ventaja competitiva. En sectores tales como servicios financieros, computadores, equipos de oficina, diversiones y cuidado de la salud, las relaciones entre negocios que antes eran distintos constituyen quizá el interés central de la estrategia.

Para entender el papel de las relaciones en la estrategia corporativa debemos darle un nuevo significado a esta idea imprecisa. La cadena de valor será un buen punto de partida.[5] Toda unidad de negocio es una colección de actividades separadas de valor, que van desde ventas hasta contabilidad, y le permiten a ella competir. Es en este nivel, y no en la compañía como un todo, donde la unidad

---

[5]Véase a Michael E. Porter, *Competitive Advantage* (Nueva York: Free Press, 1985).

gana ventaja competitiva. Estas actividades se pueden agrupar en nueve categorías. Las actividades *primarias* crean el producto o servicio, lo entregan y lo comercializan, y dan apoyo después de ventas. Entre las categorías de actividades primarias se incluyen logística de ingreso, operaciones, logística de salida, marketing y ventas, y servicio. Las actividades *de apoyo* aportan los insumos y la infraestructura que permiten que las actividades primarias se realicen. En ellas se comprenden la infraestructura de la compañía, la administración de recursos humanos, el desarrollo de tecnología y el aprovisionamiento.

La cadena de valor define dos tipos de relaciones recíprocas que pueden crear sinergia. El primero es la capacidad que tiene una compañía de transferir técnicas o pericia entre cadenas de valor similares. El segundo es la capacidad de compartir actividades. Por ejemplo, dos unidades de negocio pueden compartir la misma fuerza vendedora o red logística.

La cadena de valor ayuda a exponer los dos últimos conceptos de estrategia corporativa (que son los más importantes). La transferencia de técnicas entre unidades de negocio en una compañía diversificada es la base de un concepto. Aunque cada unidad de negocio tenga una cadena de valor aparte, el conocimiento sobre cómo realizar las actividades se transmite entre las unidades. Por ejemplo, una unidad de artículos de tocador que tiene mucha experiencia en marketing de productos generales le transmite ideas sobre nuevos conceptos de posicionamiento, técnicas de promoción y posibilidades de envase a una unidad recién adquirida que vende jarabe para la tos. Las nuevas industrias se benefician de la experiencia de las unidades existentes, y viceversa.

Estas oportunidades se presentan cuando las unidades de negocio tienen compradores o canales similares, actividades de valor parecidas, como relaciones oficiales o abastecimiento, analogías en la amplia configuración de la cadena de valor (por ejemplo, manejar una organización de servicios en múltiples sitios) o el mismo concepto estratégico (por ejemplo, bajo costo). Aunque las unidades operen por separado, tales similitudes les permiten compartir conocimientos.

Por supuesto, algunas semejanzas son comunes; es fácil imaginárselas a algún nivel casi entre dos negocios cualesquiera. Muchísimas compañías han caído en la trampa de diversificarse muy alegremente basándose en semejanzas; la sola semejanza no es suficiente.

La transferencia de técnicas lleva a ventaja competitiva únicamente si las semejanzas entre negocios cumplen estas tres condiciones:

1. Que las actividades de los negocios sean lo suficientemente similares como para que sea significativo compartir experiencias. Las similitudes generales (por ejemplo la intensidad de marketing, o una tecnología común básica, como doblar metal) no son una base suficiente como para diversificar. La resultante capacidad de transferir técnicas probablemente producirá poco impacto en la ventaja competitiva.
2. Que la transferencia de técnicas comprenda actividades importantes para la ventaja competitiva. Transferir técnicas a destrezas en actividades periféricas, como relaciones oficiales o bienes raíces en unidades de bienes de consumo, puede ser beneficioso, pero no es una base para diversificación.
3. Que las técnicas transferidas representen una fuente significativa de ventaja competitiva para la unidad receptora. La experiencia o las técnicas que se transfieren deben ser avanzadas y lo suficientemente exclusivas como para ir más allá de las capacidades de los competidores.

La transferencia de técnicas es un proceso activo que modifica significativamente la estrategia o las operaciones de la unidad receptora. La perspectiva de cambio tiene que ser específica e identificable. Muchas compañías se contentan con vagas perspectivas o débiles esperanzas de que las técnicas serán transferidas, con lo cual casi se garantiza que no se creará ningún valor para los accionistas. La transferencia de técnicas no tiene lugar por accidente ni por ósmosis. La compañía tendrá que reasignar personal crítico, incluso en forma permanente, y son indispensables la participación y el apoyo de la alta administración. Muchas compañías han fracasado en su intento por transferir técnicas porque no les dan a sus unidades de negocio incentivos para participar.

La transferencia de técnicas satisface las pruebas de diversificación si la compañía verdaderamente transfiere la pericia patentada a través de las unidades. Esto asegura que la compañía pueda compensar las primas de adquisición o bajar el costo de sobreponerse a las barreras de ingreso.

Las industrias que la compañía elija para diversificación deben satisfacer la prueba de atractivo. Incluso una conformidad muy estrecha que refleje oportunidades para transferir técnicas puede que no compense una mala estructura de la industria. Sin embargo, las oportunidades de transferir técnicas pueden ayudar a la compañía a transformar las estructuras de industrias en las cuales entra y encaminarlas en una dirección favorable.

La transferencia de técnicas puede tener lugar una sola vez o puede ser continua. Si la compañía agota las oportunidades de infundirle nueva pericia a la unidad después del período inicial postadquisición, esa unidad se debe vender. La corporación ya no está creando valor para los accionistas. Pocas compañías entienden este punto, y muchas sufren paulatinamente resultados mediocres. Pero una compañía diversificada en muchos negocios bien escogidos puede transferir técnicas con el tiempo en muchas direcciones. Si la administración corporativa concibe su papel en esta forma y crea mecanismos organizacionales apropiados para facilitar el intercambio entre unidades, las oportunidades de compartir pericia serán significativas.

Valiéndose tanto de las adquisiciones como del desarrollo interno, las compañías pueden crear una estrategia de transferencia de técnicas. Contar con una fuerte base de técnicas a veces crea la posibilidad de ingreso interno en lugar de adquisición de una compañía en marcha. Sin embargo, los diversificadores que emplean con buen éxito el concepto de transferencia de técnicas muchas veces adquieren una compañía en la industria objetivo como cabeza de playa, y luego construyen sobre de ella con su pericia interna. Procediendo en esta forma, reducen algunos de los riesgos del ingreso interno y aceleran el proceso. Dos compañías que se han diversificado utilizando el concepto de transferencia de técnicas son 3M y Pepsico.

ACTIVIDADES COMPARTIDAS

El cuarto concepto de la estrategia corporativa se basa en compartir actividades en la cadena de valor entre unidades de negocio. Por ejemplo, Procter & Gamble emplea un sistema común de distribución material y de fuerza vendedora, tanto para toallas de papel como para pañales desechables. McKesson, importante compañía distribuidora, maneja líneas tan distintas como productos farmacéuticos y licores, por medio de superbodegas.

La capacidad de compartir actividades es una base poderosa para la estrategia corporativa porque el compartir realza la ventaja competitiva al bajar costos o aumentar la diferenciación. Pero no todo compartir lleva a ventaja competitiva, y las compañías pueden encontrar una profunda resistencia organizacional a posibilidades de compartir aunque sean beneficiosas. Estas duras verdades han llevado a muchas compañías a rechazar la sinergia prematuramente y a retirarse a la falsa simplicidad de administración de cartera.

Un análisis costo-beneficio de las perspectivas y las oportunidades de compartir puede determinar si la sinergia es posible. Compartir rebaja costos si alcanza economías de escala, fortalece la eficiencia de utilización, o le ayuda a una compañía a descender más rápidamente por la curva de aprendizaje. Los costos de General Electric en publicidad de aparatos electrodomésticos grandes, en ventas y en actividades posteriores a la venta son más bajos porque se reparten sobre una amplia gama de productos. Compartir también puede realizar el potencial de diferenciación. Por ejemplo, un sistema compartido de tramitación de pedidos puede permitir nuevas características y nuevos servicios que un comprador aprecie. También puede reducir el costo de diferenciación. Una red compartida de servicios puede hacer económicamente viable una tecnología más avanzada de servicio a distancia. Compartir permite que una actividad sea completamente reconfigurada en formas que pueden aumentar espectacularmente la ventaja competitiva.

Compartir tiene que comprender actividades que son significativas para la ventaja competitiva, no simplemente cualquier actividad. El sistema de distribución de P&G es un ejemplo en el negocio de pañales y toallas de papel, en que los productos son voluminosos y su transporte es costoso. Por el contrario, la diversificación basada sólo en la oportunidad de compartir costos fijos corporativos rara vez resulta apropiada.

Las actividades compartidas traen inevitablemente costos que los beneficios tienen que superar. Un costo es la mayor coordinación que se requiere para manejar una actividad compartida. Más importante es la necesidad de compromiso en el diseño o en el desempeño de una actividad para que se pueda compartir. Por ejemplo, un vendedor o vendedora que maneje los productos de dos unidades de negocio tiene que operar en una forma que no suele ser la que ninguna de las dos unidades elegiría si fuera independiente. Y si el compromiso erosiona seriamente la eficiencia de la unidad, entonces el compartir puede reducir en lugar de aumentar la ventaja competitiva.

Muchas compañías sólo han identificado superficialmente su potencial de compartir. A veces refunden actividades sin considerar si éstas son sensitivas a economías de escala. Cuando no lo son, los costos de coordinación matan los beneficios. Otras veces agravan esos errores por no identificar los costos de compartir por anticipado cuando se pueden tomar medidas para minimizarlos. Los costos de compromiso con frecuencia se pueden reducir rediseñando la actividad que se va a compartir; por ejemplo, al vendedor compartido se le puede dar una terminal remota de computador para levantar la productividad y darle más información sobre la clientela. Reunir sin cuidado unidades, sin pensar en estas cosas, agrava los costos de compartir.

A pesar de estos escollos, las oportunidades de sacar ventaja de compartir actividades proliferan por los importantísimos adelantos en tecnología, desreglamentación y competencia. La introducción de sistemas electrónicos y de informática en las industrias crea nuevas oportunidades de vincular negocios. La estrategia corporativa de compartir se aplica tanto a las adquisiciones como a los desarrollos internos; estos desarrollos suelen ser posibles porque la corporación puede poner en juego claros recursos al lanzar una nueva unidad. Las nuevas unidades puestas en marcha son menos difíciles de integrar que las adquisiciones. Las compañías que utilizan el concepto de actividades compartidas pueden también hacer adquisiciones como cabezas de playa para penetrar en nuevas industrias y luego integrar unidades compartiendo con otras unidades. Ejemplos importantes de compañías que han diversificado mediante actividades compartidas son P&G, Du Pont e IBM. Los campos en que se han diversificado son enjambres de unidades íntimamente relacionadas. Marriott ilustra tanto los éxitos como los fiascos de actividades compartidas.

Para seguir el modelo de actividades compartidas se requiere un contexto organizacional en el cual se fomente y refuerce la colaboración de las unidades de negocio. Las unidades sumamente autónomas son enemigas de esa colaboración. La compañía tiene que instalar diversos mecanismos horizontales, como los llamo yo: un sentido de identidad corporativa, una clara declaración de misión corporativa que haga hincapié en la importancia de integrar las estrategias de unidades de negocio, un sistema de incentivos que recompense más que simplemente los resultados de las unidades, las fuerzas de tarea combinadas a través de las unidades, y otros métodos de integración.

Una estrategia corporativa basada en actividades compartidas satisface claramente la prueba de beneficio porque las unidades de negocio sacan constantes ventajas competitivas de otros dentro de la corporación. También satisface la prueba de costo de entrada al reducir el gasto de superar las barreras de entrada interna. Otras ofertas de adquisición que no comparten oportunidades tendrán precios más bajos de reservación. Pero ni siquiera amplias oportunidades de compartir actividades le permitirán a una compañía prescindir de la prueba de atractivo. Muchos diversificadores han cometido el error crítico de equiparar una estrecha conformidad de la industria objetivo con el atractivo de diversificación. Para que la diversificación tenga a la larga verdadero éxito se necesita que las industrias objetivo cumplan los estrictos requisitos de la prueba de tener una estructura atractiva lo mismo que una estrecha conformidad de oportunidades.

ELECCIÓN DE ESTRATEGIA CORPORATIVA

Cada concepto de estrategia corporativa le permite a la compañía diversificada crear valor para los accionistas de una manera diferente. Las compañías pueden tener éxito con cualquiera de los conceptos si definen claramente el papel de la corporación y sus objetivos, si tienen las técnicas necesarias para cumplir los requisitos previos del concepto, si se organizan para manejar la diversidad en una forma que armonice con la estrategia y si se encuentran en un ambiente apropiado del mercado de capital. El peligro está en que la gerencia de cartera sólo es sensible en circunstancias limitadas.

La elección de estrategia corporativa que haga una compañía es en parte herencia del pasado. Si sus unidades de negocio están en industrias no atractivas, la compañía tiene que empezar desde el principio. Si tiene pocas técnicas o actividades verdaderamente exclusivas que pueda compartir en su diversificación, entonces la diversificación inicial tiene que basarse en los otros conceptos. Sin embargo, la estrategia corporativa no debe ser algo que se elija una sola vez para siempre sino una visión que pueda evolucionar. Una compañía debe elegir su concepto preferido para el largo plazo, y luego ir en pos de él en forma pragmática desde el punto de partida.

Tanto la lógica estratégica como la experiencia de las compañías estudiadas en el último decenio indican que una compañía crea valor para los accionistas mediante diversificación, cada vez en mayor grado, a medida que su estrategia avanza desde administración de cartera hacia actividades compartidas. Éstas últimas y la transferencia de técnicas ofrecen la mejor vía para la creación de valor porque no dependen de una sagacidad superior o de supuestos cuestionables acerca de las capacidades de la compañía.

Cada concepto de estrategia corporativa no excluye a los que le han precedido, lo cual es una potente ventaja para los conceptos tercero y cuarto. Una compañía puede aplicar una estrategia de reestructuración y, al mismo tiempo, transferir técnicas o compartir actividades. Una estrategia basada en actividades compartidas se hace más poderosa si las unidades de negocio pueden también intercambiar técnicas. Como lo ilustra el caso de Marriott, una compañía puede seguir las dos estrategias conjuntamente e incluso incorporar en ellas algunos principios de reestructuración. Al elegir las industrias a las cuales quiere transferir técnicas o en las cuales quiere compartir actividades, la compañía también puede investigar la posibilidad de transformar la estructura de la industria. Cuando basa su estrategia en relaciones recíprocas, tiene una base más amplia sobre la cual crear valor para los accionistas que basando toda su estrategia en transformar compañías en industrias con las cuales no está familiarizada.

Este estudio sostiene la sensatez de basar una estrategia corporativa en la transferencia de técnicas o en actividades compartidas. Los datos relativos al programa de diversificación de las compañías estudiadas ilustran algunas características importantes de los diversificadores que han tenido éxito. Ellos han hecho un porcentaje desproporcionadamente bajo de adquisiciones no relacionadas; no relacionadas en el sentido de que no ofrecen una clara oportunidad para transferencia de técnicas o para compartir actividades importantes (véase el cuadro 3, páginas 62-63). Hasta los buenos diversificadores como 3M, IBM y TRW obtuvieron pésimos resultados cuando incursionaron en adquisiciones no relacionadas. Los adquirientes de éxito se diversifican en campos que están relacionados cada uno con muchos otros. Por ejemplo, Procter & Gamble e IBM operan respectivamente en dieciocho y diecinueve campos relacionados entre sí, y en esa forma disfrutan de muchas oportunidades para transferir técnicas y compartir actividades.

Las compañías que tienen las mejores historias de adquisiciones tienden — más que el promedio — a iniciar nuevas unidades y operaciones de riesgo conjunto. La mayor parte de las compañías evitan los modos de entrada distintos de la adquisición. El cuadro 3 demuestra que las operaciones de riesgo conjunto son tan arriesgadas como las adquisiciones, mientras que las unidades creadas no lo son. Además, las compañías de éxito a menudo obtienen muy buenos resultados con unidades que ellas mismas inician, como 3M, P&G, Johnson & Johnson, IBM y United Technologies. Cuando una compañía dispone de la fuerza interna necesaria para crear ella misma una unidad, resulta más seguro y menos costoso iniciar una compañía que confiar en una adquisición y luego tener que entenderse con el problema de integración. Las historias de diversificación en el Japón apoyan el acierto de iniciar compañías como alternativa de entrada.

Los datos ilustran igualmente que ningún concepto de estrategia corporativa funciona cuando la estructura de la industria es deficiente o la ejecución es defectuosa, por más relacionadas que estén las industrias. Xerox adquirió compañías en industrias relacionadas, pero los negocios tenían estructuras deficientes, y sus técnicas no bastaron para darles suficiente ventaja competitiva y contrarrestar los problemas de ejecución.

PROGRAMA DE ACCIÓN

Para traducir los principios de estrategia corporativa en diversificación acertada, una compañía debe primero echar un vistazo objetivo a sus negocios existentes y al valor agregado por la corporación. La comprensión de una buena estrategia corporativa sólo puede derivarse de esa evaluación. Esa comprensión debe guiar la futura diversificación, lo mismo que el desarrollo de técnicas y actividades para seleccionar nuevos negocios. El siguiente programa de acción ofrece un enfoque concreto para llevar a cabo esa revisión. Una compañía puede elegir una estrategia corporativa en la siguiente forma:

1. *Identificar relaciones recíprocas entre las unidades de negocio existentes.* Al desarrollar una estrategia corporativa, una compañía debe empezar por identificar todas las oportunidades que tenga de compartir actividades o de transferir técnicas dentro de su actual cartera de unidades de negocio. No sólo encontrará maneras de fortalecer la ventaja competitiva de dichas unidades sino que, además, descubrirá varias vías posibles de diversificación. No es menos importante encontrar en la cartera ausencia de relaciones significativas, lo cual indica la necesidad de justificar el valor agregado por la corporación o, de lo contrario, emprender una reestructuración fundamental.

2. *Elegir los negocios centrales que han de ser la base de la estrategia corporativa.* Una diversificación acertada empieza con la comprensión de los negocios centrales que servirán de base para la estrategia corporativa. Esos negocios son los que están en una industria atractiva, tienen potencial para alcanzar ventaja competitiva sostenible, muestran importantes relaciones recíprocas con otras unidades de negocio y aportan técnicas o actividades que representan una base para diversificación.

    La compañía debe asegurarse primero de que sus negocios centrales tengan bases sólidas mejorando su administración, internacionalizando la estrategia o mejorando la tecnología. El estudio mostró que las extensiones geográficas de unidades existentes, ya sea por adquisición, por operaciones de riesgo conjunto o por creación de nuevas unidades, tienen una tasa notablemente más baja de desposeimiento que la diversificación.

    Luego la compañía debe proceder pacientemente a deshacerse de las unidades que no sean negocios centrales. Venderlas libera recursos que estarán mejor empleados en otra parte. En algunos casos, la desapropiación implica liquidación inmediata, mientras que en otros la compañía debe vestir bien las unidades y esperar a que el mercado se muestre propicio o aparezca un comprador especialmente ansioso.

3. *Crear mecanismos organizacionales horizontales para facilitar las relaciones entre negocios centrales y preparar el terreno para futura diversificación relacionada.* La alta administración puede facilitar las relaciones recíprocas haciendo hincapié en la colaboración entre unidades, agrupando organizacionalmente las unidades y modificando incentivos, y tomando medidas para crear un fuerte sentido de identidad corporativa.

4. *Aprovechar las oportunidades de diversificación que permiten actividades compartidas.* Este concepto de estrategia corporativa es el más vital, siempre que la estrategia de la compañía satisfaga las tres pruebas. La compañía debe inventariar las actividades de sus actuales unidades de negocio que representen las más sólidas bases para compartir, tales como canales de distribución o instalaciones técnicas de calidad internacional. Éstas, a la vez, llevarán a nuevas áreas potenciales de negocios. Una compañía puede valerse de adquisiciones como cabezas de playa o iniciar nuevas unidades para explotar técnicas internas y minimizar los problemas de integración.

5. *Proceder a diversificar por medio de transferencia de destrezas si las oportunidades de compartir actividades son limitadas o se han agotado.* Las compañías pueden seguir esta estrategia por medio de adquisiciones, aunque también pueden iniciar nuevas unidades si las existentes disponen de importantes técnicas que pueden transferir fácilmente.

Esta diversificación suele ser más arriesgada por las duras condiciones que se necesitan para que funcione. Por las incertidumbres, una compañía debe evitar diversificarse a base de transferencia de técnicas exclusivamente. Ésta debe verse más bien como sólo un paso hacia una subsiguiente diversificación mediante actividades compartidas. Deben escogerse industrias nuevas que lleven de manera natural a otros negocios. La meta es formar un grupo de unidades de negocio relacionadas entre sí y que se refuercen mutuamente. La lógica de la estrategia implica que, al principio, no se deben fijar demasiado altas las normas relativas a de tasa de rendimiento.

6. *Seguir una estrategia de reestructuración, si esto está de acuerdo con las capacidades de la administración o si no existen buenas oportunidades para forjar relaciones corporativas recíprocas.* Una compañía puede apelar a una estrategia de reestructuración si encuentra compañías mal manejadas y dispone del talento gerencial y de recursos adecuados para trasladar a las unidades adquiridas. Cuanto más desarrollados estén los mercados de capital y más activo sea el mercado de compañías, más necesaria es una búsqueda paciente de una oportunidad especial, en lugar de lanzarse de una vez a adquirir el mayor número posible de manzanas dañadas. Reestructurar puede ser una estrategia permanente, como lo es en Loew's, o una manera de formar un grupo de negocios que sostenga el cambio hacia otra estrategia corporativa.
7. *Pagar dividendos para que los accionistas puedan ser los administradores de cartera.* Pagar dividendos es mejor que destruir el valor para los accionistas mediante la diversificación sostenida con puntales que flaquean. Consideraciones de impuestos, que algunas compañías aducen para evitar dividendos, no son una razón legítima para diversificar si la compañía no puede demostrar la capacidad de hacerlo lucrativamente.

CREACIÓN DE UN TEMA CORPORATIVO

Definir un tema corporativo es una buena manera de asegurar que la corporación creará valor para los accionistas. Tener un tema apropiado ayuda a unificar los esfuerzos de las unidades de negocio y refuerza las maneras de relacionarse ellas entre sí, e igualmente guía la elección de nuevos negocios en los cuales entrar. NEC Corporation, con su tema de "C&C", es un buen ejemplo. Esta compañía integra sus negocios de computadores, semiconductores, telecomunicaciones y bienes electrónicos de consumo fusionando computadores y comunicaciones.

Es muy fácil crear un tema corporativo hueco. Por ejemplo, CBS quería ser una "compañía de entretenimiento", y reunió un grupo de negocios que tenían que ver con el tiempo libre. Entró en industrias tales como juguetes, artes manuales, instrumentos musicales, equipos deportivos y aparatos de alta fidelidad. Aun cuando el tema no sonaba mal, escuchando con cuidado se percibía el sonido hueco. Ninguno de esos negocios ofrecía una oportunidad significativa de compartir actividades o transferir técnicas entre ellos o con los tradicionales negocios de teledifusión y grabaciones de CBS. Todos se vendieron, a veces con fuertes pérdidas, excepción hecha de unas pocas unidades de CBS en el campo editorial. Abrumada con el peor récord de adquisiciones de mi estudio, CBS erosionó el valor para los accionistas que había creado por medio de su buen rendimiento en teledifusión y grabaciones.

Pasar de estrategia competitiva a estrategia corporativa es, en los negocios, el equivalente de atravesar el Triángulo de las Bermudas. Los fracasos de estrategia corporativa revelan el hecho de que la mayor parte de las compañías diversificadas no piensan en función de cómo agregan ellas realmente valor. Una estrategia corporativa que aumente efectivamente la ventaja competitiva de todas sus unidades de negocio es la mejor defensa contra los especuladores de las compras forzosas. Con un enfoque preciso de las pruebas de diversificación y con la elección explícita de un claro concepto de estrategia corporativa, los resultados de las diversificaciones pueden ser en adelante muy distintos.

Copyright © 1987; revisado en 1991.

TEMAS DE DISCUSIÓN

1. Escoja una firma diversificada que le sea bien conocida, e identifique los conceptos de estrategia corporativa que ella emplea, según se explica en esta lectura.
2. ¿Es la diversificación un proceso continuo en la vida de una corporación? ¿Se debe hacer un seguimiento permanente de posibles candidatos para adquisición?
3. ¿Cómo fija un alto gerente general la estrategia corporativa?

5   El propósito estratégico

GARY HAMEL Y C. K. PRAHALAD

Según esta lectura, las compañías que han ascendido al liderazgo global invariablemente empezaron con ambiciones desproporcionadas para sus recursos y sus capacidades. Estas compañías triunfaron en virtud del propósito estratégico: fijaron sus miras en metas que estaban fuera de su alcance, e hicieron acopio de voluntad y recursos para alcanzarlas. Los altos gerentes que compiten por medio del propósito estratégico saben que la estrategia no es simplemente cuestión de utilizar adecuadamente los métodos de planificación. Estos gerentes generales concentran sus organizaciones en la meta estratégica, motivan a la gente comunicando claramente el propósito estratégico, fomentan la contribución individual y de equipo y emplean el propósito consecuentemente para guiar las asignaciones de recursos.

Hoy los gerentes en muchas industrias están trabajando por igualar las ventajas competitivas de sus nuevos rivales globales. Están trasladando la manufactura al extranjero en busca de más bajos costos de mano de obra, racionalizando sus líneas de productos para lograr economías de escala globales, estableciendo círculos de calidad y producción "justo a tiempo" y adoptando prácticas japonesas de recursos humanos. Si todavía la competitividad parece estar fuera de su alcance, forman alianzas estratégicas — a menudo con las mismas compañías que fueron las primeras en alterar la balanza competitiva.

Aun cuando estas iniciativas sean importantes, pocas van más allá de simple imitación. Muchísimas compañías están gastando enormes cantidades de energía simplemente para reproducir las ventajas de costo y calidad que sus competidores globales ya gozan. La imitación puede ser la forma más sincera de adulación, pero no lleva a revitalización competitiva. Las estrategias basadas en imitación son bien conocidas de los competidores, que ya las han dominado. Además, los competidores que han tenido éxito no se van a quedar mano sobre mano, de modo que no hay por qué sorprenderse de que muchos ejecutivos se sientan atrapados en un juego interminable de alcanzar a sus rivales — son sistemáticamente sorprendidos por los nuevos logros de aquéllos.

Para estos ejecutivos y sus compañías, recuperar la competitividad implicará repensar muchos de los conceptos básicos de estrategia.[1] Mientras ha florecido la "estrategia", la competitividad de las compañías en el Occidente se ha marchitado. Esto puede ser una coincidencia, pero nosotros creemos que no. Creemos que la aplicación de conceptos como "ajuste estratégico" (entre recursos y oportunidades), "estrategias genéricas" (costos bajos, diferenciación contra concentración), y "jerarquía de estrategia" (metas, estrategias y tácticas) han ayudado al proceso de decadencia competitiva. Los nuevos competidores globales enfocan la estrategia desde una perspectiva que es fundamentalmente distinta de la que sustenta el pensamiento de la administración occidental. Contra tales competidores, los ajustes marginales a las ortodoxias actuales no tienen más probabilidades de producir revitalización competitiva que las mejoras marginales de eficiencia operativa.

Pocas compañías en el Occidente tienen el historial envidiable de prever las medidas de los nuevos competidores globales. ¿Por qué? La explicación empieza por la forma en que la mayor parte de ellas llevan a cabo los análisis de la competencia. Generalmente el análisis del competidor se concentra en los recursos (humanos, técnicos y financieros) del competidor actual. Las únicas compañías que se ven como una amenaza son aquéllas cuyos recursos pueden erosionar márgenes y participaciones de mercado en el siguiente período de planificación. Pero es raro que se tenga en cuenta la ingeniosidad, la rapidez con que se están creando nuevas ventajas competitivas.

A este respecto, el análisis tradicional de la competencia es como una foto instantánea de un automóvil en marcha. La foto por sí misma da poca información sobre la velocidad o dirección del vehículo — si el conductor ha salido a dar un tranquilo paseo

---

[1] Entre los primeros en aplicar el concepto de estrategia a la administración se cuentan H. Igor Ansoff en *Corporate Strategy: An Analytic Approach to Business Policy for Growth and Expansion* (Nueva York: McGraw-Hill, 1965) y Kenneth R. Andrews en *The Concept of Corporate Strategy* (Homewood, Ill.: Dow Jones-Irwin, 1971).

dominical o si se está preparando para el Grand Prix. Sin embargo, muchos gerentes han descubierto por dolorosa experiencia que los recursos iniciales de que está dotado un negocio (sean grandes o pequeños) no son una medida confiable para predecir el futuro éxito global.

Volvamos atrás unos pocos años. En 1970, pocas compañías japonesas poseían la base de recursos, el volumen de manufactura o la capacidad técnica de las líderes industriales europeas o norteamericanas. Komatsu era por su tamaño menos del 35% de Caterpillar (midiendo por ventas), casi no estaba representada fuera del Japón y derivaba la mayor parte de sus ingresos de una sola línea de producto — un bulldozer pequeño. Honda era más pequeña que American Motors, y todavía no había empezado a exportar automóviles a los Estados Unidos. Los primeros pasos vacilantes de Canon en el negocio de reprografía parecían lamentablemente pequeños en comparación con la enorme Xerox de 4 000 millones de dólares.

Si los gerentes de Occidente hubieran extendido sus análisis de la competencia para incluir a estas compañías, simplemente les habrían recalcado la descomunal diferencia de recursos entre ellas. Y, sin embargo, en 1985 Komatsu era una compañía de 2 800 millones con una línea de productos que comprendía una amplia variedad de equipos para movimiento de tierras, robots industriales y semiconductores. Honda fabricaba casi tantos automóviles en 1987 como Chrysler. Canon había igualado la participación global de mercado de Xerox.

La lección es clara: evaluar las ventajas tácticas actuales de competidores conocidos no le permite a uno entender la determinación, el vigor y la inventiva de los competidores potenciales. Sun-tzu, estratega chino, lo dijo hace 3 000 años: "Todo el mundo puede ver las tácticas mediante las cuales yo derroto al enemigo, pero lo que nadie puede ver es la estrategia de la cual resulta la gran victoria".

Las compañías que han ascendido al liderazgo global en los últimos veinte años invariablemente empezaron con ambiciones desproporcionadas totalmente para sus recursos y sus capacidades. Pero crearon una obsesión de ganar a todos los niveles de la organización, y luego sostuvieron esa obsesión durante diez a veinte años en busca de liderazgo global. Nosotros llamamos a esa obsesión "propósito estratégico".

Por una parte, el propósito estratégico implica el deseo de una posición de liderazgo y establece el criterio que empleará la compañía para señalar el rumbo. Komatsu se propuso "envolver a Caterpillar"; Canon quería "derrotar a Xerox"; Honda se esforzó por convertirse en una segunda Ford — pionera en automóviles. Todas éstas son expresiones de propósito estratégico.

Al mismo tiempo, el propósito estratégico es más que una simple ambición desenfrenada. (Muchas compañías tienen ambición, y, sin embargo, no logran sus metas.) El concepto comprende también un proceso activo de administración que incluye: concentrar la atención de la organización en la esencia de ganar; motivar al personal comunicándole el valor de la meta; dejar campo para las contribuciones individuales y de equipo; sostener el entusiasmo dando nuevas definiciones operativas cuando cambien las circunstancias; y utilizar el propósito en forma consecuente para guiar las asignaciones de recursos.

El propósito estratégico capta la esencia de ganar. El Programa Apolo — para llevar un hombre a la Luna antes de la Unión Soviética — se inspiró tanto en el espíritu de competencia como la acometida de Komatsu contra Caterpillar. El programa espacial vino a ser el marcador en la carrera tecnológica de los Estados Unidos contra la URSS. En la turbulenta industria de la información era difícil escoger un solo competidor como blanco, por lo cual el propósito estratégico de NEC, fijado a principios de los años 70, fue adquirir tecnologías que la colocaran en la mejor posición para explotar la convergencia de computación y telecomunicaciones. Otros observadores industriales previeron esa convergencia, pero sólo NEC hizo de ella el tema guía para posteriores decisiones estratégicas adoptando "computación y comunicaciones" como su propósito. Para Coca-Cola, el propósito estratégico ha sido poner una Coke "al alcance de la mano" de todo consumidor en el mundo.

El propósito estratégico es estable. En las batallas por el liderazgo global, una de las tareas más críticas es alargar el tramo de atención de la organización. El propósito estratégico le da uniformidad a la acción a corto plazo, y, al mismo tiempo, deja campo para la reinterpretación cuando surgen nuevas oportunidades. En Komatsu, envolver a Caterpillar comprendió una sucesión de programas a mediano plazo encaminados a explotar debilidades específicas de Caterpillar o a crear particulares ventajas competitivas. Por ejemplo, cuando Caterpillar amenazó a Komatsu en el Japón, Komatsu respondió primero mejorando la calidad, luego bajando costos, después cultivando mercados de exportación, y más tarde emprendiendo el desarrollo de nuevos productos.

El propósito estratégico fija una meta que merece compromiso y esfuerzo personal. Pregúntese a los directores ejecutivos de muchas corporaciones cómo miden su contribución al éxito de su compañía, y lo más probable es que den una respuesta expresada en función de riqueza del accionista. En una compañía que tenga propósito estratégico, lo más probable es que la administración hable en función de liderazgo en el mercado global. Desde luego, la participación de mercado produce riqueza para los accionistas, pero las dos metas no tienen el mismo impacto de motivación. Es difícil imaginar a los gerentes medios, y mucho más a los trabajadores, despertando todas las mañanas con la única idea de crear más riqueza para los accionistas. ¿Pero no podrían pensar de otro modo si se les da la consigna de "¡Derroten a Benz!" — el grito de combate de un productor japonés de automóviles? El propósito estratégico les da a los empleados la única meta por la cual vale la pena comprometerse: derrocar al mejor, o seguir siendo el mejor en todo el mundo.

Muchas compañías están más familiarizadas con la planificación estratégica que con el propósito estratégico. El proceso de planificación actúa como un "tamiz de factibilidad". Las estrategias se aceptan o se rechazan según que los gerentes puedan precisar el "cómo" y el "qué" de sus planes. ¿Son claros los hitos? ¿Tenemos las habilidades y los recursos necesarios? ¿Cómo reaccionarán los competidores? ¿Se ha investigado bien el mercado? En una forma o en otra, la advertencia "sean realistas" se la hacen a cada rato a los gerentes de línea.

¿Pero se puede planificar liderazgo global? ¿Komatsu, Canon y Honda tenían una "estrategia" detallada de veinte años para atacar a los mercados del Occidente? ¿Son los gerentes japoneses y coreanos mejores planificadores que los del Occidente? No. Por valiosa que sea la planificación estratégica, el liderazgo global es un objetivo que no entra en la esfera de la planificación. Sabemos de pocas compañías con sistemas muy desarrollados de planificación que hayan gestionado para fijar un propósito estratégico. A medida que se hacen más rígidas las pruebas de ajuste estratégico, las metas que no se pueden planificar se van haciendo a un lado. Y, sin embargo, las compañías que temen comprometerse con metas que están fuera del alcance de la planificación no tienen probabilidades de convertirse en líderes globales.

Aunque la planificación estratégica se presente como una manera de ser más orientados al futuro, los gerentes, si los presionan un poco, reconocerán que sus planes estratégicos revelan más sobre los problemas de hoy que sobre las oportunidades de mañana. Presentándoseles a los gerentes todo un nuevo conjunto de problemas al comienzo de cada ciclo de planificación, el enfoque varía radicalmente de un año a otro. Y acelerándose el cambio en la mayoría de las industrias, el horizonte de previsión se hace cada vez más corto. Así, pues, los planes hacen poco más que proyectar el presente hacia el futuro incrementalmente. La meta del propósito estratégico es traer el futuro al presente. La pregunta importante no es "¿En qué se diferenciará el año próximo de este año?" sino "¿Qué debemos hacer de manera distinta el año próximo para acercarnos más a nuestro propósito estratégico?" Una sucesión de planes anuales sumados sólo llegará a constituir liderazgo global si se tiene un buen propósito estratégico bien definido y se adhiere a él.

Así como es imposible hacer planes de diez o veinte años en busca de liderazgo global, también es remota la posibilidad de formar parte por casualidad de una posición de liderazgo. Nosotros no creemos que el liderazgo global salga de un proceso no dirigido de intraempresariado. Ni es tampoco el producto de talleres secretos u otras políticas de aventurar internamente. Tales programas descansan en un supuesto nihilista: que la organización está tan petrificada, tan imbuida de ortodoxia que la única manera de innovar es meter a unas pocas personas brillantes en un cuarto oscuro, darles algún dinero y confiar en que ocurra algo maravilloso. En este enfoque estilo "Silicon Valley" de la innovación, el único papel de la alta administración es retroajustar su estrategia corporativa a los éxitos empresariales que surjan desde abajo. Aquí es bajo realmente el valor agregado de la alta administración.

Infortunadamente este concepto de innovación se ajusta a la

realidad en muchas grandes compañías.[2] Por una parte, la alta administración no tiene punto de vista alguno con respecto a los fines deseables fuera de satisfacer a los accionistas y mantener a raya a los asaltantes; por otra parte, el formato de planificación, los criterios de remuneración, la definición de los mercados que se sirven y la adhesión a la práctica aceptada en la industria se conjugan para constreñir rígidamente la gama de medios disponibles. El resultado es que la innovación es necesariamente una actividad aislada. El crecimiento depende más de la capacidad de inventiva de los individuos y de los pequeños equipos que de la habilidad de la alta administración para combinar los esfuerzos de muchos equipos y ponerlos al servicio de una ambicioso propósito estratégico.

En las compañías que se sobrepusieron a las limitaciones de recursos para labrarse una posición de liderazgo, vemos una relación distinta entre los medios y los fines. Si bien el propósito estratégico tiene claridad sobre los fines, es flexible en cuanto a los medios — deja campo para la improvisación. Para alcanzar el propósito estratégico se requiere inmensa creatividad con respecto a los medios. Pero esta creatividad está al servicio de un fin claramente prescrito. La creatividad es libre pero no descontrolada, pues la alta administración establece el criterio por el cual los empleados pueden probar previamente la lógica de sus iniciativas. Los gerentes de nivel medio tienen que hacer más que lograr los objetivos financieros prometidos; también tienen que cumplir la amplia dirección que está implícita en el propósito estratégico de su empresa.

El propósito estratégico implica un esfuerzo considerable para una organización. No le bastan sus actuales capacidades y recursos, y esto la obliga a tener más inventiva, a aprovechar al máximo sus limitados recursos. Mientras que el punto de vista tradicional de estrategia se concentra en el grado de ajuste entre los recursos y las oportunidades existentes, la intención estratégica crea un desajuste extremo entre los recursos y las aspiraciones. La alta administración desafía entonces a la organización para que cierre la brecha construyendo sistemáticamente nuevas ventajas.

---

[2] Robert A. Burgelman, "A Process Model of Internal Corporate Venturing in the Diversified Major Firm", *Administrative Science Quarterly*, junio de 1983.

A este respecto, el propósito estratégico es como un maratón que se corre en sprints de 400 metros. Nadie sabe cómo será el terreno en el kilómetro 40, de modo que el deber de la alta administración es concentrar la atención de la organización en el terreno que se va a cubrir en los próximos 400 metros. En varias compañías, la administración hizo esto presentándole a la organización una serie de retos corporativos, cada uno de los cuales especificaba la siguiente eminencia en la carrera para alcanzar el propósito estratégico. Un año el reto podía ser calidad, al siguiente, cuidado total del cliente, el año siguiente, ingreso en nuevos mercados, el siguiente una línea rejuvenecida. Como lo indica este ejemplo, los retos corporativos son una manera de lograr la adquisición de nuevas ventajas competitivas, una manera de identificar el punto focal para los esfuerzos de los empleados en el cercano y mediano plazo. Lo mismo que con el propósito estratégico, la administración es específica sobre los fines (por ejemplo, reducir el tiempo de desarrollo del producto en un 75%) pero menos prescriptiva respecto a los medios.

Lo mismo que la intención estratégica, los retos obligan a la organización a esforzarse al máximo. Para detener a Xerox en el negocio de copiadoras personales, Canon les fijó a sus ingenieros un precio meta de 1 000 dólares para una nueva copiadora. En esa época, la copiadora más barata de Canon se vendía por varios miles de dólares. Tratar de reducir el costo de los modelos existentes no le habría dado la mejora radical en materia de precios que necesitaba para retardar o impedir la entrada de Xerox en copiadoras personales. Lo que hizo fue retar a sus ingenieros para que reinventaran la copiadora — reto que ellos aceptaron cambiando por un cartucho desechable el complejo mecanismo de transferencia de imagen usado en otras copiadoras.

Los retos corporativos provienen de analizar a los competidores y, al mismo tiempo, de prever la evolución del patrón de la industria. Conjuntamente, estos dos factores revelan potenciales oportunidades competitivas e identifican las nuevas técnicas que la organización necesitará para quitarles la iniciativa a los rivales mejor posicionados. El cuadro 1 de la página siguiente, "Creación de ventaja competitiva en Komatsu", ilustra la forma en que los retos ayudaron a esta compañía a realizar su propósito.

Para que un reto sea eficaz, es necesario que todos los indi-

CUADRO 1
Creación de ventaja competitiva en Komatsu

Reto corporativo	Proteger mercado local de Komatsu contra Caterpillar	Reducir costos manteniendo calidad	Convertir a Komatsu en empresa internacional y abrir mercados de exportación	Responder a choques externos que amenazan los mercados	Crear nuevos productos y mercados
Programas	**Primeros años 60** Negocios de concesión con Cummins Engine, International Harvester y Bucyrus-Erie para adquirir tecnología y establecer hitos.	**1965** Programa CD (bajar costos)	**Primeros años 60** Desarrollar países del bloque oriental	**1975** Programa V-10 para reducir costos en un 10% manteniendo la calidad; reducir partes en un 20%; racionalizar sistema de manufactura	**Últimos años 70** Acelerar desarrollo de productos para ampliar la línea
	1961 Proyecto A (As) para avanzar la calidad de producto de bulldozers Komatsu pequeños y medianos por encima de los de Caterpillar.	**1966** Programa CD total	**1967** Fundada Komatsu Europa como filial de marketing	**1977** Programa Y-180 para presupuestar para toda la compañía a 180 yenes por dólar cuando el tipo de cambio era de 240	**1979** Programa de Futuro y Fronteras para identificar nuevos negocios basados en necesidades de la sociedad y conocimientos técnicos de la compañía
	1962 Círculos de calidad en toda la compañía para capacitar a todos los empleados		**1970** Fundada Komatsu América	**1979** Proyecto E para establecer equipos para redoblar esfuerzos de costos y calidad en respuesta a la crisis petrolera	**1981** Programa EPOCHS para reconciliar mayor variedad de productos con mejora en eficiencias de producción
			1972 Proyecto B para mejorar la durabilidad y la confiabilidad y para reducir costos de bulldozers grandes		
			1972 Proyecto C para mejorar cargadoras		
			1972 Proyecto D para mejorar excavadoras hidráulicas		
			1974 Establecer departamentos de preventa y de servicio para ayudar a países recién industrializados en proyectos de construcción		

viduos y los equipos de la organización lo entiendan y vean lo que implica para su propio trabajo. Las compañías que fijan retos corporativos para crear nuevas ventajas competitivas (como lo hicieron Ford e IBM con la mejora de la calidad) pronto descubren que para comprometer a toda la organización se requiere que la alta administración haga lo siguiente:

- **Crear un sentido de urgencia,** o cuasicrisis, amplificando las señales débiles del ambiente que indican la necesidad de mejorar, en lugar de dejar que la inacción precipite una crisis de verdad. (Komatsu, por ejemplo, presupuestó a base del peor de los casos en tipos de cambio que sobrevaluaban el yen.)

- **Enfocar la atención en el competidor en todos los niveles mediante amplio uso de inteligencia competitiva.** Todos los empleados deben estar en capacidad de comparar su esfuerzo con el de los competidores mejores de su clase, de modo que el reto se vuelva personal. (Por ejemplo, Ford les mostró a sus trabajadores de línea de montaje videocintas de las operaciones en la planta más eficiente de Mazda.)

- **Proporcionarles a los empleados las técnicas que necesitan para trabajar eficientemente** — capacitación en herramientas estadísticas, solución de problemas, ingeniería de valor, y organización de equipos, por ejemplo.

- **Darle a la organización tiempo para que digiera un reto antes de lanzar el siguiente.** Cuando iniciativas que compiten entre sí recargan a la organización, los gerentes de nivel medio tratan de proteger a su gente del contragolpe de los cambios de prioridades. Pero esta actitud de esperar "a ver si esta vez sí son serios" destruye al fin la credibilidad de los retos corporativos.

- **Establecer hitos claros y mecanismos de revisión** para hacer el seguimiento del progreso y asegurar que haya reconocimiento interno y recompensas que refuercen el comportamiento deseado. La meta es hacer que el reto sea inevitable para todo el mundo en la compañía.

Es importante distinguir entre el proceso de gestionar retos corporativos y las ventajas que el proceso crea. Cualquiera que sea el reto en sí — ya se trate de calidad, costo, ingeniería de valor o de cualquier otra cosa — siempre hay la misma necesidad de comprometer a los empleados intelectual y emotivamente en el desarrollo de nuevas destrezas. En todos los casos el reto sólo arraiga si los altos ejecutivos y los empleados de nivel inferior sienten una responsabilidad recíproca por la competitividad. A nosotros nos parece que en muchas compañías se les pide a los trabajadores que acepten una desproporcionada parte de culpa cuando hay fracaso competitivo. Por ejemplo, en una empresa estadounidense, la administración quería que los trabajadores por hora aceptaran una rebaja global del 40% en los jornales con el propósito de poner los costos de mano de obra a tono con los competidores de Extremo Oriente. El resultado fue una larga huelga y, por último, los empleados de la línea aceptaron hacer una concesión del 10% de sus jornales. Sin embargo, los costos de mano de obra directa en manufactura representaban menos del 15% del valor agregado total, de modo que la compañía desmoralizó a toda su fuerza obrera por lograr una reducción de 1.5% de los costos totales. Para colmo de ironía, un análisis posterior demostró que las economías más significativas de costo de los competidores no provenían de jornales horarios más bajos sino de métodos mejores de trabajo, inventados por los propios obreros. Ya se imaginará el lector con qué ánimo harían los trabajadores estadounidenses análogas contribuciones después de la huelga y las concesiones. Compárese esta situación con lo que ocurrió en Nissan cuando se fortaleció el yen: La alta administración aceptó una fuerte disminución de su remuneración y sólo después les pidió a los gerentes medios y a los empleados de línea que sacrificaran relativamente menos.

Responsabilidad recíproca significa compartir alegrías y penas, pero en muchas compañías la pena de la revitalización recae casi exclusivamente en los empleados, que son los menos responsables de la decadencia de la empresa. Con mucha frecuencia se les pide a los trabajadores que se comprometan con metas corporativas sin ofrecerles un compromiso correspondiente de la alta gerencia, bien sea seguridad del empleo, utilidades compartidas, o bien la facultad de influir en la dirección del negocio. Este enfoque unilateral para recuperar la productividad les impide a muchas compañías aprovechar la fuerza intelectual de sus empleados.

Crear sentido de responsabilidad recíproca es crucial porque la competitividad depende, al fin y al cabo, de la rapidez con que la compañía incorpore nuevas ventajas profundamente en su organización, no de su acervo de ventajas en un momento determinado. Así, pues, necesitamos ampliar el concepto de ventaja competitiva más allá del tanteador que muchos gerentes usan hoy: ¿Son mis costos más bajos? ¿Merecerá mi producto una prima de precio?

Pocas ventajas competitivas son duraderas. Descubrir una nueva es algo así como recibir un soplo confidencial en la bolsa de valores: la primera persona que se entera y actúa hace más dinero que la última. Cuando la curva de experiencia era joven, una compañía que construyó capacidad antes que sus competidores, bajó los precios para llenar las plantas y redujo los costos a medida que aumentaba el volumen, salió ganando. El que primero actuó capitalizó el hecho de que los competidores subestimaban la participación de mercado — no fijaron precios para captar participación adicional porque no entendían cómo el liderazgo en participación de mercado podía traducirse en menores costos y mejores márgenes. Pero ya no hay participación de mercado subestimada cuando veinte compañías de semiconductores construyen capacidad suficiente para servir cada una el 10% del mercado mundial.

Llevar la cuenta de las ventajas existentes no es lo mismo que crear nuevas ventajas. La esencia de la estrategia está en crear las ventajas competitivas del mañana en menos tiempo del que gastan los competidores en imitar las que uno tiene hoy. En los años 60, los productores japoneses contaban con ventajas de costo de mano de obra y de capital. A medida que los manufactureros del Occidente empezaron a llevar su producción al extranjero, las compañías japonesas aceleraron su inversión en tecnología de proceso y crearon ventajas de escala y calidad. Luego, cuando sus competidores estadounidenses y europeos racionalizaron la manufactura, ellas le agregaron otra cuerda a su arco acelerando el desarrollo de los productos. Luego produjeron marcas mundiales. Luego neutralizaron las destrezas de sus competidores mediante alianzas y negociaciones de contratar por fuera. La moraleja es que la capacidad de una compañía para mejorar sus destrezas existentes y aprender otras nuevas es la ventaja competitiva más deseable de todas.

Para realizar un propósito estratégico, una compañía usualmente tiene que habérselas con competidores más grandes y mejor financiados. Esto significa gestionar cuidadosamente los compromisos competitivos para conservar los recursos escasos. Los gerentes no pueden lograr esto simplemente haciendo el mismo juego mejor — haciéndoles mejoras marginales a la tecnología y a las prácticas mercantiles de los competidores. Lo que tienen que hacer es cambiar fundamentalmente el juego de modo tal que pongan a la competencia en desventaja — inventar métodos novedosos para entrada en el mercado, creación de ventaja y guerra competitiva. Para los competidores inteligentes, la meta no es imitación competitiva sino innovación competitiva, el arte de contener los riesgos dentro de proporciones manejables.

Cuatro enfoques de la innovación competitiva son evidentes en la expansión global de las compañías japonesas. Éstos son: Establecer estratos de ventaja, buscar ladrillos sueltos, cambiar los términos del encuentro, y competir por medio de colaboración.

Cuanto más amplia sea la cartera de ventajas de una compañía, menos riesgo corre ella en las batallas competitivas. Los nuevos competidores globales han hecho esas carteras ampliando constantemente sus arsenales de armas competitivas. Han pasado inexorablemente de ventajas menos defendibles, como bajos costos, a ventajas más defendibles, como marcas globales. La industria japonesa de televisores en colores ilustra bien este proceso de estratos.

En 1967, el Japón era el mayor productor de televisores en blanco y negro. En 1970, estaba cerrando la brecha en televisores en colores. Los fabricantes japoneses utilizaron su ventaja competitiva — que en ese tiempo estaba principalmente en los bajos costos de mano de obra — para construir una base en el negocio de marca privada, y de ahí pasaron rápidamente a establecer plantas a escala mundial. Esta inversión les proporcionó estratos adicionales de ventaja — calidad y confiabilidad — lo mismo que nuevas reducciones de costos por mejora de procesos. Al mismo tiempo, reconocieron que esas ventajas basadas en costos eran vulnerables a los cambios de costos de mano de obra, de tecnología de proceso y producto, tipos de cambio y política comercial. Así, pues, en el curso de los años 70 invirtieron también fuertemente en construir canales y marcas, con lo cual crearon otro estrato de ventaja, una concesión global. A fines de los años 70, aumentaron el alcance de sus productos y negocios para amortizar esas grandes inversiones, y en 1980 todos los principales jugadores — Matsushita, Sharp,

Toshiba, Hitachi, Sanyo — habían establecido conjuntos relacionados de negocios que podían soportar inversiones de marketing global. Últimamente han estado invirtiendo en centros regionales de manufactura y diseño para mejor adecuar sus productos a los mercados nacionales.

Estos manufactureros pensaban en las distintas fuentes de ventaja competitiva como estratos igualmente deseables, no como elecciones mutuamente excluyentes. Lo que algunos llaman suicidio competitivo — buscar tanto costo como diferenciación — es exactamente lo que muchos competidores buscan.[3] Usando tecnologías flexibles de manufactura y mejor inteligencia de marketing, están abandonando los "productos mundiales" estandarizados para dedicarse a productos como la minicamioneta Mazda desarrollada en California expresamente para el mercado de los Estados Unidos.

Otro enfoque de las innovaciones competitivas — la búsqueda de ladrillos sueltos — explota los beneficios de la sorpresa, que es tan útil en las batallas mercantiles como en la guerra. Particularmente en las primeras etapas de una guerra por mercados globales, los nuevos competidores de éxito trabajan para mantenerse justamente por debajo del umbral de reacción de sus poderosos y mayores riva-les. Invadir territorio mal defendido es una manera de hacer esto.

Para encontrar ladrillos sueltos, los gerentes no deben tener ortodoxias relativas a la manera de irrumpir en un mercado o desafiar a un competidor. Por ejemplo, en una gran multinacional estadounidense, les preguntamos a varios gerentes de país qué estaba haciendo su competidor japonés en el mercado local. El primer ejecutivo dijo: "Nos están atacando desde el extremo inferior. Las compañías japonesas siempre atacan desde abajo". Al segundo ejecutivo le pareció interesante este comentario, pero se manifestó en desacuerdo: "En mi mercado no han ofrecido ningún producto del extremo inferior, pero sí algunos muy interesantes en el extremo superior. Realmente, tenemos que invertir eso". Otro colega contó una historia distinta: "A mí no me han quitado ningún negocio, pero me acaban de hacer una gran oferta: suministrarme componentes". En cada país, el competidor japonés había encontrado un ladrillo suelto distinto.

---

[3]Por ejemplo, véase a Michael E. Porter, *Competitive Strategy* (Nueva York: Free Press, 1980).

La búsqueda de ladrillos sueltos empieza con un análisis cuidadoso de los convencionalismos del competidor: ¿Cómo define la compañía el "mercado servido"? ¿Qué actividades son las más rentables? ¿Qué mercados geográficos son demasiado difíciles de penetrar? El objetivo no es encontrar un rincón de la industria (o nicho) donde no entren los competidores grandes sino construir una base de ataque justamente fuera del territorio de mercado que ocupan en la actualidad los líderes de la industria. La meta es un santuario de utilidades no disputado, que podría ser un segmento particular de producto (el "extremo inferior" en motocicletas), una tajada de la cadena de valor (componentes en la industria de computadores), o un mercado geográfico particular (Europa Oriental).

Por ejemplo, cuando Honda enfrentó a los líderes de la industria de motocicletas, empezó con productos que estaban justamente fuera de la definición convencional del dominio producto-mercado de los líderes. Así pudo construir una base de operaciones en territorio mal defendido y luego utilizarla para lanzar desde allí un ataque a fondo. Lo que muchos competidores no vieron fue la intención estratégica de Honda y su creciente competencia en motores y trenes de motor. Sin embargo, mientras Honda vendía en los Estados Unidos motocicletas de 50cc ya estaban corriendo motos más grandes en Europa — reuniendo las técnicas de diseño y tecnología que iba a necesitar para una expansión sistemática sobre todo el espectro de negocios relacionados con motores.

El progreso de Honda al crear una competencia básica en motores debiera haber alertado a los competidores acerca de que ella podría entrar en una serie de industrias en apariencia no relacionadas — automóviles, podadoras de césped, motores marinos, generadores. Pero como cada compañía estaba preocupada por su propio mercado, la amenaza de diversificación horizontal de Honda pasó inadvertida. Hoy compañías como Matsushita y Toshiba están igualmente a punto de moverse en formas inesperadas a través de fronteras industriales. Al proteger los ladrillos sueltos, las compañías tienen que extender su visión periférica haciendo seguimiento y anticipándose a la migración global de competidores a través de segmentos de producto, negocios, mercados nacionales, etapas de valor agregado y canales de distribución.

Cambiar las condiciones del compromiso — negarse a aceptar la definición de fronteras de la industria y de segmento hecha por los líderes — representa una tercera forma de innovación competitiva. El ingreso de Canon en el negocio de copiadoras ilustra este enfoque.

Durante el decenio de los 70, tanto Kodak como IBM trataron de igualar el sistema mercantil de Xerox en cuanto a segmentación, productos, distribución, servicio y precios. En consecuencia, a Xerox no le costó ningún trabajo descifrar las intenciones de los nuevos entrantes y desarrollar las contramedidas del caso. Por último, IBM se retiró del negocio de copiadoras, y Kodak sigue ocupando un puesto lejano de segunda en el mercado de copiadoras grandes, que Xerox todavía domina.

Por otra parte, Canon cambió los términos del compromiso competitivo. Xerox construía una amplia gama de copiadoras, mientras que Canon estandarizó máquinas y componentes para reducir costos, y eligió distribuir por conducto de comerciantes en productos para oficina más bien que tratar de igualar la inmensa fuerza de ventas directas de Xerox. También evitó la necesidad de crear una red nacional de servicio diseñando sus productos con confiabilidad y servicio incorporados, y luego delegando la responsabilidad de servicio en los comerciantes. Canon prefería vender las copiadoras en lugar de arrendarlas, con lo cual se libró de la carga de financiar la base de arrendamiento. Por último, en lugar de venderles a los jefes de departamentos corporativos de duplicación, Canon se dirigió a las secretarias y los gerentes de departamento que querían que la función de copia se distribuyera. En cada etapa, Canon hábilmente sorteó una barrera potencial al ingreso.

La experiencia de Canon indica que hay una distinción importante entre las barreras de entrada y las barreras a la imitación. Los competidores que trataron de igualar el sistema mercantil de Xerox tuvieron que pagar los mismos costos de entrada — las barreras a la imitación eran altas. Pero Canon redujo espectacularmente las barreras de ingreso cambiando las reglas del juego.

Este cambio de las reglas produjo también el efecto de atarle las manos a Xerox para que no pudiera reaccionar rápidamente contra su nueva rival. Viéndose en la necesidad de repensar su estrategia mercantil y su organización, Xerox quedó paralizada durante un tiempo. Sus gerentes se dieron cuenta de que cuanto más rápidamente redujeran la línea de productos, desarrollaran nuevos canales y mejoraran la confiabilidad, tanto más pronto erosionarían la base tradicional de utilidades de la compañía. Los factores que se podrían haber visto como críticos para el éxito — su fuerza vendedora y su red de servicios nacionales, su amplísima base instalada de máquinas arrendadas y su dependencia de ingresos por servicio — se convirtieron en obstáculos para un contraataque. En este sentido, la innovación competitiva es como el judo: la meta es aprovechar el mismo peso de un competidor grande en su contra. Y esto no se logra igualando las capacidades del líder sino desarrollando uno capacidades opuestas.

La innovación competitiva actúa sobre la premisa de que un competidor próspero probablemente está casado con una "fórmula" del éxito. Por eso el arma más eficaz que tienen los competidores nuevos es una hoja de papel en blanco, y la mayor vulnerabilidad de los viejos es su confianza en la práctica aceptada.

A veces es posible ganar sin pelear, adquiriendo los derechos y contratando por fuera. Por ejemplo, las alianzas de Fujitsu en Europa con Siemens y STC (la mayor fabricante de computadores en Inglaterra) y con Amdahl en los Estados Unidos, le proporcionan volumen de manufactura y acceso a los mercados del Occidente. En los primeros años 80, Matsushita celebró contratos de asociación con Thorn en el Reino Unido, Telefunken en Alemania y Thomson en Francia, que le permitieron multiplicar rápidamente las fuerzas desplegadas contra Philips en la lucha por el liderazgo en el negocio europeo de videograbadoras. En su lucha por el poder contra rivales globales más grandes, las compañías japonesas han adoptado una máxima tan vieja como el propio conflicto humano: El enemigo de mi enemigo es mi amigo.

Descarrilar los esfuerzos de desarrollo de rivales potenciales es otra meta de la colaboración competitiva. En la guerra de productos electrónicos de consumo, los competidores japoneses atacaron negocios tradicionales como los de televisores y equipos de alta fidelidad, ofreciéndose voluntariamente a fabricar para sus rivales del Occidente productos "de la siguiente generación", como videograbadoras, camcorders y equipos de sonido para discos compactos. Así esperaban que esos rivales redujeron sus gastos de desarrollo, y, en la mayoría de los casos eso fue exactamente lo que ocurrió. Pero las compañías que abandonaron sus propios esfuerzos de desarrollo rara vez volvieron a surgir como competidores serios en las luchas posteriores de nuevos productos.

La colaboración también se puede aprovechar para calibrar los puntos fuertes y los puntos débiles de los competidores. Los contratos de riesgo conjunto de Toyota con GM y de Mazda con Ford les dieron a estos fabricantes de automóviles una posición envidiable para evaluar el progreso que sus rivales estadounidenses han realizado en reducción de costos, en calidad y en tecnología. También han podido aprender cómo compiten GM y Ford — cuándo pelean y cuándo no. Por supuesto que lo contrario también es cierto: Ford y GM tienen una oportunidad igual de aprender de sus socios-competidores.

La ruta de revitalización competitiva que hemos venido trazando supone una nueva estrategia. A la larga, la intención estratégica asegura la coherencia en la asignación de recursos. Los retos corporativos claramente expresados concentran los esfuerzos de los individuos en el mediano plazo. Por último, la innovación competitiva ayuda a reducir el riesgo a corto plazo. La coherencia en el largo plazo, la concentración en el mediano plazo y la inventiva y la participación en el corto plazo dan la clave para producir un efecto multiplicador en recursos limitados cuando se intenta lograr metas ambiciosas. Pero así como hay un proceso de ganar, hay también un proceso de rendirse. Para la revitalización se requiere que este proceso también se entienda.

Considerando su liderazgo tecnológico y su acceso a extensos mercados regionales, ¿cómo se explica que los Estados Unidos y los países europeos hayan perdido su aparente derecho de primogenitura de dominar las industrias globales? La respuesta no es sencilla. Pocas compañías reconocen el valor de documentar los fracasos, y, menos aún, examinan sus propias ortodoxias gerenciales en busca de las semillas de su rendición en la competencia; pero nosotros creemos que hay una patología de la derrota que da algunas pistas importantes.

No es muy reconfortante pensar que la esencia del pensamiento estratégico occidental se puede reducir a ocho reglas de excelencia, siete eses, cinco fuerzas competitivas, cuatro etapas de ciclo de vida del producto, tres estrategias genéricas e innumerables matrices de dos por dos.[4] Sin embargo, durante los últimos veinte años,

---

[4]En la obra de Charles W. Hofer y Dan E. Schendel, *Strategy Formulation: Analytical Concepts* (St. Paul, Minn., West Publishing, 1978) se hace un resumen de marcos de referencia estratégicos para la asignación de recursos en compañías diversificadas.

los "avances" en estrategia han tomado cada vez más la forma de tipologías, heurística y listas de comprobación, a menudo con dudosas bases empíricas. Además, hasta conceptos razonables como ciclo de vida del producto, curva de experiencia, carteras de productos y estrategias genéricas muchas veces tienen efectos secundarios tóxicos: reducen el número de opciones estratégicas que la gerencia está dispuesta a considerar, crean preferencia por vender negocios más bien que defenderlos y producen estrategias previsibles que los rivales descifran con facilidad.

Las "fórmulas" estratégicas limitan las oportunidades de innovación competitiva. Una compañía puede tener cuarenta negocios y sólo cuatro estrategias: invertir, conservar, cosechar o desposeerse. Muchas veces la estrategia se ve como un ejercicio de posicionamiento en que las opciones se prueban por su ajuste a la estructura existente de la industria. Pero esa estructura refleja los puntos fuertes del líder de la industria; y jugar siguiendo las reglas del líder suele ser un suicidio en la competencia.

Armados con conceptos como segmentación, cadena de valor, puntos de referencia, grupos estratégicos y barreras a la movilidad, muchos gerentes se perfeccionaron en trazar mapas de la industria. Pero mientras se ocupaban en ello, sus competidores estaban moviendo continentes enteros. La meta del estratega no es encontrar un nicho en el espacio actual de la industria sino crear un nuevo espacio que se ajuste singularmente bien a las capacidades de la compañía, un espacio que esté fuera del mapa.

Esto es especialmente cierto ahora que las fronteras entre las industrias se están volviendo cada vez más inestables. En industrias tales como servicios financieros y comunicaciones, los rápidos cambios en tecnología, la desreglamentación y la globalización han minado el valor de los análisis industriales tradicionales. La habilidad de trazar mapas tiene poca utilidad en el epicentro de un terremoto. Pero una industria en conmoción les brinda oportunidades a las compañías de aspiraciones para que corrijan el mapa en su favor, siempre que puedan pensar por fuera de las fronteras tradicionales de la industria.

Conceptos tales como "maduro" o "decadente" dependen en gran parte de la forma en que se definan. Lo que la mayoría de los ejecutivos entienden por un negocio maduro es que el crecimiento de ventas se ha estancado en sus actuales mercados geográficos para productos existentes vendidos por conducto de canales existentes. En tales casos, no es la industria la que está madura sino el concepto que los ejecutivos tienen de la industria. Un alto ejecutivo de Yamaha, cuando se le preguntó si el negocio de pianos estaba maduro, contestó: "Sólo si no podemos quitarle a nadie participación de mercado en ninguna parte del mundo y todavía ganar dinero. Y, de todas maneras, nosotros no estamos en el negocio de *pianos* sino en el negocio de *teclados*". Sony ha revitalizado, año tras año, sus negocios de radios y grabadoras de cinta, a pesar de que otros fabricantes abandonaron hace tiempo esos negocios como maduros.

Un concepto estrecho de madurez puede cerrarle a una compañía una amplia corriente de oportunidades futuras. En los años 70, muchas compañías de los Estados Unidos pensaron que los productos electrónicos de consumo se habían vuelto una industria madura. ¿Qué podría superar a la TV en colores? se preguntaron. RCA y GE, distraídas por oportunidades más "atractivas", como computadores grandes, les dejaron a los japoneses prácticamente el monopolio de videograbadoras, camcorders y equipos de sonido para discos compactos. Por ironía, el negocio de TV que en un tiempo se creyó maduro, está en vísperas de un renacimiento espectacular, y cuando se lance la televisión de alta definición en los Estados Unidos, se creará un negocio de 20 000 millones de dólares cada año. Pero los pioneros de la televisión tal vez no capten sino una pequeña parte de esta bonanza.

La mayoría de las herramientas del análisis estratégico se concentran en el mercado doméstico. Pocas obligan a los gerentes a considerar oportunidades y amenazas globales. Por ejemplo, la planificación de cartera le presenta las opciones de inversión a la alta administración como una serie de negocios más bien que como una serie de mercados geográficos. El resultado es previsible: Cuando los negocios son atacados por competidores extranjeros, la compañía trata de abandonarlos y emprender otros en que las fuerzas de la competencia global no sean todavía tan fuertes. A corto plazo, ésta puede ser una reacción apropiada si se está perdiendo la competitividad, pero cada vez son menos los negocios en que pueda hallar refugio una compañía de orientación local. Rara vez oímos a esas compañías preguntar: ¿Podemos lanzarnos a nuevos mercados en el exterior antes que nuestros rivales globales y prolongar la rentabilidad de este negocio? ¿Podemos contraatacar en el mercado doméstico de nuestros competidores globales y retardar su expansión? Un alto ejecutivo de una próspera compañía global hizo un comentario muy significativo: "Nos complace encontrar un competidor que administre por el concepto de cartera — casi podemos predecir cuánta participación necesitamos quitarle para colocar el negocio en la lista *para la venta* del director ejecutivo".

También pueden las compañías estar demasiado comprometidas con determinadas fórmulas organizacionales, como, por ejemplo, las unidades estratégicas de negocio y la descentralización que implica una estructura de UEN. La descentralización seduce porque les atribuye la responsabilidad del buen éxito o del fracaso directamente a los gerentes de línea. Se supone que cada negocio dispone de los recursos que necesita para ejecutar felizmente sus estrategias, y en este ambiente en que no se admiten excusas, es difícil que la alta administración fracase. Pero, por deseables que sean las líneas claras de responsabilidad, para la revitalización competitiva, se requiere valor agregado positivo de la alta administración.

Pocas compañías de fuerte orientación a las UENs han establecido una buena distribución global y posiciones de marcas. Característicamente, las inversiones para crear una marca global son superiores a los recursos y a la propensión al riesgo de un solo negocio. Con todo, en los últimos tiempos las empresas japonesas han creado más de veinte — entre otras, NEC, Fujitsu, Panasonic (Matsushita), Toshiba, Sony, Seiko, Epson, Canon, Minolta y Honda.

La situación de General Electric es característica. En muchos de sus negocios, este gigante americano es casi desconocido en Europa y en Asia. No hizo esfuerzos coordinados para crear una imagen de marca corporativa global. Cualquier negocio suyo que tuviera ambiciones internacionales tenía que sobrellevar él solo la carga de establecer su prestigio y sus credenciales en el nuevo mercado. Por eso algunos negocios de GE que eran fuertes prefirieron hurtar el cuerpo a la difícil tarea de crear una posición de marca global. En cambio, compañías coreanas más pequeñas como Samsung, Daewoo y Lucky Gold Star se ocupan en crear paraguas de marca global que facilitarán la entrada en el mercado de toda una serie de negocios. En el fondo, el principio es sencillo: las economías de alcance pueden ser tan importantes como las economías de escala para entrar en los mercados globales. Pero para realizar economías de alcance se impone una coordinación entre negocios, y ésta puede proporcionarla solamente la alta administración.

Nosotros creemos que las organizaciones inflexibles tipo UEN han contribuido también a anular las técnicas de algunas compañías. Para una unidad estratégica de negocio que no puede sostener la inversión en una competencia básica, como, por ejemplo, semiconductores, medios ópticos o motores de combustión interna, la única manera de permanecer competitiva es comprarles componentes claves a sus potenciales competidores (a menudo japoneses o coreanos). Para una UEN definida en función de producto-mercado, competitividad significa ofrecer un producto final que sea competitivo en precio y en rendimiento. Pero esto le da al gerente de la UEN poco incentivo para distinguir entre el hecho de contratar por fuera, con lo cual se logra "competitividad incorporada en el producto", y el desarrollo interno, que proporciona capacidades organizacionales profundamente arraigadas que se pueden explotar en múltiples negocios. Donde las actividades de manufactura de primeros componentes se ven como centros de costos con fijación de precios de transferencia al costo más margen, la inversión adicional en la actividad central puede parecer un uso del capital menos rentable que la inversión en actividades de últimos procesos. Para colmo de males, la contabilidad interna tal vez no refleje el valor competitivo de conservar el control de la competencia básica.

Una imagen compartida de marca global y una capacidad básica compartida actúan conjuntamente como mortero en muchas compañías japonesas. Sin este mortero, los negocios de una compañía son en verdad ladrillos sueltos que pueden ser desalojados fácilmente por competidores globales que invierten continuamente en capacidades básicas. Esos competidores reducen a las compañías de orientación doméstica a depender de ellos como proveedores a largo plazo y capturan las economías de alcance de la inversión en marcas globales por medio de coordinación entre los diversos negocios.

El último en la lista de los peligros de la descentralización es la norma de desempeño gerencial que generalmente se usa en la organización de UENs. En muchas compañías, se recompensa a los gerentes de unidad exclusivamente a base de su desempeño en cuanto a metas de rendimiento sobre la inversión. Infortunadamente, esto suele llevar a la administración "por denominador" porque los ejecutivos descubren muy pronto que las reducciones en inversión y en personal — el denominador — "mejoran" los índices financieros por los cuales son evaluados, más fácilmente que el crecimiento del numerador — los ingresos. Ello también fomenta una sensibilidad exagerada a las bajas de la industria, que puede ser muy costosa. Los gerentes que se apresuran a reducir la inversión y a despachar trabajadores encuentran que se gasta mucho más tiempo en recuperar las pericias perdidas y en volver a ponerse al día en inversión cuando la industria se vuelve a recuperar. Como consecuencia de esto, pierden participación de mercado en todos los ciclos del negocio. Particularmente en industrias en que hay una feroz competencia por los mejores empleados y en que los competidores invierten constantemente, la administración por denominador crea un mecanismo de contracción.

El concepto de que el gerente general es una ficha que se puede mover de un puesto a otro agrava el problema de la gerencia por denominador. Las facultades de negocios tienen la culpa porque han perpetuado la idea de que un gerente con cálculos de valor neto presente en una mano y planificación de cartera en la otra puede manejar cualquier negocio en cualquier parte.

En muchas compañías diversificadas, la alta administración evalúa a los gerentes de línea por números únicamente porque no existe ninguna otra base para el diálogo. Los gerentes se trasladan tantas veces como parte del desarrollo de su carrera que a menudo no entienden las sutilezas de los negocios que están manejando. En GE, por ejemplo, un gerente muy boyante que estaba al frente de una importante empresa nueva había sido trasladado cinco veces de un negocio a otro en cinco años. Su serie de rápidos éxitos tocó a su fin cuando se vio frente a un competidor japonés cuyos gerentes habían venido trabajando pacientemente en el mismo negocio durante más de diez años.

Cualquiera que sea la habilidad o el esfuerzo de los gerentes boyantes, no es probable que ellos desarrollen el profundo conocimiento del negocio que necesitan para discutir a fondo opciones tecnológicas, estrategias de los competidores y oportunidades globales. Por tanto, las discusiones gravitan, invariablemente, en torno a "los números", mientras que el valor agregado por los gerentes se limita a su habilidad financiera y de planificación que llevan de un empleo a otro. El conocimiento de los sistemas internos de planificación y contabilidad de la compañía reemplaza al conocimiento sustantivo del negocio, lo cual hace improbable la innovación competitiva.

Cuando los gerentes saben que su empleo es por dos o tres años, sienten una gran presión para crear rápidamente un buen historial de realizaciones. Esta presión toma una de dos formas: o bien el gerente no se compromete con metas cuyo límite de tiempo sea superior a la duración esperada de su empleo, o bien se adoptan metas ambiciosas y se fuerzan dentro de un marco de tiempo demasiado corto e irreal. Tratar de ser el número uno en un negocio es la esencia del propósito estratégico; pero imponer un horizonte de tres o de cuatro años en el esfuerzo es simplemente buscar el desastre. Se hacen adquisiciones con poca atención a los problemas de integración, la organización se recarga de iniciativas y se forman asociaciones de colaboración sin prestar atención adecuada a las consecuencias competitivas.

Casi todas las teorías de administración estratégica y sistemas de planificación corporativa se basan en una jerarquía estratégica en la cual las metas corporativas guían a las estrategias de las unidades de negocio, y las estrategias de las unidades de negocio guían a la táctica funcional.[5] En esta jerarquía la alta administración formula la estrategia, y los niveles inferiores la ejecutan. La dicotomía entre formulación y ejecución es familiar y ampliamente aceptada. Pero la jerarquía estratégica también mina la competitividad porque fomenta una visión elitista de la administración que tiende a privar de libertad a la mayor parte de la organización. Los empleados no se identifican con las metas corporativas o no trabajan seriamente por volverse más competitivos.

Desde luego la jerarquía estratégica no es la única explicación de un punto de vista elitista de la administración. Éste lo han perpetuado los mitos que se han formado en torno a los grandes gerentes, como aquello de que "Lee Iacocca salvó a Chrysler", "De Benedetti rescató a Olivetti", "John Sculley revitalizó a Apple". Al mismo fin contribuye el ambiente turbulento de los negocios. Los gerentes de nivel medio, golpeados por circunstancias que parecen estar fuera de su control, desean desesperadamente creer que la alta administración tiene todas las respuestas. Y la alta administración,

---

[5]Por ejemplo, véase la obra de Peter Lorange y Richard F. Vancil, *Strategic Planning Systems* (Englewood Cliffs, N.J.: Prentice-Hall, 1977).

a la vez, vacila en admitir que no las tiene porque teme desmoralizar a los empleados de niveles inferiores.

El resultado de todo esto es un código de silencio en el cual el alcance completo del problema de competitividad de una compañía no es ampliamente compartido. Por ejemplo, en una compañía entrevistamos a los gerentes de unidades de negocio que estaban muy angustiados porque la alta administración no hablaba abiertamente sobre los retos competitivos que la empresa estaba afrontando. Ellos daban por sentado que la falta de comunicación era indicio de que los altos administradores no se daban cuenta; Pero cuando les preguntamos a los altos administradores que si ellos eran abiertos con sus subalternos, contestaron que ellos podían hacer frente a los problemas, pero que la gente de niveles inferiores no podía. En realidad, la única ocasión en que la fuerza laboral oía hablar de los problemas competitivos de la compañía era durante las negociaciones sobre sueldos, cuando el problema se aducía para obtener concesiones.

Por desgracia, una amenaza que todo el mundo percibe pero de la cual nadie habla, crea más angustia que una amenaza que ha sido claramente identificada y que es el punto focal de los esfuerzos de solución de problemas para toda la compañía. Ésta es una razón de que la honestidad y la alta humildad de la alta administración sean quizá el primer requisito de la revitalización. Otra razón es la necesidad de hacer que la participación sea algo más que una vana palabra.

Programas como los círculos de calidad y el servicio total al cliente muchas veces no dan la medida de las expectativas de los clientes porque la administración no reconoce que para una feliz ejecución se requiere algo más que estructuras administrativas. Las dificultades para arraigar nuevas capacidades se atribuyen a problemas de "comunicación", con el supuesto implícito de que el nuevo programa arraigaría pronto si solamente la comunicación hacia abajo fuera más eficaz — "si tan sólo la administración media recibiera el mensaje correcto". La necesidad de comunicación hacia arriba no se tiene en cuenta, o se supone que no significa más que retroinformación. Las compañías japonesas, por el contrario, ganan, no porque tengan gerentes más inteligentes sino porque han desarrollado maneras de aprovechar "la sabiduría del hormiguero". Se dan cuenta de que los altos administradores son un poco como los astronautas que giran alrededor de la Tierra en el transbordador espacial; los astronautas son los que se llevan toda la gloria, pero todo el mundo sabe que la verdadera inteligencia que dirige la misión está firmemente plantada en la Tierra.

Cuando la formulación de estrategia es una actividad elitista, es también difícil producir estrategias verdaderamente creativas. Por una parte, no hay suficientes cabezas y puntos de vista en los departamentos divisionales y corporativos de planificación para desafiar las creencias convencionales. Por otra parte, las estrategias creativas rara vez surgen del ritual de planificación anual. El punto de partida para la estrategia del próximo año es casi siempre la estrategia de este año. Las mejoras son incrementales. La compañía se aferra a los segmentos y territorios que conoce, aun cuando las verdaderas oportunidades estén en otra parte. El ímpetu para el ingreso de Canon en el negocio de copiadoras personales provino de una filial de ventas en el extranjero — no de los planificadores en el Japón.

La meta de la jerarquía estratégica sigue siendo válida: asegurar coherencia hacia arriba y hacia abajo en la organización. Pero esta coherencia se deriva mejor de una intención estratégica claramente expuesta que de planes inflexibles aplicados desde arriba. En el decenio de los 90, el reto es facultar a los empleados para inventar las maneras de lograr objetivos ambiciosos.

Rara vez encontramos gerentes cautelosos en la alta administración de compañías que llegaron de atrás a disputarles a las más adelantadas el liderazgo global. Pero estudiando las organizaciones que se han dado por vencidas, invariablemente encontramos altos gerentes que por una u otra razón carecían del valor de comprometer a sus compañías con metas heroicas — metas que estaban mucho más allá del alcance de la planificación o de los recursos actuales. Las metas conservadoras que fijaron no eran suficientes para generar presión y entusiasmo para la innovación competitiva ni para darle a la organización una guía útil. Las metas financieras y las declaraciones de misión vagas sencillamente no pueden ofrecer la dirección constante que es requisito previo para ganar una guerra competitiva global.

A los mercados financieros se achaca generalmente esta clave de conservatismo. Pero nosotros creemos que, en la mayoría de los casos, la llamada orientación a corto plazo de los inversionistas refleja sencillamente su falta de confianza en la capacidad de los altos administradores para concebir y alcanzar metas difíciles. El presidente de la junta directiva de una compañía se quejaba amargamente de que aun después de mejorar el rendimiento sobre el capital empleado a más del 40% (abandonando sin piedad negocios poco productivos y reduciendo otros), la bolsa de valores mantenía a su compañía en una relación precio/utilidades de 8:1. Por supuesto, el mensaje de la bolsa era claro: "No confiamos en ustedes. Ustedes no han mostrado capacidad para alcanzar crecimiento remunerativo. Pónganse al día, manejen bien los denominadores, y tal vez los comprará una compañía que pueda utilizar los recursos de ustedes en forma más creativa". Muy poco de la historia de las grandes compañías del Occidente justifica la confianza del mercado de valores. Los inversionistas no están inevitablemente orientados al corto plazo; son escépticos, y no les falta razón.

Nosotros creemos que la cautela de la alta administración refleja falta de confianza en su propia capacidad para comprometer a toda la organización en revitalización — a diferencia de simplemente elevar las metas financieras. Desarrollar confianza en la capacidad de la organización para cumplir metas difíciles, motivándola para ello, concentrando su atención el tiempo suficiente para interiorizar nuevas capacidades — éste es el verdadero reto para la alta administración. Sólo planteando este reto ganan los altos administradores el valor que necesitan para comprometerse y comprometer a su compañía con el liderazgo global.

Copyright © 1989; revisado en 1991.

— TEMAS DE DISCUSIÓN

1. ¿Cambia demasiado rápidamente el ambiente mercantil para que la mayoría de las compañías realicen su propósito estratégico?
2. ¿Cuál es la relación entre la planificación estratégica y el propósito estratégico?
3. ¿El concepto de propósito estratégico es igualmente aplicable a todas las firmas, o hay algunas compañías demasiado pequeñas o demasiado estrechamente enfocadas para beneficiarse de él?

TERCERA PARTE

CONSTRUCCIÓN DE LA ORGANIZACIÓN

Creación de una organización vigorosa

6

ANDRALL E. PEARSON

Uno de los retos más difíciles que se le presentan a un gerente general es la responsabilidad de contratar y desarrollar individuos sobresalientes. Los empleados de gran rendimiento son la clave del éxito de una organización. Sin embargo, muchos gerentes generales vacilan en tomar las medidas audaces que se requieren para alcanzar esto. Andrall Pearson, presidente que fue de PepsiCo, ofrece algunas sugerencias realistas y severas para fortalecer la calidad gerencial de una organización. El gerente general tiene que estar dispuesto a contratar únicamente a los mejores, desarrollarlos y crear un núcleo de personas de talento de quienes echar mano. El gerente general también tiene que fijar altas normas, medir constantemente a las personas a la luz de ellas, y reemplazar a las que no den la medida de dichas normas. En suma, el gerente general tiene que estar dispuesto a arriesgarse a producir una conmoción organizacional. A la larga, dice Pearson, tal conmoción ayuda a convertir a una buena compañía en una gran compañía.

La mayoría de los gerentes saben que tienen que hacer más para crear la organización superior que todos quieren. Sin embargo, tal vez no sepan lo que están haciendo otros gerentes de más éxito —o cómo hacerlo ellos mismos. Y mientras que casi todos convendrían en que el éxito de su negocio depende de la calidad de su personal, muy pocos ejecutivos están dispuestos a adoptar el método rudo y audaz de manejar a la gente que es necesario para producir una organización dinámica.

La dura verdad es que sólo con un método audaz se logran rápidamente resultados definitivos. Pero esto tiene sus costos. Por lo menos inicialmente, los gerentes tienen que estar dispuestos a sacrificar la continuidad por una conmoción completa. Sin embargo, la mayoría de las mejores compañías pasaron por esa experiencia, que es lo que las ha transformado en organizaciones sobresalientes. Y una vez que ha ocurrido la transformación, las cosas pueden estabilizarse sin pérdida de impulso.

En mis quince años con PepsiCo y veinte años de consultoría para otras corporaciones, he visto que los "ganadores" — IBM, Hewlett-Packard, Marriott, Avery International, entre otras — recalcan el desarrollo de las personas como la manera de crear una organización vigorosa. Subrayando la identificación y el cultivo de talento a todos los niveles, esas compañías crean al fin una gran diferencia entre ellas y sus competidores. También retienen a la mayoría de sus mejores gerentes, pese a que otras compañías tratan activamente de quitárselos.

Si usted cree que lo está haciendo muy bien manejando a las personas, aléjese un poco y hágase las siguientes preguntas; ellas indican sólidamente si el desarrollo de las personas es la prioridad diaria número uno en su compañía:

¿Mantiene usted normas constantes exigentes para todo el mundo en su compañía, o tolera a un gerente de división mediocre, a una fuerza vendedora dispareja, a una cabeza funcional departamental débil?

¿Cuáles son sus normas para contratar? ¿Está trayendo gente que pueda mejorar significativamente la calidad de su compañía, o simplemente está llenando vacíos? ¿Está dispuesto a dejar abierta una vacante hasta que encuentre a un candidato sobresaliente — durante meses si es necesario?

¿Está contratando suficientes personas? ¿Tiene su organización suficiente profundidad — un banco de talento del cual echar mano, o a veces asciende a personas que sabe que nunca van a producir resultados notables?

¿Es eficiente cada área de su compañía para identificar a gerentes de alto potencial y desarrollarlos rápidamente? ¿Se rotan cuidadosamente las personas que prometen, para ponerlas en contacto con diferentes problemas y funciones?

¿Sabe usted específicamente dónde están los mayores problemas de rendimiento en su organización? ¿Está tomando medidas para resolverlos o está haciendo la vista gorda?

¿Hace usted un progreso mensurable todos los años en la calidad del grupo de alta administración y en las personas que dirigen cada área funcional? ¿Está usted generando ejecutivos y sustitutos claramente de mejor calidad — no simplemente personas cuyos jefes dicen que son mejores gerentes?

Como lo indican los anteriores interrogantes, los enfoques tradicionales del desarrollo de las personas — como ascensos desde adentro basados principalmente en tenencia del oficio — ya no son suficientes. Una compañía que utilice la experiencia como su criterio primario para ascensos está fomentando el endurecimiento de las arterias organizacionales — especialmente si esa experiencia se ha obtenido en un ambiente poco exigente. Hoy los negocios necesitan gerentes mejores, más inteligentes, con un repertorio más amplio de habilidades, un repertorio que no es posible dominar subiendo por los peldaños de una escala profesional unidimensional. Las fusiones y las adquisiciones, la nueva tecnología, las presiones de precios y la explosión informática exigen un equipo administrativo más fuerte y más entendido, personas capaces de innovar y ganar en un futuro incierto.

Es irónico que a medida que aumenta la necesidad de gerentes más capaces, la reserva de talentos se ha contraído. Más líderes potenciales del futuro mundo de los negocios están eligiendo las industrias de servicios — Wall Street, consultoría y compañías empresariales más pequeñas — en lugar de entrar en las grandes empresas manufactureras.

Todas estas tendencias piden la regeneración de la organización: fortalecer al grupo administrativo de su compañía desde arriba hasta abajo y atraer líderes preparados mediante nuevas técnicas — en realidad, vigorizar la compañía. Yo creo que, para la mayor parte de las compañías, este enfoque decidido es la única manera de hacer que un negocio realice su potencial.

Para crear una organización vigorosa se requieren cinco pasos distintos pero relacionados entre sí:

1. Fijar altas normas de rendimiento para todos ... *y elevarlas constantemente.* Reconocer que el rendimiento siempre se puede mejorar, y cultivar un espíritu de insatisfacción constructiva con el rendimiento actual entre todos los ejecutivos y gerentes.
2. Desarrollar a los gerentes mediante nuevos cargos y rotación de oficios; mantener a todo el mundo aprendiendo. No permitir que personas de alto potencial permanezcan demasiado tiempo en la misma posición o en la misma área funcional.
3. Ajustar todas las facetas del ambiente de trabajo — cultura corporativa, estructura organizacional, políticas — para facilitar

y recompensar el desarrollo gerencial, en lugar de obstaculizar el esfuerzo regenerativo (como hacen muchos sistemas formales).
4. Infundir nuevo talento a todos los niveles de la compañía. Traer gerentes veteranos para que resuelvan problemas organizacionales, para que sirvan de sustitutos en la sucesión gerencial, y para que dirijan mediante el ejemplo.
5. Utilizar al departamento de personal como un agente activo de cambio. Hacer que los ejecutivos de personal sean socios en el proceso de regeneración. Esperar de ellos tanto como de otros altos administradores.

Echemos un vistazo más detallado a cada uno de estos pasos:

ELEVAR CONTINUAMENTE LAS NORMAS

El meollo de todo proceso de regeneración administrativa es el establecimiento de altas normas de rendimiento para toda la compañía. Esta responsabilidad corresponde al más alto administrador — el director ejecutivo o el gerente general de división, según la compañía. Si uno es un alto administrador y delega esta labor, la impresión que transmite es que el desarrollo gerencial no es tan importante, y cada gerente fijará normas distintas.

Elevar las metas de rendimiento implica analizar la situación actual de la compañía (dónde está hoy en comparación con dónde quiere estar), establecer las más altas expectativas (maneras de salvar la brecha), convencer a todo el equipo administrativo de la necesidad del proceso regenerativo, y desarrollar un plan de acción.

El paso número uno es el análisis de situación — examinar todas las posiciones importantes en la compañía y preguntar: ¿Qué espero de este trabajo? ¿Cómo puede esta posición mover nuestro negocio hacia adelante? ¿Cuánto se acerca el empleado actual a este ideal? En otras palabras, se estará juzgando a las personas a la luz de la misión y las prioridades de la compañía. Este interrogatorio indicará dónde están los eslabones débiles de la organización y le dará a uno una buena idea de cuáles ejecutivos ya tienen altas normas y cuáles son los más hábiles para preparar a otras personas.

La manera de empezar es sentarse con sus altos ejecutivos — gerentes de división y líderes claves de personal ejecutivo — y pedirles a estos revisores que evalúen a todos sus subalternos. También se les debe preguntar cómo pueden ellos mejorar *su propio* rendimiento.

Algunas de las cuestiones que se deben explorar son:

¿Quiénes son los que más rinden y cómo podemos volverlos mejores aún? ¿Cómo podemos hacer que den aun más de sí y acelerar su crecimiento profesional?

¿Qué altos gerentes y jefes de departamento toleran rendimiento marginal? ¿Quiénes no hacen suficiente hincapié en el desarrollo de su gente?

¿Dónde están nuestros mayores problemas de rendimiento y qué vamos a hacer al respecto? (No es posible crear una organización vigorosa a menos que uno esté dispuesto a reemplazar a los que dan un rendimiento marginal.)

¿Qué grupos de gerentes (v. gr., gerentes de marketing o de operaciones) tienen la necesaria combinación de talentos y habilidades para alcanzar metas más ambiciosas? ¿Quiénes se pueden ascender en cada grupo y quiénes no?

Por ejemplo, a mí me interesaría saber específicamente qué hizo cada gerente este año para modificar los resultados de su unidad. Yo buscaría cosas mensurables, como formular o ejecutar una nueva estrategia competitiva, lanzar con éxito un nuevo producto, o rebajar rápidamente costos en una época de baja de los negocios. Me interesarían menos los planes que un gerente tenga para el futuro, o una lista de comprobación de programas de rutina que haya ejecutado, o características personales, como, por ejemplo, cuán inteligente es cada uno — todo lo cual es difícil de poner en relación con mejor rendimiento.

También me interesaría saber cómo se compara cada gerente con personas a quienes el revisor considera futuras estrellas. Por lo general, es más fácil comparar y clasificar a los subalternos que medir el rendimiento de una persona en el vacío. Comparando a las personas con las estrellas empieza uno a fijar normas y expectativas elevadas. Y si una unidad no tiene estrellas (o tiene pocas) también puede uno empezar a enriquecer allí la provisión de talentos.

Teniendo ya la medida del rendimiento actual y necesidades

de desarrollo de cada gerente, se puede echar un vistazo a su potencial ejecutivo. Una sola pregunta de hasta dónde puede avanzar cada persona (según el número de niveles de cargos) suele provocar una discusión activa y productiva, especialmente cuando a un gerente se le ha clasificado como de alto potencial y, sin embargo, ha permanecido en el mismo cargo durante cuatro o cinco años.

La pregunta se les debe repetir a los jefes de todos los departamentos importantes. Lo ideal es obtener información a fondo sobre personas que estén, por lo menos, en dos o tres niveles inferiores al de usted. Su intervención personal es la mejor manera de galvanizar a los altos administradores para la acción, para que se den cuenta de que usted está decidido a efectuar cambios importantes en la manera de operar la organización. Al poner en práctica un proceso de revitalización gerencial en PepsiCo, yo obtuve conocimiento de primera mano de los puntos fuertes y los puntos débiles de más de cien ejecutivos. Llevar a cabo este proceso, unidad por unidad y gerente por gerente, es sin duda un trabajo muy arduo, pero no hay manera fácil de establecer y poner en vigor normas exigentes de comportamiento y de concentrar la atención de todos en el desarrollo gerencial.

Debo agregar que este trabajo no sólo consume mucho tiempo sino que también está cargado de emotividad. Conduce a discusiones acaloradas, sobre todo al principio, cuando las normas son tal vez muy diferentes. Valerse de formas y sistemas muy minuciosos de evaluación del desempeño, como lo hacen la mayor parte de las empresas, es más fácil, pero esos sistemas son, por lo general, el triunfo de la forma sobre la sustancia — un ejercicio anual, del cual uno quiere salir lo más pronto posible. Lo que se necesita para mejorar el rendimiento es un método sencillo e informal, cara a cara. Uno tiene que estar dispuesto a entrar en discusiones francas y hasta penosas sobre los puntos débiles de cada gerente — y tiene que convencer a los demás de que usen de igual franqueza con sus propios subalternos.

Es probable que, al principio, usted encuentre que muchos ejecutivos no quieren o no pueden darle una evaluación útil del personal. Por ejemplo, un gerente general podría decir que en su división todo el mundo lo está haciendo bastante bien. Si esto ocurre, usted tiene que insistir y obligar al gerente a hacer distinciones — digamos, a identificar quién es el mejor empleado. También es útil pedirle al ejecutivo que clasifique a los gerentes en cuatro grupos, desde malos hasta superiores, y luego pedirle un plan específico para las personas de cada grupo. Concéntrese primero en el grupo más bajo. El gerente debe especificar a quiénes hay que reemplazar, a quiénes hay que destinar a otros puestos y cuándo hay que poner por obra tales decisiones.

Sacar a los empleados menos capaces fomenta un clima de mejora continua. Reemplazando a todos los que están en el cuartil más bajo, el tercer cuartil pasará a ser el nuevo grupo inferior, y el foco de los esfuerzos subsiguientes de mejoramiento.

La tendencia humana de evitar confrontaciones les permite a las compañías caer en la trampa de contentarse con lo existente y con un rendimiento inferior. Por el contrario, para regenerar a la organización es necesario que los gerentes tomen decisiones difíciles: despedir a algunas personas, degradar o postergar a otras y decirles a los empleados inhábiles en qué situación se encuentran. A nadie le gusta dar malas noticias, pero los buenos gerentes comprenden que a la larga, esto es crítico para el éxito de la compañía — particularmente si el jefe ejecutivo da personalmente el ejemplo.

Algunos gerentes podrían objetar que este escrutinio inexorable — y los inevitables despidos — desmoralizan a los empleados. Mi experiencia indica precisamente lo contrario: a los mejores empleados les gusta el reto de lograr metas cada vez más altas. Lo que sí los desmoraliza es un clima en que se tolere la mediocridad, pues entonces sí es posible que frenen sus iniciativas de trabajo para ponerse a tono con el paso que lleva la organización — o tal vez se van de la compañía.

Una vez que usted haya completado su análisis preliminar de situación, está preparado para formular las medidas específicas que tomará en el curso de los próximos nueve a doce meses para regenerar su organización. ¿Cuáles son sus metas para cada gerente clave y para cada departamento? ¿Cuáles son las consecuencias de esos planes para la contratación y la asignación de cargos? Este plan de acción dispone la escena para un ambiente más exigente y orientado a resultados, en el cual ocurra un progreso mensurable.

Según mi experiencia, concentrarse en un número limitado de resultados de gran impacto, llevar a cabo evaluaciones comparativas, y separar el rendimiento actual del potencial, producirá mejores efectos que concentrarse en características personales, hacer listas exhaustivas de administración por objetivos o usar formularios rigurosos.

El análisis, desde luego, no para aquí sino que debe convertirse en un proceso continuo, un interrogatorio diario. ¿Qué está funcionando bien? ¿En dónde podemos mejorar? Con el tiempo será posible, si se desea, suplementar las entrevistas cara a cara con encuestas para obtener este tipo de información.

CULTO DEL ÉXITO Y DEL POTENCIAL

El análisis de la situación es la piedra angular del esfuerzo de revitalización. Habiendo identificado el nivel de rendimiento de sus gerentes y sus divisiones, está uno en capacidad de determinar la mejor manera de desplegar a la gente. Si uno quiere crecer y mejorar rápidamente, hay que desarrollar rápidamente a las personas. Y el secreto es producir cargos exigentes, frescos, agotadores.

No hay para qué decir que en cada cargo importante es necesario poner a la persona mejor calificada para desempeñarlo (y hacer a un lado a los empleados de rendimiento marginal para que no estorben al nuevo talento). Quizá sea menos obvio el hecho de que es preciso mantener a todo gerente de alto potencial sometido a un reto permanente y aprendiendo continuamente. Asegúrese de que la gente de talento no permanezca en un mismo puesto demasiado tiempo. La mayor parte de las personas necesitan más o menos un año para dominar un nuevo empleo; después de cuatro años, suelen estar repitiendo lo mismo que ya habían hecho, y quizá se duerman en el oficio. En la mayor parte de las compañías, las personas trabajan durante años en una misma área ascendiendo de manera lenta y penosa por la escala profesional. Cuando ya llegan a las posiciones de la cumbre, a muchas se les ha acabado el vapor — se han convertido simplemente en lastre.

No basta con sólo cambiar de puesto a los funcionarios sobresalientes. No es deseable que una persona de talento simplemente repita la misma experiencia en una región distinta o a un nivel un poco más alto. Es necesario redondear la experiencia de los ejecutivos mediante nuevos cargos exigentes que les proporcionen un punto de vista comercial más amplio. Las posiciones enteramente distintas pueden lograr esto — por ejemplo, pasar a uno de operaciones domésticas a internacionales, poner a un gerente en una nueva área funcional, o dejar que un empleado sobresaliente organice una revitalización.

En PepsiCo no era nada raro convertir al jefe de finanzas de Frito-Lay en gerente general de Pepsi-Cola en el Canadá, o ascender al director ejecutivo de North American Van Lines a jefe de planificación corporativa, o poner a un buen vicepresidente práctico de marketing de Pepsi en operaciones de restaurante. Tratábamos de ver que todo presidente de división sirviera por lo menos en dos divisiones operativas y por lo menos en un cargo de staff (no simplemente en empleos de línea). También trasladábamos a nuestras divisiones mejor manejadas a gerentes de grandes posibilidades, a fin de minimizar las perturbaciones comerciales y de familiarizarlos con mejores ambientes de trabajo.

Las compañías grandes deben rotar a sus gerentes por diferentes divisiones tanto para ponerlos permanentemente a prueba como para que la organización prepare líderes futuros que entiendan sus muchos aspectos. Las compañías que tienen varias divisiones más pequeñas o un negocio internacional significativo, fácilmente pueden trasladar a los gerentes en esta forma. En estas empresas, los gerentes tienen muchas oportunidades de ser probados y aprender en situaciones autónomas con menor riesgo.

Lo mejor es tomar las decisiones sobre nuevos cargos una sola vez al año como parte de la revisión anual de rendimiento, y no en forma fragmentaria a lo largo del año. El hecho de tomar una serie de medidas a un mismo tiempo permite considerar las necesidades de toda la organización y repartir los talentos disponibles en la forma más productiva. Igualmente, cuando los nuevos destinos se barajan a la vez, la compañía tiene tiempo para asentarse y asimilar los cambios. En el mundo real, por supuesto, también se presentará la necesidad de tomar unas pocas decisiones fragmentarias, pero esto no invalida el método.

El propósito de estas reorganizaciones es obtener el máximo beneficio corporativo de todos sus gerentes en lugar de pedirle a cada unidad de negocio que haga lo que pueda con los recursos existentes. Sin duda, se corren algunos riesgos cuando se pasa por encima de los canales tradicionales de promoción. El hecho de trasladar a una persona a una división enteramente nueva no está exento de peligro: es posible que la nueva unidad se resienta de su intervención, o peor aún, que la persona fracase en el nuevo puesto.

Para prevenir resentimientos y resistencias, no le imponga su candidato a la gente de operaciones. Tenga especial cuidado cuando ponga en ejecución esta parte del proceso de regeneración y escoja candidatos que tengan las más altas probabilidades de éxito en la nueva división. Los gerentes de operaciones deben darse cuenta de que estas personas son empleados sobresalientes y no simplemente personas de las cuales otras áreas querían deshacerse. También debe conferírseles a los gerentes de operaciones el poder de veto sobre los candidatos, o darles varios nombres para escoger. Con el tiempo aceptarán y apoyarán este barajar de puestos cuando comprendan que les asignan a sus vacantes las personas mejor calificadas.

Si uno promueve a base de potencial y no sólo de experiencia, con seguridad cometerá algunas equivocaciones. La vía más segura es promover a alguien que ya esté en el departamento, más bien que a uno de fuera, con menos experiencia en la función; pero nunca se sacudirá la empresa lo suficiente si uno se limita a elecciones sin peligro. Si usted ve que uno de sus escogidos no lo está haciendo bien en el nuevo puesto, acuda rápidamente a remediar la situación y búsquele a esa persona otro puesto. Con el tiempo usted aprenderá cuáles oficios requieren experiencia pertinente (hay algunos) y cuáles no (hay muchos de éstos).

Hay otro riesgo de rotar a la gente por toda la compañía. Al fin y al cabo, uno está manejando un negocio, no una escuela para perfeccionar ejecutivos. La continuidad y la experiencia son importantes en la creación de relaciones y técnicas. Las prioridades no deben ser todas en una sola dirección. La compañía necesita equilibrio. Evite hacer tantos traslados que se destruya la continuidad y que nadie sea realmente desarrollado, pero tenga igual cuidado de evitar que su gente se le enmohezca.

— DESATASCAR LA ORGANIZACIÓN

La manera como esté organizada y se administre una corporación puede facilitar u obstaculizar el proceso de revitalización. Infortunadamente, las organizaciones suelen complicarse tanto con el tiempo que algunas de las cosas que yo he recomendado en estas páginas sencillamente no funcionan. Por ejemplo, si las compañías tienen "imperios" rígidos, les será difícil trasladar ejecutivos de unas divisiones a otras. Por esa razón un nuevo énfasis en el desarrollo personal pide una transformación completa del ambiente de trabajo.

Considérese la forma en que la estructura organizacional de muchos niveles puede obstaculizar el rendimiento. Con los oficios fragmentados, nadie tiene una responsabilidad clara ni el sentimiento de propiedad, y, en consecuencia, es posible que los empleados se sienten a esperar a que el grupo resuelva los problemas. Es difícil evaluar el rendimiento individual. Los mecanismos de toma de decisiones se complican de tal manera que la gente disipa toda su energía sencillamente tratando de que le contesten una pregunta.

Por razones como éstas, un ambiente lento y burocrático es más lo que ahuyenta que lo que atrae a la gente de talento, y más rápidamente. Los innovadores no medran en una organización altamente centralizada. Si uno quiere pensamiento original tiene que descentralizar las responsabilidades por toda la compañía y acabar con el papeleo, darle a la gente libertad para que se arriesgue y actúe en forma independiente.

A continuación cuatro sugerencias para crear un clima propicio al desarrollo ejecutivo:

1. Mantener la estructura organizacional tan sencilla como sea posible. Con menos niveles administrativos puede haber más responsabilidad individual, menos críticas *a posteriori*, más claridad en la toma de decisiones y mayor responsabilidad en cuanto a los resultados.
2. Derribar las barreras organizacionales, hacer hincapié en que los gerentes son activos de la corporación y no propiedad de una sola división o función.
3. Al mismo tiempo, fomentar formalmente la fertilización cruzada. Poner a los mejores candidatos gerenciales en contacto con los más altos niveles funcionales. Algunas compañías llevan a cabo revisiones en que todos los vicepresidentes superiores de marketing evalúan a los candidatos para puestos en marketing. En otras corporaciones, los ejecutivos asisten a revisiones de personal en otras divisiones.

4. Finalmente, asegurarse de que todas las unidades recompensen adecuadamente a los empleados sobresalientes. Esto puede parecer obvio, pero la mayor parte de los negocios no pagan bien en relación con el rendimiento. Algunas veces, a los empleados sobresalientes les hacen aumentos superiores a los de otras personas que prometen menos (las políticas de personal y otros factores no siempre fomentan esto); pero las diferencias pueden ser tan pequeñas que resulten desmotivadoras. Nada frustra más a las personas de alto potencial que oírse elogiar mucho en las revisiones y luego enterarse de que sus esfuerzos no serán remunerados de acuerdo con los elogios. En el ambiente de trabajo más exigente que se está creando mediante la revitalización, es especialmente importante fijar la paga de acuerdo con el rendimiento.

—— CREAR UN NÚCLEO DE LÍDERES

Si uno quiere hacer mejoras radicales en su organización, tiene que traer nuevos talentos. Los pasos de regeneración que he descrito son todos cruciales, pero hay que gastar tiempo para ponerlos en práctica y para que den fruto. Un ingrediente indispensable en el proceso es traer rápidamente a individuos sobresalientes para ocupar puestos importantes y para crear un fondo de talento del cual se pueda echar mano para promociones posteriores.

Limitarse a decidir buscar fuera de la compañía para ocupar las dos o tres vacantes próximas no es la solución. Eso es como tratar de vaciar el mar con un dedal. Así no se va a ninguna parte. También se puede sentir la tentación de traer nuevo talento sólo a nivel de entrada, especialmente si los empleados tienden a hacer su carrera en la compañía. Pero ¿sus gerentes actuales son capaces de supervisar a los empleados sobresalientes? Yo le recomiendo a usted que introduzca gente nueva en los niveles más altos de su organización y que deje que la revitalización fluya, poco a poco, hacia abajo.

En una empresa grande y descentralizada, la mejor manera de iniciar esta infusión de talento es contratar a un grupo de gerentes ya probados sin tener para ellos empleos especiales. (En fútbol, esto se llama contratar por talento, no por posición.) Más tarde, estas personas irán entrando en el sistema a medida que haya vacantes; pero inicialmente, pueden trabajar directamente para usted o para otra persona de alta posición en proyectos especiales — asumiendo el papel de consultores internos. Pueden destinarse a divisiones o funciones que tengan especial necesidad de ayuda, o a nuevos proyectos. Lo importante es que la empresa contará con gerentes expertos que les estén dando ejemplo a los demás y estén aprendiendo acerca de la compañía (preparándose para asignaciones más específicas).

Este sistema funcionó bien en PepsiCo, donde llevamos a siete "flotantes" en un período de tres años. A los nueve meses, todos estaban trabajando en puestos claves, y cinco de ellos llegaron más tarde a manejar divisiones grandes. Otro ejemplo es que nos pareció que teníamos muy pocos individuos que merecieran ascensos en nuestra división de servicios de alimentos, y, por lo tanto, queríamos crear una amplia reserva de talentos. Consideramos a doscientos ejecutivos de servicios de alimentos, entrevistamos a cincuenta de ellos, y trajimos a los dos mejores que pudimos encontrar. A la vuelta de dos años, uno de ellos estaba manejando una división y el otro tenía una importante posición en operaciones. Ernie Breech tuvo un éxito parecido en Ford cuando llevó a los "niños prodigio" (entre otros, a Robert McNamara y a Tex Thornton).

Como lo muestran estos ejemplos, uno se puede llevar gente de antecedentes mixtos, o bien concentrarse en una sola área, como finanzas corporativas. La meta de uno puede ser conseguir los mejores financieros que pueda encontrar y darles un grupo o una división. No sólo harán importantes contribuciones como consultores internos sino que, por lo general, una unidad operativa se los lleva rápidamente, y acaban por servir como directores financieros de una división o incluso por manejar una unidad o una compañía ellos mismos.

Contratar individuos para que sirvan como un recurso general puede parecer una cuestión sumamente costosa; pero el costo, casi con seguridad, es inferior al que uno tendría que pagarle a un consultor por manejar los mismos proyectos especiales, y este método promete un impacto significativo en el proceso de regeneración. Al mismo tiempo, un jefe ejecutivo consciente de los costos puede eliminar suficientes puestos o gerentes actuales de bajo impacto para pagar a los flotantes.

Con el tiempo, uno puede enfocar el reclutamiento en los niveles inferiores de administración. Allí, como en todas partes, hay que comprometerse en serio a trabajar de manera constante y eficaz para desarrollar el mejor staff posible. Esta meta generalmente significa intensificar la contratación en las universidades — año tras año en las mejores facultades — en lugar de simplemente contratar personas sonsacándoselas a otras compañías. Significa que la contratación debe ser una alta prioridad de la administración.

— EL DEPARTAMENTO DE PERSONAL ES SU SOCIO

Usted solo no puede mejorar toda una organización. Como es de esperar, ciertamente necesita el apoyo de todos sus ejecutivos y gerentes. Lo que tal vez no es de esperar es que su otro socio en el proceso sea el departamento de personal. De ambos grupos hablaré en seguida.

Revitalizar una organización es imposible sin el concurso activo de los gerentes de línea. Pero ¿cómo se convence a un gerente general que vive siempre ocupado de que se eche encima nuevas responsabilidades? Se necesita hacer más que expresar uno su propio compromiso con el proceso de revitalización. Se necesita ser inflexible en su énfasis en el desarrollo de las personas.

Subraye que usted les pide a los ejecutivos que hagan más que sólo presidir las revisiones anuales. (Y si le parece que alguien no está recalcando esta parte del proceso lo suficiente, trate de asistir a un par de sesiones de revisión con subalternos.) Cada vez que vea a un gerente o que lo llame, debe recalcar su interés en las personas claves y en su desempeño individual. Haga preguntas específicas. ¿Qué se ha hecho a propósito de un gerente de producción de rendimiento marginal? ¿Qué progreso se está haciendo en la oficina de Cleveland? ¿Qué proyectos tiene a su cargo el individuo recién contratado? Después de unos pocos interrogatorios de este tipo, las respuestas estarán listas antes de que usted formule las preguntas.

Usted puede intensificar la participación de sus ejecutivos en otras formas, por ejemplo, pidiéndoles que destaquen a sus nuevos funcionarios en las revisiones mercantiles periódicas, o que propongan personas para servir en fuerzas de tarea especiales. También debe reservar tiempo para observar a los mejores individuos en acción durante sus visitas al terreno.

No siempre es fácil obtener el concurso de los gerentes de línea; hay que crearlo, cultivarlo y hasta forzarlo un poco. Uno les pide que vuelvan a pensar las prioridades de su oficio y que tomen decisiones más difíciles. El departamento de personal puede ser un valioso aliado en este esfuerzo y actuar como un acicate para hacer marchar a los gerentes que se resisten.

Muchas veces a los empleados del departamento de personal los ven como si estuvieran en la periferia de la acción real en una compañía: un grupo de individuos que manejan papeles, que preparan paquetes de prestaciones, coleccionan formularios de evaluación y tramitan los cheques para el pago de la nómina. Pero estas actividades no son su más importante razón de ser. Los empleados sobresalientes del departamento de personal pueden ser una fuerza en favor del cambio positivo en la organización. Pueden ayudar a asegurar que los gerentes de línea manejen con propiedad sus responsabilidades para con los empleados, y pueden ayudarle a toda la compañía a utilizar en la mejor forma posible sus recursos.

Infortunadamente, los líderes de los negocios rara vez reconocen el potencial de la función del departamento de personal, de modo que no dotan a esos departamentos de ejecutivos de alto calibre. Entonces sus bajas expectativas se convierten en una profecía autocumplida.

Hay varias formas en que los ejecutivos de personal pueden facilitar la revitalización de una organización:

- Pueden forzar a los ejecutivos a hacer evaluaciones serias y exigentes de sus subalternos. Esto podría incluir, por ejemplo, señalar las diferencias que hay entre las evaluaciones del personal hechas por un gerente que no gusta de criticar, y las hechas por otros gerentes; y dar consejos sobre cómo dar las malas noticias en una forma apropiada.
- Pueden forzar a los gerentes para que actúen en el caso de empleados de rendimiento marginal (reasignándoles cargos, capacitándolos, dándoles tiempo para que mejoren) e insistir en que los ineficientes sean reemplazados.
- Pueden buscar a las mejores personas de la compañía y los puestos que más les convengan. Pueden animar a los ejecutivos para que se arriesguen con candidatos de alto potencial. (Los grandes ejecutivos de personal conectados con todas las dependencias de la compañía son especialmente valiosos aquí.) Una de las más ex-

traordinarias decisiones de traslado que hicimos en PepsiCo, por ejemplo, fue llevar al presidente de nuestra compañía de transportes por carretera a ser jefe de la plana mayor corporativa. Otra medida que también tuvo mucho éxito fue nombrar a un vicepresidente de área de la división internacional como jefe de operaciones de restaurante y marketing. Nuestro vicepresidente de personal fue el que insistió en estas medidas; si no hubiera sido por él, no se habría hecho nada.

- Pueden estimular a los ejecutivos para que se concentren en resultados y colmen de recompensas a los que den el mejor rendimiento. (Algunos sistemas de personal fijan límites rígidos en las remuneraciones, de modo que los aumentos de paga se nivelan y nadie es motivado.)

Si usted quiere valiosa ayuda de su departamento de personal, es muy posible que necesite allí ejecutivos mucho más calificados que los que tiene actualmente. La buena noticia es que si le asigna al departamento de personal más responsabilidad y lo integra con otras funciones ejecutivas, podrá atraer a individuos de más categoría.

UN ESFUERZO TOTAL

El proceso de revitalización de cinco pasos que yo propongo es, sin duda, una empresa de grandes proporciones. Exige tiempo, energía, dinero, y posiblemente reestructuración de toda la compañía — en otros términos, un esfuerzo total.

No es posible obtener los resultados a que me estoy refiriendo ejecutando sólo una parte del proceso o trabajando por mejorar la organización gradualmente. Ni se puede esperar que por contratar a unos cuantos graduados en administración o un nuevo vicepresidente de marketing la organización va a cambiar sus raíces. Un método fragmentario o incremental no fomentará la amplia participación, ni el sentido de propiedad, ni la convicción que producen el verdadero progreso; se da un paso adelante, otro atrás, y nunca se sale de un punto muerto. Su meta debe ser avanzar.

Algunos directores ejecutivos pueden pensar que la revigorización administrativa no vale el esfuerzo que exige. Como ocurre también con otros programas de mejoramiento, las compañías que más necesitan regenerarse serán probablemente las que menos lo intenten. Sin embargo, muchos directores de compañías que han puesto por obra un programa sistemático de desarrollo gerencial me han dicho que esto fue el aspecto más satisfactorio de su cargo. La revitalización trae consecuencias definitivas para el balance de utilidades de la compañía, para su éxito estratégico, y para la manera como se sienten las personas cuando llegan a su trabajo por la mañana — incluso los mismos directores ejecutivos.

Copyright © 1987; revisado en 1991.

— TEMAS DE DISCUSIÓN

1. Pearson les recomienda a los gerentes generales que eleven continuamente las normas de rendimiento para todos los gerentes. ¿Penaliza esto a los gerentes cuyos resultados son inevitablemente afectados por fuerzas económicas, medidas de la competencia, etc.? ¿O no se deben admitir circunstancias atenuantes al evaluar el rendimiento de un gerente?
2. El autor indica que haga rotar continuamente a los gerentes a través de diversos cargos para desarrollar su experiencia. ¿Puede una compañía aguantar esta continua reasignación sin que se afecte adversamente la moral o se pierda el sentido de continuidad?
3. "Un jefe ejecutivo consciente de los costos puede eliminar suficientes puestos o gerentes actuales de bajo impacto para pagar a los flotantes", o sea las personas a quienes el autor recomienda que contraten para redondear el talento en una firma. ¿No debieran los gerentes generales, por el contrario, concentrar su atención en fortalecer esos "puestos de bajo impacto", en lugar de eliminarlos para pagar individuos que no van a ocupar cargos específicos cuando los contraten?
4. Pearson sostiene que la revitalización de la organización no se puede hacer en forma incremental; para que sea eficaz tiene que producir una conmoción, si no una reestructuración de la empresa. ¿Está usted de acuerdo? ¿Qué ventajas tiene el cambio incremental?

7 Gestión de asignación de recursos

JOSEPH L. BOWER

La asignación de recursos escasos es uno de los aspectos más satisfactorios del oficio de un gerente general y también uno de los más difíciles. Es especialmente difícil a nivel corporativo porque muchas veces lo que exigen las distintas compañías o divisiones en materia de recursos está en conflicto. En esta lectura, Joseph Bower les ofrece a los gerentes generales un modelo de asignación de recursos basado en estrategia, sosteniendo que las decisiones que se tomen en el contexto de una clara estrategia corporativa tienen más posibilidades de merecer el amplio apoyo organizacional lo mismo que de fomentar los objetivos de la organización.

— INTRODUCCIÓN

Para un gerente general la estrategia corporativa es cómo utilizar recursos escasos — dinero, personas, tiempo —, lo que sea clave. Por otra parte, liberar tales recursos, considerar cómo utilizarlos mejor y luego poner en ejecución esos planes es cuestión que depende de la calidad de los especialistas y de la gerencia general, del diseño de la organización y de los sistemas de información, y de los incentivos que dirigen la atención y la energía de los gerentes. El acceso a los recursos que sostienen los planes es cuestión crítica para el éxito de un gerente o una organización, razón por la cual puede ser muy intensa la competición por el acceso.

La capacidad de concentración es muy importante para que la estrategia tenga éxito. Cuando los gerentes tratan de elegir entre negocios y proyectos rivales, se ven ante una incertidumbre económica dramática. Comoquiera que todas las propuestas críticas implican juicios, el problema de selección se complica porque las elecciones son necesariamente de carácter social y político lo mismo que económico. Cuando un gerente general apuesta a ciertos proyectos, implícitamente está apostando al éxito de esos juicios. La asignación de recursos determina qué grupos surgen y cuáles caen, y cuáles carreras se hacen o se frustran.

La asignación de recursos no se puede ver como sólo una competición política sino más bien como una manera de servir a los fines de la corporación. Esto significa que debe ser impulsada por la estrategia. Pero no basta con alcanzar legitimidad. El equipo ejecutivo tiene que tratarse como una ecuación humana, lo cual puede implicar compromisos a corto plazo en materia de estrategia o en la composición del equipo.

UNA VISIÓN SIMPLE DE ASIGNACIÓN DE RECURSOS

El deber del director ejecutivo es entender qué oportunidades existen y escoger las más prometedoras, y luego utilizar los recursos que tenga a su disposición en forma eficaz y eficiente. Este proceso se complica porque en las organizaciones grandes, los autores y evaluadores de los presupuestos anuales y de los planes de proyectos no comparten la misma información ni los mismos objetivos o perspectivas.

Los proyectos son elaborados por los gerentes de cada unidad de negocio con su plana mayor, y ellos son responsables de la operación y del crecimiento de actividades mercantiles específicas. En el grupo de electrodomésticos de General Electric, alguien es "responsable" de las neveras. En Dow Chemical alguien es "responsable" del polietileno. Estos gerentes generales de nivel inferior proponen presupuestos y proyectos, de acuerdo con su criterio en cuanto a lo que les conviene a sus respectivos negocios. El futuro de esos negocios, lo mismo que las perspectivas de su propia carrera, dependen de la calidad de sus planes y del acceso que tengan a recursos para ponerlos en práctica.

Los proyectos se planifican en términos concretos. En GE, por ejemplo, el diseño de una nueva nevera podría incorporar características propuestas por el grupo de marketing, un compresor recién concebido recomendado por el grupo de ingeniería, y un material nuevo ofrecido por la división de plásticos. La fábrica que se propone se puede construir en el sitio actual o en otra parte.

El éxito de esa posible nevera en el mercado dependerá de las medidas que tomen los competidores, entre quienes se incluyen las compañías extranjeras que entren en el mercado de los Estados Unidos. Y lograr rendimientos económicos que estén acordes con los objetivos de la corporación dependerá de la prosperidad de la industria de viviendas, la cual, a la vez, depende de los tipos de interés y los niveles de empleo.

Evaluar la viabilidad del proyecto se complica más aún porque el negocio de neveras forma parte de un grupo de aparatos electrodomésticos que consiste en lavadoras de platos, cocinas, lavadoras de ropa y secadoras. Una medida estratégica en neveras tendrá que ser coordinada con los gerentes de los demás negocios de electrodomésticos.

ELECCIÓN SEGÚN LA TEORÍA

Al fin y al cabo, ¿cómo debe la administración corporativa de GE evaluar las propuestas y actuar sobre ellas? De acuerdo con la teoría financiera, los rendimientos financieros previstos del proyecto se comparan con todas las demás propuestas que la administración recibe de sus otros catorce "negocios básicos", entre ellos sustancias químicas, defensa, instrumentos médicos, maquinaria eléctrica y servicios financieros. Sin embargo, los resultados que se calcula que van a tener las propuestas son resúmenes de juicios acerca de sucesos futuros muy inciertos que ocurrirán en el curso de los próximos cinco o diez años. Estos juicios se basan en la experiencia y los conocimientos de ingenieros, proyectistas, vendedores, técnicos de marketing, consultores y gerentes.

El cuadro 1 (página 139) permite formarse una idea de la confiabilidad de tales previsiones. Este cuadro se elaboró de acuerdo con la experiencia de una corporación, con cincuenta propuestas de presupuestos de capital. El cuadro compara los resultados reales descontados con las proyecciones de las propuestas.

Este tipo de comparación la describió con ironía un gerente de otra compañía diciendo: "Estamos realizando el 5% sobre todos esos proyectos del 35%". Bien podría haber agregado: "Estamos perdiendo participación de mercado en los negocios de 20% de rendimiento sobre la inversión porque no usamos el dinero para invertir en reducción de costos".

La teoría de planificación ofrece un enfoque distinto del mis-

CUADRO 1
Resultados reales descontados comparados con el pronóstico

TIPO DE PROYECTO	RAZÓN DEL VALOR PRESENTE DE RESULTADOS REALES A VALOR PRESENTE DE RESULTADOS PRONOSTICADOS
Reducción de costos	1.1
Expansión de ventas	0.6
Nuevos productos	0.1

mo problema. En una versión, la alta administración o sus planificadores evalúan el ambiente y establecen metas corporativas que luego se dividen en misiones específicas para los negocios individuales. A la vez, las gerencias de estos negocios fijan sus planes y presupuestos de acuerdo con los objetivos que se les han fijado. Los presupuestos operativos y de capital que resultan se analizan luego para verificar su validez y para ver si están de acuerdo con los objetivos y recursos corporativos. Como con frecuencia no lo están, se devuelven para ser revisados y modificados hasta que se puedan aprobar.

El proceso de producir presupuestos aceptables destaca uno de los aspectos más difíciles del oficio del líder corporativo en una empresa diversificada. Para que la compañía sea más que la suma de sus partes, y en particular para que se justifiquen los costos económicos y administrativos de la oficina corporativa, la alta administración tiene que ser algo más que un banco. El proceso de acopiar y distribuir recursos tiene que vincularse estrechamente con la comunicación de la estrategia corporativa a las divisiones, y tiene que enriquecer el desarrollo de la estrategia por las divisiones.

MODELO DEL PROCESO DE ASIGNACIÓN DE RECURSOS

La gerencia corporativa puede multiplicar la fuerza de una unidad de negocio entendiendo cómo asignar los recursos. La asignación de recursos puede concebirse en función de las tres preguntas siguientes:

1. ¿Cómo se forma y se desarrolla el contenido de los planes estratégicos?
2. ¿Cómo se seleccionan los proyectos y los planes particulares para comprometer recursos corporativos?
3. ¿Cómo influye el contexto organizacional en la definición del contenido y en el comprometimiento de recursos?

En una compañía grande, diversos grupos toman parte en cada tarea.

El contenido de los planes de una unidad de negocio lo definen especialistas — ingenieros, gerentes de producción, gerentes de producto y gerentes de ventas — en función de las necesidades y las oportunidades corrientes que ellos estiman que pueden mejorar sus operaciones. Los gerentes responsables definen las necesidades del negocio y las oportunidades de acuerdo con la información que poseen sobre el desempeño corriente, los clientes y los competidores. Formulan planes según su propia interpretación de la estrategia corporativa.

El ambiente de trabajo y los sistemas operativos son comunicadores poderosos, aunque implícitos, de la real estrategia corporativa. Por ejemplo, si el sistema de costos asigna los costos fijos de acuerdo con la mano de obra directa, entonces la "manera correcta" de recortar costos fijos es disminuir la mano de obra directa. Y si una corporación dice que quiere empresarios, pero paga y promueve y asigna nuevos recursos sólo a aquéllos que "cumplen con los presupuestos trimestrales", entonces los gerentes rápidamente entienden que la compañía busca utilidades corrientes.

Los especialistas en las unidades de negocio están definiendo constantemente la necesidad de nuevos recursos. Ingeniería o los contralores dicen que los costos se pueden disminuir. Ventas arguye que es preciso sostener la calidad. Investigación sabe cómo hacerlo. Se diseñan estudios de mercado, se proponen programas de publicidad y se planifican programas de capacitación. Mirando adelante, algunos ven la necesidad de nueva capacidad. No todas estas propuestas tienen sentido ni todas se pueden financiar. El gerente encargado de una unidad tiene que preparar un plan anual e iniciar por lo menos los primeros pasos de una propuesta de capital, puesto que la credibilidad de las propuestas a largo plazo descansan sustancialmente en la reputación del gerente para cumplir con sus planes anuales. Más allá de esta prueba fundamental, la solicitud tiene que apoyar claramente el plan estratégico. Los gerentes generales deben aprender a argumentar eficazmente en favor de recursos tanto operativos como de capital.

A la vez que las unidades de negocio se entienden con los aspectos físicos, humanos y financieros de sus necesidades, los administradores de la corporación tratan de definir sus metas y objetivos para el corto y el mediano plazo. Mientras las unidades operativas ven que el negocio marcha como de costumbre, los altos administradores quizá vean una crisis en forma de altas tasas de interés, una caída del yen o un asaltante agresivo. Una modificación de la ventaja en productividad del trabajo o en la excelencia de centros de investigación puede ocupar la mente de los altos administradores en momentos en que las unidades de negocio se creen líderes indiscutibles. Y lo contrario también puede ser cierto. Los altos administradores quizá crean que todo marcha sobre ruedas, aun cuando los soldados en las trincheras saben que nuevas condiciones competitivas amenazan la supervivencia de la unidad de negocio. La necesidad de entrelazar los dos puntos de vista es obvia, pero con mucha frecuencia se comprometen recursos sin ninguna integración de los puntos de vista de la alta administración con los de los negocios.

¿Quién resuelve cuáles de los muchos proyectos iniciados por las unidades de negocio merecen financiación? ¿Cuáles planes operativos se deben recortar y cuáles se deben apoyar? Generalmente los que resuelven son los niveles medios de gerencia general, los gerentes de división y de grupo que supervisan agrupaciones de unidades de negocio, reduciendo así el tramo de control corporativo a proporciones manejables. Estos gerentes medios sirven de intermediarios en las muchas demandas que se hacen a los fondos de la corporación. Su apoyo es crítico para cualquier compromiso corporativo.

¿Cómo resuelven cuáles proyectos vale la pena respaldar, dónde deben comprometerse los recursos de la corporación? Ellos generalmente se comprometen basándose en su sentido de la estrategia corporativa, en su criterio de cómo van a resultar a largo y a corto plazo las contribuciones potenciales de un negocio particular, y en la manera como ellos serán evaluados y recompensados personalmente. En teoría, el juicio de los gerentes generales de nivel medio sobre las perspectivas de distintos negocios para la cartera corporativa será la clave; en la práctica, aunque puedan ser ellos los empleados de más alto rango que tienen la suficiente comprensión de un negocio como para hacer una evaluación bien informada de él en comparación con los objetivos corporativos, en la manera como utilicen esa habilidad influirá fuertemente la manera como se haya estructurado el juego corporativo.

Observando el trabajo de un vicepresidente de grupo de una importante corporación, escuché la conversación siguiente:

Jefe: (el VP de grupo): ¿Debemos hacer la inversión en este nuevo producto?
VP: Hay mucha incertidumbre.
Jefe: ¿Cuáles son las probabilidades?
VP: 50-50 de que la investigación salga bien.
Jefe: ¿Qué haría usted?
VP: Seguir adelante.
Jefe: Está bien.

Seis meses después, me encontré con el vicepresidente. Lo habían despedido porque el proyecto no funcionó. Me dijo: "Cuando le recordé a mi superior que yo le había dicho que había una probabilidad de 50-50, me contestó: Sí, pero usted me aconsejó que siguiéramos adelante". Otros vicepresidentes han descubierto que a su compañía no le interesaba el riesgo y desde entonces la compañía ha perdido mucho de su primacía tecnológica.

Por poderosa que sea la cultura de investigación de una compañía, la pueden cambiar — destruir — altos ejecutivos que quieran manejar una cartera de oportunidades y, al mismo tiempo, quieran que los gerentes de nivel medio arriesguen sus empleos en proyectos de dudoso resultado. Nada ejerce más influencia en la manera de circular de un lado para otro por la corporación la información relativa a las perspectivas y al rendimiento de una unidad de negocio que la manera de manejar el fracaso. Si se suprimen unos cuantos mensajeros, la información se paraliza. Y si la función de correr riesgos de la administración superior se reemplaza por fantásticos sistemas de control, desaparece la capacidad de una corporación para administrar proyectos de largo alcance que presenten muchas incertidumbres.

Considérese cómo maneja un alto administrador una propuesta importante. Lo primero que hace es recorrer la página buscando casi instintivamente la firma. El presidente de la junta directiva de una corporación dice: "Algunos grupos de la compañía son tales que uno ya sabe que las cifras que presentan son optimistas. En otros, uno sabe que si «Morris» dice que algo va a salir bien, entonces lo probable es que salga mucho mejor".

Los gerentes de división y de grupo entienden esto. Uno dijo: "En el fondo, lo que realmente cuenta es la reputación que uno haya alcanzado. Obviamente, todo lo que se haya inventado yo tengo que venderlo y aprobarlo. Mi contribución es más bien en el área de decidir cuánta confianza tenemos en las cosas. Todo — el tamaño, el cálculo de ventas, el rendimiento — se basa en un juicio. La pregunta clave es: ¿A mi juicio, cuánta confianza se ha ganado la administración en el curso de los años? Yo puedo perder la confianza de la administración si soy demasiado optimista o demasiado pesimista. También puedo perder la confianza de las personas que trabajan a mis órdenes si ellas piensan que yo no soy capaz de conseguirles las armas que necesitan".

La perspectiva de la alta administración sobre esta misma cuestión se revela en una anécdota que se cuenta de Alfred Sloan, Jr., el famoso presidente de la junta directiva de GM. Un investigador de la Facultad de Administración de Harvard le pidió que explicara qué era lo que le había gustado de un proyecto de expansión de una planta, que se acababa de aprobar por un valor de 10 millones de dólares.

— No me gustó nada. No funcionará — contestó Sloan.

— ¿Entonces por qué la aprobó usted?

— Joven, usted no tiene ni idea de cuán costoso es capacitar buenos gerentes generales.

En suma, la información de que disponen los gerentes de nivel medio, la manera como sus negocios se miden y se les dan recursos, y la forma en que a ellos los recompensan o los sancionan son todos determinantes poderosos de cómo los gerentes arriesgan su reputación al respaldar proyectos. En otras palabras, el contexto organizacional de una compañía — lo que hemos venido llamando el ambiente de trabajo y la organización de la compañía, lo mismo que su enfoque de las operaciones — tiene mucho que ver con la manera como se definan las oportunidades y se asignen los recursos. El cuadro 2 proporciona una manera de representar gráficamente las diferentes actividades que se han discutido.

Cuadro 2
Papel de distintos tipos de gerente general en la asignación de recursos

Papeles/Niveles	Contenido estratégico	Recurso comprometido	Contexto organizacional
Corporativo	Fijar metas amplias	Decidir/Comprometer	Determinar sistemas/ estructura/ cultura/personas
Integrador (v. gr. VP de Grupo)	Traducir	Seleccionar/Apoyar	Adaptar/Aplicar contexto a unidades
Unidad de negocio	Responder/ Iniciar	Proponer	Usar contexto para ganar recursos

Las consecuencias de este modelo de asignación de recursos son claras.

1. La comunicación entre los especialistas que inician, los gerentes de nivel medio que traducen y los ejecutivos corporativos que proporcionan dirección general es tan vital como difícil.
2. Si la administración superior no porporciona dirección estratégica, los especialistas, inevitablemente, pelearán por las necesidades de su negocio como ellos las ven. Se necesita, pues, un esfuerzo enorme para implementar estrategias que piden cooperación y coordinación entre unidades, y hacer esto sin desanimar a personas que prometen ni allanar conflictos de objetivos estratégicos.
3. Si los especialistas no hacen bien su oficio, ningún proceso de asignación puede compensar planes de mala calidad. La gerencia superior y los integradores de nivel medio tienen que entender un negocio lo suficientemente bien como para calibrar la calidad de los planes mercantiles, lo mismo que la capacidad de los iniciadores.
4. Cuando los especialistas necesitan ayuda para el desarrollo de sus planes, es posible que apelen al staff de control o al de planificación; y, ciertamente, la administración supe-

rior muchas veces les asigna a estos staffs alguna función de consultoría. Pero si a estos staffs los emplean también para medir el rendimiento, los gerentes de unidad de negocio rara vez son francos, pues es mucho lo que personalmente arriesgan a corto plazo.
5. El orden de la secuencia es una cuestión clave. Cuando uno se compromete antes de que los planes se hayan desarrollado por completo, puede resultar muy difícil suspender un proyecto que empieza a resultar defectuoso. Los gerentes medios que apoyaron el proyecto ven que su prestigio se erosiona, y actúan para "hacer que las cosas resulten bien".
6. Ver que el contexto organizacional — ambiente de trabajo, estructura organizacional y sistemas de desarrollo personal — se ajuste a las necesidades corporativas y comerciales es un asunto crítico para el empleo eficaz de los recursos.

Así, pues, la administración superior tiene que atender a tres problemas básicos:

1. **Contexto organizacional**. Mantener al día la organización, las medidas y las remuneraciones. Muchas compañías están organizadas en torno a objetivos pasados, y se valen de contabilidad financiera para medir el rendimiento. Los oficios se definen mecánicamente, y los gerentes no conocen sus costos verdaderos ni su participación de mercado. La estrategia se perjudica.
2. **Contexto estratégico**. Intervenir en comunicar la sustancia de la estrategia corporativa sin confiarse sólo de mensajes indirectos acerca de fórmulas de bonificaciones o asignaciones de personal; prestar oídos a los problemas estratégicos de las unidades de negocio. Las metas financieras explícitas — en especial los índices — son demasiado globales para las unidades de negocio, y, con frecuencia hacen que se pierda la sustancia. Las medidas a corto plazo de rendimiento operativo pueden desviar el aprendizaje y la voluntad de correr los riesgos necesarios para efectuar una estrategia ambiciosa.
3. **Recursos comprometidos**. Asegurarse de que al comprometer resueltamente recursos de la compañía en sus cometidos más importantes, no queden mal nutridas otras unidades de negocio que también los necesitan para man-

tener vivos otros proyectos valiosos. A los buenos gerentes generales les gusta mantener uno o dos ases tapados.

Está claro por qué los gerentes prefieren las compañías pequeñas de un solo negocio: son mucho menos complejas. Ciertamente, traducir los objetivos de la corporación en términos significativos para la unidad de negocio no es difícil, puesto que las dos son una misma cosa. En cambio, las corporaciones de múltiples negocios o multinacionales, en cambio, son muy difíciles de manejar porque los problemas que se les presentan a los especialistas son fundamentalmente distintos en los distintos negocios y países. Es posible que los gerentes de distintas partes del proceso no hablen el mismo idioma.

Pero la administración superior puede influir directamente en el contexto, que tiene tan enorme importancia, y ésa es la "buena noticia", que para algunas compañías equivale a una poderosa revelación. Llegan a la conclusión de que lo único que necesitan es una estructura organizacional conveniente, y que si la logran, la estrategia vendrá por añadidura en una especie de proceso "de abajo arriba". Esta conclusión pasa por alto lo que es la estrategia corporativa. Si una compañía no tiene estrategia, es posible que se invierta en toda clase de proyectos y negocios sin foco alguno. Sin estrategia corporativa o visión de hacia dónde se dirige la compañía, y en qué campos debe competir, la asignación de recursos se convierte en una emulación política por los recursos de la corporación, y la compañía en candidata para la quiebra.

Copyright © 1988; revisado en 1991.

— TEMAS DE DISCUSIÓN

1. ¿Por qué en la asignación de recursos no siempre funciona un enfoque estricto de arriba abajo?
2. ¿Deben ser los rendimientos financieros proyectados el criterio más importante cuando se distribuyen fondos? ¿Qué otros factores se deben tener en cuenta?
3. ¿Cómo deben comunicar los gerentes generales la estrategia corporativa a fin de facilitar el proceso de asignación de recursos?

4. ¿La estructura de una compañía de múltiples negocios hace imposible una eficaz distribución de recursos?
5. Discutir el papel de diferentes niveles de gerentes generales en la asignación de recursos. ¿Dónde hay posibles áreas de duplicación, y cuándo podrían confundirse estos papeles?

8 Capacidad de ciclo rápido para poder competitivo

JOSEPH L. BOWER Y THOMAS M. HOUT

Hoy el tiempo es una fuente de ventaja competitiva y la rapidez de las operaciones de una organización es una parte crítica de la responsabilidad del gerente general. En esta lectura se describen prácticas que utilizan las compañías para economizar tiempo y suministrarles a sus clientes mejores productos y prestarles mejores servicios, y a más bajo costo. Basándose en análisis de competidores de éxito a base de tiempo, les muestra a los gerentes generales cómo desarrollar capacidad de ciclo rápido — cómo "echar a andar el reloj" — y cómo motivar a los empleados para que sean socios activos en este proceso.

Todos los gerentes comprenden, por lo menos intuitivamente, que el tiempo es dinero, y están dispuestos a invertir para economizar tiempo — y el dinero que éste representa — si ven una clara oportunidad. La agencia de viajes se computadoriza para poder confirmar instantáneamente las reservaciones de sus clientes; el fabricante de ropa desarrolla un proceso de producción justo-a-tiempo para hacer lo que se necesita y evitar la superproducción, con los inevitables descuentos que ella impone.

Pero acciones como éstas no crean mucha ventaja competitiva porque los competidores pronto ven la misma oportunidad y hacen exactamente lo mismo. En cambio, reducir los tiempos en un negocio se hace interesante cuando ello representa un cambio sistemático en la manera de realizar su trabajo una compañía y de servir a sus clientes. Entonces sí el tiempo que se economiza puede proporcionar una ventaja competitiva sostenible.

El tiempo de ciclo rápido no es un nuevo concepto operativo en la estrategia mercantil. Desde hace mucho ha sido un factor clave en el éxito de toda clase de negocios, desde las sastrerías de Hong Kong que hacen ropa a la medida hasta McDonald's; pero hoy los ejecutivos, en negocios cada vez más grandes y complejos, están ganando una ventaja competitiva sostenida efectuando cambios radicales en la manera de manejar el tiempo dentro de sus compañías. Estas compañías toman decisiones más rápidamente, desarrollan más temprano nuevos productos y convierten los pedidos de los clientes en despachos más pronto que sus competidores. Como resultado, suministran un valor único en los mercados que sirven, valor que se traduce en más rápido crecimiento y más altas utilidades.

En estas compañías sobresalientes, el tiempo de ciclo rápido desempeña dos papeles importantes: El primero es una capacidad organizacional, un nivel de rendimiento que la administración forma e integra en los sistemas operativos de la compañía y en las actitudes de los empleados. La idea básica es diseñar una organización que funcione sin cuellos de botella, sin errores y sin las grandes existencias que tienen la mayoría de las empresas. Cuanto más rápido fluyan la información, las decisiones y los materiales a través de una organización grande, tanto más rápido podrá ella satisfacer los pedidos de los clientes o acomodarse a los cambios en la demanda del mercado y en las condiciones competitivas. Se gasta menos tiempo en apagar incendios y en coordinar. Se dispone de más tiempo para planificar, para iniciar una actividad competitiva.

El tiempo de ciclo rápido es un paradigma de la administración, una manera de pensar en cómo organizar y dirigir una compañía y cómo ganar ventaja real sobre los competidores. Es un mensaje poderoso de organización porque su premisa básica es muy sencilla. Es también enormemente eficaz pues al comprimir el tiempo se refuerza y se apoya lo que los gerentes competentes ya están tratando de realizar.

El análisis de los desarrollos competitivos en una amplia gama de industrias indica que la capacidad de ciclo rápido contribuye al mejor desempeño en toda la compañía. Los costos bajan porque los materiales de producción y la información acopian menos costos fijos y no se acumulan como inventario de obra en proceso. El servicio a los clientes mejora porque el tiempo de entrega desde el recibo del pedido hasta el despacho disminuye; la calidad es superior porque no se puede acelerar el ciclo de producción general a menos que todo se haga correctamente desde la primera vez; la innovación se convierte en una pauta característica de comportamiento porque los rápidos ciclos de desarrollo de nuevos productos mantienen a la compañía en contacto íntimo con los clientes y sus necesidades.

Desarrollar capacidad de ciclo rápido no es fácil ni se puede hacer de la noche a la mañana. Se requiere repensar fundamentalmente cómo se les entregan los bienes o se les prestan los servicios de una compañía a los clientes, y significa que varias partes de la organización tendrán que trabajar juntas en formas nuevas y diferentes. Pero en nuestros días, el costo de quedarse quietos es mucho más elevado que el costo de cambiar.

—— TODA COMPAÑÍA ES UN SISTEMA

En las compañías de ciclo rápido los individuos se ven a sí mismos como parte de un sistema integrado, una cadena de operaciones y puntos de toma de decisiones que continuamente les entrega valor a los clientes de la compañía. En tales organizaciones, los individuos entienden la relación que guardan sus propias actividades con el resto de la empresa. Saben cómo debe fluir el trabajo, cómo se debe emplear el tiempo.

En las empresas pequeñas, esta manera de pensar es una segunda naturaleza. Es fácil para todos mantenerse enfocados en crear valor porque todos trabajan directamente en el producto o con el cliente. Políticas, procedimientos, prácticas o personas que obstaculicen la vía del producto se identifican fácilmente y se pueden tomar con rapidez las medidas del caso.

Pero a medida que las compañías crecen, el sistema y la naturaleza de la organización se ocultan. Las distancias aumentan a medida que las funciones se concentran en sus propias necesidades, se multiplican las actividades de apoyo, se contratan especialistas, los informes reemplazan a las conversaciones cara a cara. No pasa mucho tiempo sin que se pierdan la clara visibilidad del producto y los elementos esenciales del proceso de entregas. En vez de operar como un sistema suavemente engranado, la compañía se convierte en un enredo de intereses en conflicto, cuyas propias demandas y discrepancias frustran al cliente. Éste, abrumado, estalla al fin: "A mí no me importa cuál sea su oficio; lo que yo quiero saber es cuándo me entregan mi pedido".

Las compañías de ciclo rápido — especialmente las grandes — reconocen este peligro y trabajan mucho por evitarlo haciendo que todo el mundo se dé cuenta de cómo y en dónde se gasta el tiempo. Hacen visible y comprensible para todos los empleados el flujo principal de las operaciones, del comienzo al fin, y para lograr esta comprensión, invierten en capacitación. Destacan las principales interfaces entre funciones y muestran cómo éstas afectan al flujo del trabajo. Saben muy bien que las políticas y los procedimientos en una parte de la compañía influyen en el trabajo en otras. Pagan según el éxito del grupo y, lo que es más importante, refuerzan la naturaleza sistémica de la organización en la arquitectura de sus operaciones.

Para ilustrar, echémosle un vistazo a Toyota, clásica compañía de ciclo rápido. El núcleo del negocio de automóviles consiste en cuatro ciclos relacionados entre sí: desarrollo de producto, pedidos, programación de la planta y producción. A lo largo de los años, Toyota ha diseñado su organización para acelerar la información, las decisiones y los materiales a través de cada uno de estos críticos ciclos operativos, individualmente y como partes de un todo. El resultado es un mejor rendimiento organizacional en las dimensiones que son de importancia para los clientes: costos, calidad, sensibilidad e innovación.

Equipos autoorganizados, multifuncionales, se encargan del desarrollo de productos, concentrándose en series de un modelo particular. En rápida respuesta a los patrones de demanda, desarrollan productos y procesos de manufactura simultáneamente para comprimir el tiempo y asegurar mayor facilidad de fabricación. Los equipos son responsables de gestionar estilos corrientes, rendimiento y decisiones de costos, y controlan sus propias programaciones y revisiones. También seleccionan y dirigen a los proveedores, quienes son llevados desde temprano al proceso de diseño. El resultado es un ciclo de desarrollo cada vez más veloz — tres años por término medio, en comparación con cuatro o cinco años en Detroit —, introducciones frecuentes de nuevos productos y un flujo constante de innovaciones mayores y menores en los modelos existentes.

El ciclo de producción comienza apenas un cliente le hace un pedido al distribuidor. En el Japón los distribuidores están conectados en línea con el sistema de programación de la fábrica, de modo que un pedido, con todo y especificaciones y opciones del cliente, se puede entrar y situar en el programa de la fábrica inmediatamente. Toyota programa sus plantas para minimizar las fuertes fluctuaciones de volumen diario y para entregar un surtido completo de modelos todos los días. Los clientes reciben sobre el terreno confirmación de la fecha prevista para la entrega. A los proveedores se les notifica automáticamente del nuevo pedido y se les da un programa de producción estable, de modo que no vayan a entregar equivocadamente los componentes el día del montaje final.

La producción en sí la ejecutan, en lotes pequeños, células manufactureras flexibles que pueden armonizar un flujo mixto de unidades con poco tiempo para cambiar de unas a otras. Las plantas se administran para mantener un alto tiempo vivo (todos los pasos de la secuencia del producto están funcionando) y alto rendimiento (todos los procesos de producción están bajo control y entregando productos de calidad). El resultado es un ciclo de producción de muy rápido ritmo, que anula todos los costos indirectos, excepción hecha de los que se necesitan para que el trabajo se haga bien desde la primera vez y se obtenga un proceso de manufactura confiable y continuo.

En gran parte, el éxito competitivo de Toyota se debe atribuir directamente a la capacidad de ciclo rápido que ha integrado en sus procesos de desarrollo de producto, de pedidos, de programación y de producción. Sacando nuevos productos más rápidamente que sus competidores, pone a otros manufactureros a la defensiva en marketing. Traduciendo los pedidos de los clientes en bienes terminados y entregados más rápidamente, captura a un gran número de compradores para quienes el tiempo es muy importante, y aplica presión a otros manufactureros en costos y en inventario. Sacando continuamente una variedad de nuevos productos y observando lo que los consumidores compran o no compran, se mantiene al corriente de sus cambiantes necesidades y le da al desarrollo del producto una ventaja que la investigación de mercados no puede igualar. Cuanto más rápidamente pueda Toyota desarrollar y entregar automóviles, tanto más controla el juego competitivo.

En su habilidad para asegurar la posesión prioritaria de nuevas fuentes de valor y obligar a otras compañías a responder a sus iniciativas, Toyota y otras compañías de ciclo rápido se parecen a los pilotos de caza de la Segunda Guerra Mundial, quienes constantemente ganaban los combates aéreos aun cuando volaban en aviones técnicamente inferiores. La Fuerza Aérea de los Estados Unidos descubrió que los pilotos victoriosos completaban el llamado circuito OODA — Observación, Orientación, Decisión, Acción — más rápidamente que sus contrarios. Los vencedores juzgaban la dinámica de cada nuevo encuentro, veían las oportunidades, decidían lo que tenían que hacer, y actuaban antes que el enemigo. La consecuencia era que así dominaban el combate, se anticipaban a cualquier medida de oposición y lanzaban al avión enemigo a una confusa espiral reactiva.

En muchas industrias, las compañías están operando hoy en una forma muy parecida. Respondiendo a un desafío de Yamaha, Honda casi duplicó su surtido de motocicletas en menos de dos años — anulando así la ventaja que durante corto tiempo tuvo Yamaha. Liz Claiborne ha introducido dos temporadas adicionales de ropa para ajustarse mejor a las pautas de compra de los consumidores. Seiko ha fortalecido su dominio del mercado de relojes con una fábrica sumamente automatizada, capaz de producir nuevos modelos todos los días. En semiconductores, la batalla por la participación global se está librando a base de la rapidez con que se pueda aplicar nueva tecnología a chips más grandes.

Otras compañías manufactureras van más allá de sus propias fronteras para incluir a los clientes y a los proveedores en un sistema integrado de entregas. Milliken, la gran fábrica de textiles de Estados Unidos, colabora con General Motors en interiores para automóviles, con Sears en telas para tapicería de muebles, y con Wal-Mart en vestuario. Viéndose los unos a los otros como socios para entregar un producto, no como operaciones separadas, Milliken y sus clientes han podido compartir desde el principio información sobre llegada de pedidos y programación, coordinar ciclos de producción para minimizar desequilibrios, y eliminar duplicación de inspecciones y existencias reguladoras. Los resultados son espectaculares. Los costos han caído; las rotaciones de inventario se han duplicado; las ventas han aumentado; los agotamientos de existencias y las rebajas son menos frecuentes; el tiempo que el sistema Milliken-cliente necesita para cumplir con un pedido se ha reducido a la mitad.

Finalmente, la competencia por capacidad de ciclo rápido es una estrategia tan poderosa en servicios como en manufactura. Automatizando sus funciones de análisis y negociación, Batterymarch, administradora de fondos de acciones de Boston, redujo el tiempo que se necesitaba para decidir sobre un cambio de cartera para un cliente y ponerlo por obra. El cliente adquiere acciones que están en alza y se desprende de las que están en baja más rápidamente que antes. Batterymarch ha reducido costos, y tiene utilidades superiores. Los ingresos por empleado son el triple del promedio en la industria.

QUÉ HACE FUNCIONAR A LAS COMPAÑÍAS DE CICLO RÁPIDO

Las compañías de ciclo rápido difieren de las organizaciones tradicionales en la manera como estructuran el trabajo, como miden el rendimiento y como ven el aprendizaje organizacional. Prefieren equipos a funciones y departamentos. Utilizan el tiempo como medida crítica del rendimiento e insisten en que *todo el mundo*, y no sólo la administración superior, aprenda acerca de los clientes, los competidores y las propias operaciones de la compañía.

Cada una de estas características es una derivación lógica de la mentalidad administrativa que ejemplifica Toyota, la mentalidad que ve una compañía como un sistema integrado para entregar valor al cliente. Por el contrario, las prácticas y las políticas que dividen a una compañía en compartimientos — una fuerte organización funcional, por ejemplo, o existencias reguladoras, o medidas y sistemas de control que se concentran exclusivamente en los números — han sido modificadas o suprimidas del todo. En una compañía de ciclo rápido resultan contraproducentes, por útiles que hayan sido en el pasado y por tranquilizadoras que sean para los empleados.

Organizar el trabajo en equipos multifuncionales. Para reducir el tiempo y obtener el beneficio, una compañía tiene que trabajar y gerenciar con equipos relativamente pequeños y autoadministrados, compuestos de personas de diferentes partes de la organización. Los equipos tienen que ser pequeños porque los grupos grandes crean sus propios problemas de comunicación, y casi siempre incluyen miembros cuyas áreas de responsabilidad son periféricas con respecto a la tarea del equipo. Los equipos tienen que ser autoadministrados y estar facultados para actuar porque esperar que las decisiones vengan desde arriba es una pérdida de tiempo, y, con frecuencia, se producen malas decisiones. Los equipos tienen que ser multifuncionales porque ésa es la mejor manera, si no la única, de mantener el producto mismo y su sistema esencial de entrega claramente visibles, y, en primer lugar, en la mente de todos.

AT&T y Ford se han valido de equipos formados con miembros de distintas disciplinas para desarrollar nuevos teléfonos y nuevos automóviles. Reuniendo a personas de ingeniería de producto, manufactura, marketing y compras a lo largo de todo el proceso de desarrollo, y dándoles autoridad para tomar decisiones comerciales de verdad, estas compañías han disminuido enormemente el tiempo y el costo de sus nuevos esfuerzos de producto. En el negocio de teléfonos, por ejemplo, los rezagados tardan tres o cuatro veces más tiempo en llevar sus productos y servicios al mercado.

Las compañías de ciclo rápido utilizan equipos multifuncionales para el trabajo cotidiano en todos los niveles, no solamente para proyectos especiales. Un banco que nos es familiar ha reorganizado felizmente sus prácticas de préstamos personales y ha reducido el tiempo en que un cliente recibe una decisión, de varios días a 30 minutos. Antes las solicitudes de préstamos las manejaba una serie de supervisores, con oficinistas como intermediarios para hacer el trabajo de tramitación. Ahora una solicitud llega a un grupo único compuesto de un analista de crédito, un evaluador experimentado de prenda o garantía y un experto en procedimientos bancarios, quienes pueden valerse de sus conocimientos y experiencia colectiva y contestarle al cliente casi al momento.

Como lo indica este ejemplo, organizar un equipo de éxito significa ampliar el campo de acción de trabajos individuales, organizar el equipo en torno a propósitos orientados al mercado más bien que a tareas definidas en forma departamental, y colocar la responsabilidad del negocio lo más abajo posible en la organización.

En realidad, se redefine lo que comúnmente se entiende por trabajo multifuncional. Según nuestra experiencia, muchas compañías grandes creen que trabajan en forma multifuncional porque forman fuerzas de tarea especiales que cruzan las líneas organizacionales o estimulan a los gerentes a pasearse informalmente y a compartir sus observaciones. Ciertamente, medidas como éstas pueden hacer que los empleados sean más conscientes de los mecanismos de trabajo de una compañía y de las oportunidades de mejorarlos incrementalmente; pero no pueden crear relaciones bien diseñadas cotidianas, interfuncionales, abajo en la organización, que es donde se realiza el trabajo y donde las oportunidades de aprender son mayores.

De modo análogo, los talleres clandestinos que soslayan los mecanismos regulares de revisión de la organización no pueden desarrollar capacidad de ciclo rápido ni ayudar a los gerentes a corregir radicalmente problemas de calidad y de tiempo en sus operaciones. Los gerentes de ciclo rápido saben que el trabajo de rutina, y no los proyectos especiales, determina la eficiencia de una compañía, de modo que, en lugar de tratar de evitar un núcleo de movimiento lento creando unidades laterales más pequeñas, más rápidas y más sensitivas, estos ejecutivos trabajan para incorporar esas cualidades en la compañía como un todo — aun cuando eso signifique retirarse ellos mismos de algunos circuitos de decisiones críticas.

La alta gerencia siempre tiene muchas buenas ideas que aportar, pero su intervención también tiene mucho peso, y, a menudo, tiene lugar en momentos inoportunos en la vida de un proyecto. Además, vive siempre tan ocupada que cuanto más intervenga en un proyecto más difícil se hace programar reuniones importantes y mantener las decisiones al día. Los altos ejecutivos de las compañías de ciclo rápido comprenden este problema y saben muy bien que los cuellos de botella que crean pueden desmotivar a la gente joven. Por consiguiente se concentran en mejorar el sistema y delegan en otros las decisiones operativas de rutina.

Por todas estas diferencias, los organigramas de compañías de ciclo rápido no se parecen a la pirámide tradicional o a las casillas jerárquicas. Ni la responsabilidad ni la autoridad están tan nítidamente descentralizadas y aisladas; por el contrario, el diagrama organizacional se parece más a un conjunto de círculos entrelazados o a un cuadro de flujo de sistemas con flechas y curvas de retroalimentación que indican la vía real de las decisiones y el trabajo. Por ejemplo, en Ford el diagrama de organización para el desarrollo de producto del Taurus-Sable era un círculo en que el equipo de gestión del proyecto estaba en el centro y los grupos de trabajo se esparcían en todas direcciones.

Vigilar tiempos de ciclo en toda la organización. Para asegurarse de que la información y los materiales se muevan a través de toda la organización sin demora, las compañías de ciclo rápido administran el tiempo de ciclo de actividades individuales, lo mismo que de todo el sistema de entrega — por ejemplo, el número de días que se tarda en entregar un pedido al cliente o en desarrollar un nuevo producto. En estas compañías, los gerentes vigilan el producto de cada etapa para ver que esté fluyendo sin tropiezo a la siguiente y que cumpla las especificaciones del usuario. Hacen continuamente esfuerzos para reducir el tiempo de ciclo característico de cada actividad y, por tanto, el tiempo de toda la secuencia. Y permanecen alerta a las oportunidades de reducir tiempo eliminando etapas, por ejemplo, combinando actividades antes separadas, como preparación y procesamiento de datos.

La mayoría de las organizaciones manejan el tiempo de ciclo de la parte más larga o más difícil de su operación, pero se olvidan de otras que son menos obvias como la tramitación de pedidos o las pruebas de ingeniería. También permiten que se acumulen información en proceso y decisiones entre etapas. Estudios hechos dentro de las compañías indican que con frecuencia menos del 10% del tiempo entre el recibo de un pedido y el despacho del producto se ocupa en agregar valor. Materiales e información pasan el resto del tiempo esperando que se actúe sobre ellos. En las fábricas, por ejemplo, el procesamiento de grandes tandas demora la producción total de la planta porque cada estación de trabajo tiene que esperar a que se acumule una tanda grande antes de que pueda empezar a trabajar. Lo mismo ocurre con los trabajos de oficina tales como programar despachos y calcular precios de los pedidos. Con frecuencia las únicas medidas que se usan para controlar estas acumulaciones son las limitaciones del capital de trabajo y los gastos indirectos. Estos costos son apenas una cruda aproximación al valor perdido para los clientes.

Por contraste, en Toyota parece que manejan todos los tiempos de ciclo en su cadena de operaciones. Como ya lo hemos visto, su administración reconoció que aplicar principios de justo-a-tiempo en la producción no cambiaría grandemente el tiempo que un cliente tenía que esperar para que le entregaran un automóvil nuevo si los pedidos pasaban semanas moviéndose entre los departamentos de ventas regionales y de programación de la compañía. Los procedimientos de entrada de pedidos y programación de Toyota están diseñados para acoplarse sin pasos o colas intermedias. La meta a corto plazo es producir y entregar un automóvil nuevo a los pocos días de recibirse el pedido del cliente.

Benetton, la conocida productora italiana y distribuidora de ropa de deporte, es otra compañía que debe su crecimiento y su éxito prodigiosos a la reducción general de los tiempos de ciclo. La reducción del tiempo empieza en el desarrollo de un nuevo producto, en el cual un sistema de diseño computadorizado multiplica automáticamente los nuevos diseños en una gama completa de tamaños, luego transmite estos patrones a máquinas cortadoras de tela también numéricamente controladas por computador para esperar pedidos de nuevos productos. Las telas se inventarían en crudo neutro, y después se tiñen según los pedidos. Esto le permite a la compañía minimizar el inventario de bienes terminados y, sin embargo, responder rápidamente a toda la demanda de los clientes. Los pedidos se envían a una cadena de fábricas programadas para producción de arrastre justo-a-tiempo que le permiten a Benetton reponer las existencias de las tiendas minoristas en los Estados Unidos en quince días, tiempo de respuesta con que anteriormente no se podía ni soñar en modas al por menor. Esto no sólo satisface a los clientes sino que le evita a la compañía la subproducción y la superproducción.

Finalmente, las compañías de ciclo rápido saben exactamente en qué parte del sistema la reducción del tiempo agregará más valor para los clientes. Como era de esperar, ésas son las actividades que ellas emprenden primero y que renuevan con regularidad. Por ejemplo, considérese a Freightliner, que ha duplicado con creces su participación en el mercado de transporte de carga pesada por carretera en los últimos diez años. A diferencia de muchas compañías en este personalizado negocio, la administración de Freightliner no invirtió fuertemente en acelerar su proceso de producción en la planta sino en preingeniería de centenares de posibles combinaciones de camiones, de manera que los clientes pueden pedir los mecanismos de transmisión, las cabinas y otras características opcionales que necesiten, de una lista de artículos previamente probados. La compañía evita los errores en línea que atormentan a algunos competidores y que hacen necesario un rediseño apresurado y la repetición del trabajo. Y puede entregar un camión semanas antes que la mayoría de la industria, a un precio inferior.

Un factor clave para alcanzar un tiempo de ciclo rápido es un enfoque disciplinado de la programación. Los competidores a base de tiempo evitan las demoras, aparentemente inevitables, de la vida organizacional creando calendarios para acontecimientos importantes, e insistiendo en que *todo el mundo* cumpla sus compromisos, de modo que las actividades de revisión y decisión no se descarrilen.

Incorporar en la organización circuitos de aprendizaje. Los mercados, los productos y los competidores se mueven hoy tan velozmente que las organizaciones con funciones centralizadas de inteligencia sencillamente no pueden mantenerse al día. Por eso los gerentes de ciclo rápido tienen sensores e intérpretes activos de datos en todos los niveles de la compañía. Y por eso recalcan el aprendizaje en línea, que es el catalizador de la innovación de proceso continuo.

Diseñar circuitos rápidos de retroinformación en las operaciones de rutina es una práctica corriente en las compañías de ciclo rápido. Benetton, por ejemplo, recoge diariamente información a nivel de ventas al por menor, de modo que sabe qué se está vendiendo y qué no. Como lo que se vende cambia de un mes a otro y de uno a otro vecindario, estos informes le permiten a la compañía decidir qué debe producir en un momento determinado, qué estilos nuevos y qué colores desarrollar y qué mercancía se debe tener a mano en determinados puntos de venta. Las compañías de ciclo rápido como Benetton no pierden el tiempo en acumular inventarios que no se van a utilizar inmediatamente para satisfacer las necesidades de la clientela.

Las compañías con capacidad de ciclo rápido también hacen hincapié en las comunicaciones informales, ad hoc. La información corriente va directamente al sitio en donde puede ser más útil. No se pierde en la cadena de mando. Por ejemplo, Marks & Spencer, la gran detallista del Reino Unido, les exige a los gerentes de todos los niveles que le comuniquen de inmediato a la alta gerencia la información importante de mercados. Así, el gerente de una tienda clave debe llamar a un vicepresidente inmediatamente si las entregas de productos básicos indican la posibilidad de una escasez en todo el sistema. Desde los asistentes de ventas al por menor, de quienes se espera que rechacen la mercancía defectuosa y den información sobre la satisfacción de los clientes, hasta una alta administración activa, todos trabajan para acelerar el paso de los bienes por las tiendas y de la información a los gerentes que la pueden utilizar.

Las compañías de capacidad de ciclo rápido no permanecen así automáticamente. Sus gerentes renuevan con frecuencia y rediseñan el sistema de entrega, recogiendo continuamente información acerca de qué lo hace eficiente y qué lo está obstaculizando. Estudian a los competidores y a las empresas sobresalientes de otras industrias, en busca de ideas útiles. Utilizan nuevas tecnologías, como inteligencia artificial, para reducir el tiempo de las actividades de rutina. Estimulan un grado extraordinario de movilidad e iniciativa entre sus empleados. En Du Pont, por ejemplo, trabajadores de producción visitan en la actualidad a los clientes, lo mismo que hacen los vendedores y los ingenieros de producto, para enterarse de sus necesidades de primera mano.

ECHAR A ANDAR EL RELOJ

Fechas de entrega, tiempos de producción, fechas venideras de producción — los gerentes tienen que ver todos los días con el tiempo en una forma episódica; pero rara vez se ponen a pensar sistemáticamente en el tiempo como la clave de una posición competitiva. Dos hechos de la vida organizacional explican por qué es tan fácil desentenderse del tiempo y manejarlo mal:

El primero: Las opciones de decisión rara vez se les presentan a los gerentes en función del efecto que tendrán en el tiempo. Una propuesta para un nuevo proceso de producción quizá destaque las economías de costos y de mano de obra, pero se olvida de mencionar que el tamaño grande de lote, que es económico, demorará la marcha de toda la organización. Los que proponen un nuevo edificio para las oficinas centrales hablan de más espacio y comodidades, pero no señalan que el trazado de la planta separa a marketing de ingeniería, con lo cual se alargará el proceso de desarrollo de nuevos productos. En suma, se necesita un esfuerzo especial para que los ejecutivos se concentren rutinariamente en el tiempo que transcurre en el sistema como algo que se debe administrar.

El segundo — y más problemático —: En las organizaciones a todos les gusta tener estabilidad en sus procedimientos de trabajo y en sus patrones sociales. Los esfuerzos serios por reducir el tiempo de ciclo perturban ambas cosas. Los equipos multifuncionales fraccionan los departamentos y quebrantan las rutinas existentes. La reducción de los tiempos de ciclo acaba con las muletas que han existido desde hace mucho tiempo, tales como la inspección de calidad y la entrada de datos redundantes, que existían sólo porque el trabajo no se diseñaba ni se hacía bien desde la primera vez. Algunos valiosos especialistas se ven como causa de los cuellos de botella mientras que otros resultan completamente innecesarios. No se necesitan sofisticados pronósticos del mercado a corto plazo si uno puede responder inmediatamente a cualquier cambio en el nivel de la demanda.

Estas fuerzas internas son poderosas, y, sin embargo, hoy los ejecutivos tienen un incentivo más fuerte aún para administrar el tiempo de ciclo de su compañía — el mundo competitivo exterior. Las operaciones rápidas, hábiles, sin tropiezos, y la habilidad de aprender en tiempo real son fuentes poderosas de ventaja competitiva. Basándonos en nuestras observaciones en compañías de éxito, presentamos a continuación algunas sugerencias que pueden ayudar a la organización a iniciarse:

Examinar los tiempos de ciclo y elevar las normas. En primer lugar, calibrar su propio rendimiento en comparación con el de sus competidores más fuertes, no sólo en cuanto a tiempos de respuesta sino también en cuanto a costos, calidad e índice de innovación, puesto que todas estas cosas tienen relaciones de causa y efecto entre sí. Utilizar luego estas referencias de rendimiento como metas *mínimas* en su plan estratégico. Las mejoras del 5% al año no cambiarán el statu quo. Cuando Toyota se propuso alcanzar un cambio de troquel en un minuto en una prensa de 50 toneladas para hacer posible un automóvil barato hecho por pedido, eso no era incremental; ¡era inconcebible! Pero se convirtió en el fundamento del nuevo nivel de competitividad de Toyota.

Hay que graficar y modelar la toma de decisiones de su compañía y los flujos de operaciones para poder identificar las principales interfaces, cuellos de botella y patrones de comportamiento. Encontrar exactamente dónde y cómo se desperdicia tiempo y en dónde se presentan problemas de calidad, y compartir esta información con todos sus empleados. La organización tiene que aprender cómo trabaja en realidad, antes de que pueda pensar útilmente en hacer cambios.

Describir y destacar los éxitos pasados al efectuar cambios en la manera de trabajar la compañía, aun cuando hayan sido modestos. Crear la creencia de que los circuitos de la compañía no son fijos, que los individuos pueden inventar y poner por obra mejores maneras de operar. Elevar constantemente las normas de rendimiento.

Instalar mecanismos extraordinarios de organización para concentrarse en tiempos de ciclo. Formar equipos temporales para estudiar qué está retardando unas cuantas actividades interfuncionales claves en la compañía. Formar estos equipos con gerentes medios enérgicos y muy respetados, que tienen que hacer que las posibles soluciones funcionen. Pedirles que expongan y evalúen unas pocas opiniones, especialmente las radicales. Esbozar cómo funcionaría la compañía bajo cada propuesta, luego probarla y determinar qué cambios de política y conducta serían necesarios para que funcionara. Continuar discutiendo las mejores propuestas hasta que todo el mundo empiece a aceptar su factibilidad.

Aprovechar el conflicto en las reuniones como una manera de descubrir y explorar cómo se retardan los mecanismos de trabajo de la organización y dónde difieren los supuestos y las creencias de las personas. Después de identificar el núcleo del conflicto, desarrollar una manera de resolverlo con datos, no con simples opiniones.

Tratar los cuellos de botella, los problemas de tiempo muerto y otras fallas como oportunidades de aprender. No atribuirlos simplemente a "la vida en una organización grande" y dar por sentado que hay que aguantarlos.

Preguntarse constantemente "por qué" hasta llegar a la raíz del problema. Las compañías difieren muchísimo en la manera de atacar los problemas operativos. Muchas corrigen el problema actual: ajustan el mecanismo que está produciendo piezas defectuosas. Otras van más allá, y encuentran la causa inmediata del problema: ajustan la máquina y reemplazan la herramienta gastada que la estaba haciendo fallar. Las compañías superiores no paran hasta que encuentran la causa radical: el proceso mal diseñado o la parte defectuosa que hizo que la herramienta se gastara.

Desarrollar sistemas de información para vigilar actividades que agregan valor. Distinguir la secuencia principal de operaciones — las actividades centrales de la organización que agregan valor — de los pasos de apoyo y preparatorios que consumen tiempo. Sacar éstos últimos de la línea. Conferirles autoridad decisoria y asignarles la responsabilidad de los resultados a los empleados que intervienen en la secuencia principal.

Organizar las unidades de trabajo en torno al flujo de decisiones, de la información y de los materiales, no para acomodar neurosis departamentales que han deformado el proceso a lo largo de los años. Utilizar la capacitación para darles a estos grupos las habilidades y el apoyo que necesitan.

Conectar etapas de la cadena de operaciones tan directamente como sea posible. Diseñar para eliminar vacíos y colas. Desarrollar metas de tiempos de ciclo para etapas específicas y programar las decisiones y los flujos de trabajo de modo que la gente las pueda cumplir como cuestión de rutina.

Hacer que el tiempo cuente en el manejo de empleados. Evaluar a los individuos por el aporte al equipo de trabajo del cual forman parte. Ser explícitos en cuanto al tiempo de ciclo y a los objetivos de calidad del grupo y al papel del individuo para cumplirlos.

Evitar crear especialistas, a menos que sean absolutamente indispensables. Los especialistas tienden a aislarse de otras perspectivas, y, con frecuencia, les cuesta trabajo entender nuevos contextos. También tienden a llevar muchas cuestiones más arriba en la organización, donde se gasta tiempo valioso de la administración en resolverlas. Los equipos multifuncionales por lo general pueden resolver esas cuestiones a un nivel de trabajo.

Pedirle a cada individuo que tenga por lo menos un plan informal de los cambios positivos que quiere efectuar. Acostumbrar a la gente a cuestionar y repensar sus actividades continuamente en el contexto del equipo de trabajo.

Posicionar a su gente para acelerar su aprendizaje. Variar las interacciones entre gerentes claves, especialmente los altos ejecutivos. Hacer que dediquen más tiempo con sus colegas a la sustancia del trabajo y menos tiempo a problemas de política. Imagínese lo que ocurriría si se pasaran los escritorios de sus altos ejecutivos a una sola oficina durante tres meses, como lo hace a veces Honda, para que pudieran conocer el negocio, día por día, desde el punto de vista de sus colegas.

Dedicar tiempo de las reuniones a estudiar el efecto del tiempo de ciclo sobre la posición competitiva de la compañía. Asegurarse de que todos sepan dónde están los cuellos de botella, especialmente aquéllos a los cuales ellos mismos contribuyen.

Maximizar el contacto de los gerentes claves con las operaciones de más abajo que dependen de ellos. A veces un intercambio de oficios entre jefes de departamentos adyacentes es útil. Contando con buena gente, puede ser útil para todos los interesados llevar al vicepresidente de marketing y ventas a manufactura durante un tiempo, y viceversa.

Pedirle a cada alto ejecutivo que prepare un diagrama de flujo que muestre cómo se toman las decisiones y cómo se relacionan unas con otras operacionalmente. Luego comparar el diagrama con lo que dice el organigrama de la compañía. Explorar el contraste y cómo afecta al tiempo de ciclo.

Implementación: un delicado equilibrio. Los gerentes que empiezan a mover sus organizaciones hacia la reducción de tiempo se ven ante un dilema inevitable: cómo lograr ciclos más rápidos a largo plazo sin sufrir perjuicios graves por interrupciones de trabajo a corto plazo. La mayoría de las organizaciones cubren sus demoras y sus errores con recursos inactivos e interfaces de ajuste flojo; pero cuando una compañía empieza a reducir sus ciclos, las demoras y los errores ya no se pueden remediar tan rápidamente como se aumenta la tensión. Ocurren fallas temporales, y la rápida respuesta a los clientes — que es todo el objetivo — se socava.

Toda administración tiene que encontrar sus propios mecanismos y ritmo para andar por esta cuerda floja. Un proyecto piloto — andar antes de correr — a menudo ayuda. Lo mismo la simulación de nuevos procedimientos antes de implementarlos del todo. Los reguladores temporales de material o información también pueden ayudar, siempre que se reduzcan deliberadamente durante el período de transición. Lo que es crítico es que los gerentes no dejen de impulsar el proceso de cambio y no suspendan sus esfuerzos cuando surjan los inevitables problemas. Como nos lo recuerdan en todas partes los competidores de ciclo rápido, las crisis operativas son oportunidades para aprender y mejorar.

Muchas de estas sugerencias son contrarias a las ideas tradicionales sobre la buena administración. Se creía que la eficiencia era consecuencia de objetivos fijos, claras líneas de organización, las medidas reducidas a las utilidades, y el menor número posible de cambios en las cuestiones básicas. Pero ésa era la lógica de la máquina de producción en masa, que ha sido reemplazada por la lógica de la innovación. Y esta lógica exige nuevas prácticas de organización y administración.

Copyright © 1988; revisado en 1991.

—— TEMAS DE DISCUSIÓN

1. ¿Cree usted que los autores son realistas en su opinión sobre la facilidad con que los métodos y las actitudes de ciclo rápido pueden alcanzarse en una firma grande y compleja?
2. ¿Tiene que ser plana una organización de ciclo rápido? ¿Cómo afecta el ciclo rápido a la jerarquía de una compañía?
3. Los autores mencionan la perturbación que puede causar el paso a un método de ciclo rápido. Discutir la perturbación potencial y la confusión que podría producir ese paso, y cómo deben administrarlas los gerentes generales.

CUARTA PARTE

GESTIÓN DE LA COMPLEJIDAD

Gestión de eficiencia, gestión de equidad

JOSEPH L. BOWER

Las relaciones entre los negocios y el Estado son una parte problemática del complejo mundo que administran los gerentes generales. Surgen dificultades porque los negocios y el gobierno operan con dos sistemas distintos de administración, el uno tecnocrático, el otro político. Estos sistemas varían en el contrato implícito que les ofrecen a los participantes. Sus organizaciones estructurales, elección de propósito y razón para asignar recursos son también distintas. En esta lectura, Joseph Bower examina las consecuencias del enfrentamiento entre la alta gerencia de la industria y la alta gerencia del gobierno. También ofrece un marco de referencia para entender y mejorar la tensión que surge entre los dos sistemas administrativos.

¿Por qué es tan poco satisfactoria la relación entre los negocios y el Estado en los Estados Unidos? No tiene sentido que una clase tan importante de transacciones frustre constantemente a todos los participantes, especialmente cuando está en juego la competitividad de la economía nacional. Los diagnósticos convencionales del problema no llevan a ninguna parte. Los intentos de hacer que el gobierno sea "más como los negocios" siempre fracasan, y nadie quiere hacer los negocios más como el gobierno.

El problema fundamental surge del uso de dos sistemas muy distintos de administrar nuestros asuntos. El primero de ellos descansa en el principio de que los administradores deben hacer el uso más eficiente y eficaz posible de los recursos de que disponen. Medimos las organizaciones de este tipo por sus resultados. El otro sistema se basa en el principio de que los administradores deben tratar de asegurar que el sistema sea equitativo con la mayoría de las personas a quienes afecta. Medimos las organizaciones de este tipo por la legitimidad de sus procesos internos y por la responsabilidad pública de sus funcionarios. Estas distinciones generales tienen consecuencias prácticas importantes.

Considérese, por ejemplo, el caso de William Ruckelshaus, que fue nombrado en noviembre de 1970 por el presidente Nixon jefe de la recién organizada Dirección de Protección Ambiental (EPA). Ruckelshaus, extraño a la EPA, fue atacado por "no hacer lo suficiente", por el rival de Nixon, el senador Edmund Muskie, entonces presidente de la Subcomisión de Contaminación Ambiental del Senado. Ruckelshaus fue amenazado por el muy conservador representante Jamie Whitten, de Mississippi, quien fijaba el presupuesto de la EPA en la Subcomisión de Agricultura de la Comisión de Apropiaciones de la Cámara, y constantemente se vio bajo el escrutinio de la televisión y los periódicos. A pesar de que no estaba seguro sobre la calidad de su organización y todavía tenía por llenar varias posiciones claves de su estado mayor, tuvo que asumir en el término de 60 días posiciones que afectarían a la industria automovilística, al uso del DDT por los agricultores y los Estados, y a las normas nacionales de aire y agua pura.

Considérese, igualmente, a uno de los hombres que habrían de luchar con la organización de Ruckelshaus, Henry Ford II, director ejecutivo de Ford Motor Company, que había sido responsable de esta compañía desde que adquirió el control de ella en 1948 en pugna con los amigotes de su padre. Controlando claramente el presupuesto, el personal y las políticas sustantivas de la empresa, Ford tenía la tarea de administrar el desarrollo de una línea de automóviles de pasajeros y camiones para que la compañía continuara económicamente boyante.

Ruckelshaus y Ford eran ambos administradores, desde luego, pero las circunstancias de su trabajo eran tan distintas que ningún rótulo común sirve para los dos. El poder del dinero, el poder de contratar y despedir, la capacidad de operar fuera del corrosivo reflector de la prensa, la facultad de limitar objetivos para que se puedan cumplir, el tiempo para estudiar, organizar y actuar en forma eficiente — todo esto lo tenía Ford, pero no Ruckelshaus. El derecho de fijar política para los Estados Unidos, el derecho de atacar ciudades y compañías en discursos y con actos legales, el derecho de no hacer caso de los costos a corto plazo para la industria a fin de establecer el prestigio y la integridad de la EPA — todas estas cosas las tenía Ruckelshaus, pero no Ford. Las diferencias no son superficiales. Separan dos tipos de administración totalmente distintos.

DOS SISTEMAS ADMINISTRATIVOS DISTINTOS

Los que están en los negocios dicen que sin poder sobre el presupuesto y sin el poder de contratar y despedir gente no es posible administrar. Creen que en un verdadero sistema de administración requiere control del presupuesto, de la información y del personal. Pero en la práctica, no todos los gerentes de negocios controlan estas herramientas ni todos los gerentes que las controlan se encuentran en un ambiente corporativo. Por tanto, para evitar confusiones, usaremos la expresión *administración tecnocrática* para describir los sistemas organizacionales, sean privados o públicos, encaminados a lograr eficiencia y eficacia en la producción y la distribución de bienes y servicios. Y usaremos la expresión *administración política* para describir los sistemas organizacionales, también públicos o privados, que se encaminan a la distribución equitativa (o por lo menos legítima) de costos y beneficios a los cuales hay aspiraciones comunes o duplicadas.

La mayor parte de las personas no distinguen entre estos dos mundos de administración, y hablan de política en las compañías y de negocios en el gobierno, como si fueran idénticos. Pero aquí, exagerando un poquito las diferencias, ponemos en claro la naturaleza de la línea que las divide — y los problemas que se presentan cuando ellas chocan.

Sin duda, se pueden encontrar características tecnocráticas y políticas en la mayoría de los sistemas para controlar organizaciones grandes y complejas, pero como lo indica el cuadro 1, página 172, los sistemas varían mucho.

DIFERENTES CONTRATOS PARA PARTICIPANTES

En una organización tecnocrática, la contratación de nuevos miembros se toma muy en serio, pues, a menos que la gente no sirva, permanecerá en la empresa largo tiempo. En efecto, en muchas grandes corporaciones el contrato es "de por vida". La organización

CUADRO 1
Sistemas gerenciales

	TECNOCRÁTICO	POLÍTICO
El contrato	A largo plazo	Revisado de una cuestión a otra
	Fomenta lealtad a la institución	Fomenta lealtad a sí mismo o al país
	Da dinero por servicios en proporción a antigüedad, jerarquía y rendimiento	Da recompensas psicológicas y jerarquía en proporción al poder de extraer y la habilidad de contribuir
	Permite compartir o reinvertir superávit	Permite gastar superávit o devolverlo al Estado
Carreras	Profesionales	"Turistas"
	Miembros capacitados de un cuadro	Capacitados en otras profesiones; miembros de un partido o red
	Ascenso de técnico a generalista, planificador, cooperador y luego líder	Ascenso proyecto por proyecto o de cargo estatal a cargo federal
Organización	Depende de estrategia futura Altamente diferenciada por función, horizonte de tiempo y orientación primaria	Depende de personalidad y cuestiones corrientes
	Cultura estable	En gran parte no diferenciada, basada en electorado y región
Información	Extensa y sistemática; organizada por nivel y fase de actividad, v. gr., planificación contra control	Fragmentada, cualitativa, preocupada por percepciones; pocos sistemas; habladurías y redes informales son claves
	Generalmente cerrada al público	A menudo abierta al público
Formulación de estrategia y asignación de recursos	Metas relativamente claras: supervivencia, crecimiento y superávit	Metas difusas o lemas abstractos
	Selectividad entendida para servir a la organización, a diferencia de sus partes	Selectividad no legítima
	La medida clave para la organización es el rendimiento sobre la inversión	La organización es una "burocracia"
	Control del presupuesto puede ser rígido por programa	Control del presupuesto puede ser a veces rígido por gastos de línea

tecnocrática espera compromiso total de sus miembros. Las exigencias que se les hacen a los gerentes pueden llegar a ser tan grandes que pongan en peligro la vida de la familia y la independencia personal, y muchos altos ejecutivos encuentran difícil hablar como individuos distintos de sus organizaciones.

A cambio de esa lealtad y ese servicio, los miembros reciben compensaciones — generalmente dinero, pero también otros privilegios — en proporción a su categoría, antigüedad y aporte. Además, comparten los excedentes generados por una actividad que tiene éxito: se reparten utilidades en forma de bonificaciones; a los vendedores se les premia con viajes de vacaciones al Caribe por su gran productividad. Las compañías tratan de recompensar el esfuerzo de grupo por igual y el esfuerzo individual en proporción al aporte de cada cual.

El contrato en los sistemas de administración política funciona de manera muy distinta. Por ejemplo, en los sistemas corporativos, la persona que no da la medida puede ser despedida. En cambio, es muy difícil destituir a un funcionario nombrado para un puesto político, que se puede defender y luchar contra el despido utilizando en una forma eficiente el Congreso y la prensa. Lo que con mayor frecuencia ocurre es que los administradores políticos, frustrados por los bajos sueldos y la limitada influencia, renuncian voluntariamente.

Además, no hay ninguna organización obvia de referencia en los sistemas políticos — es decir, las cuestiones tienen vida propia, y las redes ad hoc de individuos y organizaciones se unen para trabajar en influir en la política y en la distribución de recursos. A quién se aplica el contrato en un sistema político depende de la cuestión que se traiga entre manos, sin atención a las ideas tecnocráticas de cadena de mando.

Considérese la situación de Philip Heymann, quien desempeñando interinamente el cargo de secretario de Estado asistente para seguridad y asuntos consulares, trató de liberalizar la política de visas de los Estados Unidos. Heymann llegó a ese cargo en 1964 después de la salida de Abba Schwartz, quien había sido obligado a retirarse por su subalterna Frances Knight, burocrática y políticamente poderosa directora de la oficina de pasaportes.

Revisando sus responsabilidades, Heymann llegó a la conclusión de que la concesión de visas era un proceso innecesariamente pesado y no realmente útil para la seguridad interna. Pero no coincidía en esta opinión ninguno de los demás interesados en el asunto — sus superiores en la Secretaría de Estado; la Secretaría de Justicia, incluso el FBI y el Servicio de Inmigración y Naturalización; la burocracia de asuntos consulares; el personal de la Casa Blanca; los congresistas interesados en comercio, relaciones exteriores y la amenaza comunista; y especialmente la subcomisión de vigilancia presidida por el representante Michael A. Feighan, responsable del presupuesto de la Secretaría de Estado. Era aquélla la época en que J. Edgar Hoover era aún poderoso en el FBI y el anticomunismo era una cuestión candente.

En efecto, casi todos temían que los esfuerzos de Heymann llevarían a facilitar la entrada de posibles extranjeros desleales, a la pérdida de empleos consulares, o a una tormenta burocrática con Hoover o Frances Knight. En suma, nadie tenía motivos para apoyar a Heymann, y éste tenía una autoridad y unos recursos muy limitados para actuar.

Con todo, logró hacer aprobar una nueva política de "visa indefinida" apelando a:

- Hacer estudiar la propuesta por su subalterno en la carrera y ganarse su apoyo dándole su nombre a la propuesta.
- Valiéndose de amistades influyentes en la Secretaría de Justicia para neutralizar las posibles objeciones de Hoover.
- Redefiniendo la cuestión para que la Casa Blanca pudiera proponerla como una medida proturismo para mejorar la balanza de pagos del país.
- Explotando las relaciones de largo tiempo de su subalterno en la carrera con los presidentes de subcomisiones claves.
- Informando al secretario de Estado sobre el proyecto que se estaba elaborando, con un memorando en que se le explicaba que determinados textos de la reglamentación vigente serían modificados en tal y tal fecha, a menos que el secretario lo improbara.

En tales circunstancias ¿cuál era la naturaleza del contrato de Heymann? ¿A quién era leal? Ciertamente, a su concepto de lo que era benéfico para el país. También era leal a una escuela de pensamiento que creía que lo más conveniente para el país era la libertad de comercio, una economía orientada al mercado y el debido proceso en sus políticas.

Al mismo tiempo, Heymann tenía metas personales. La visa indefinida le ofrecía la ventaja de ser lo suficientemente compacta como para que él tuviera una oportunidad real de realizar un cambio de política dentro de la tenencia de su cargo, pese al nivel relativamente bajo de su posición. Como la mayoría de los gerentes de sistemas políticos, él era un empresario cuasiindependiente, no un tecnócrata que pudiera contar con una organización y superiores para obtener recursos y avance — o que pudiera valerse de la manipulación de salarios o incentivos para implementar una política.

En la práctica, desde luego, estas limitaciones al control gerencial, condicionadas como están por el ejercicio del clientelismo, con frecuencia llevan al compadrazgo. Los estudiantes de la presidencia y de los cargos de gobernador y alcalde saben muy bien que los ejecutivos de elección popular necesitan un cuadro de subordinados de su confianza — un gabinete de cocina — que les sean leales por cuestiones de familia, de amistad o de dependencia total.

DIVERSOS CAMINOS PARA HACER CARRERA

El contraste entre el compromiso estructurado a largo a plazo dentro de los sistemas tecnocráticos y la calidad temporal, sindical, de los sistemas políticos, es especialmente visible en las carreras gerenciales. Los gerentes tecnocráticos son educados profesionalmente, se contratan y se capacitan muy cuidadosamente, o se desarrollan a medida que van escalando una serie de empleos cada vez más exigentes.

En cambio, en el sector político, la mayoría de los cargos superiores, especialmente los que son de elección popular, son para personas sin experiencia. Los individuos, una vez que alcanzan éxito, fijan sus miras en cargos más altos — y en la necesidad de conseguir fondos continuamente para la próxima campaña. Es típico que inicien su carrera trabajando en la organización de una campaña política, hasta que llega el día en que ellos mismos son candidatos. Por ejemplo, Paul Tsongas, de Massachusetts, empezando como comisionado de condado, ganó seis elecciones en nueve años, y llegó hasta el Senado de los Estados Unidos.

Los funcionarios nombrados para posiciones de alto nivel casi siempre se mueven lateralmente. Habiéndose establecido como abogados, académicos o empresarios, quieren "obtener alguna experiencia pública", o regresan con su partido para otra vuelta de servicio público. Éstos que "entran y salen", o "turistas", como los llamó un funcionario de carrera, ven su paso por los altos niveles de la administración pública como parte de su carrera no gubernamental. Los que son abogados se entrenan para trabajar a base de proyecto por proyecto, a menudo con alianzas temporales, pero adoptando siempre una postura de adversarios. Los académicos, que se concentran en cuestiones sustantivas y el debate verbal, no en la mecánica de la vida institucional, igualmente carecen de preparación para la administración.

¿Y qué decir de los gerentes de carrera en nuestro sistema político? Excepción hecha de los que están en los departamentos más antiguos y manejados por sistemas esencialmente tecnocráticos (digamos, las fuerzas armadas o las relaciones exteriores), prácticamente no existen.

DIFERENTE ESTRUCTURA ORGANIZACIONAL

Las diferencias entre la administración tecnocrática y la administración política son también visibles en la estructura organizacional, que en el mundo tecnocrático es una fuente crítica de influencia gerencial. Los ejecutivos tecnocráticos trabajan mucho por encontrar una estructura que se ajuste a su estrategia organizacional; y a medida que esa estrategia varía, refinan o modifican la estructura.

Buscan el equilibrio apropiado entre las ventajas de la especialización y los costos del esfuerzo administrativo que se requiere para alcanzar integración. Algunas corporaciones bien manejadas tratan de vincular sus planes estratégicos de largo alcance con los presupuestos operativos y de capital, y de medir las operaciones por las metas, tanto a corto como a largo plazo, fijadas en dichos presupuestos.

Desde luego, lo importante no es que todos los sistemas tecnocráticos, ni siquiera la mayoría de ellos, desarrollen un sistema tan sofisticado de "organización con información". Pero sí es sensato y legítimo que traten de desarrollarlo. Para los gerentes políticos este tipo de complejidad no tiene sentido. Su tenencia es demasiado corta, y el control de la estructura casi siempre está compartido entre los poderes ejecutivo y legislativo.

DIFERENTES PROPÓSITOS Y ASIGNACIÓN DE RECURSOS

En los sistemas tecnocráticos, la asignación de recursos tiene tres metas claras — supervivencia, crecimiento y superávit — de acuerdo con una regla sencilla: los recursos se deben invertir donde le hagan el mayor bien a la organización. El rendimiento sobre la inversión es una medida familiar por la cual los gerentes pueden comparar y clasificar oportunidades igualmente llamativas. De ahí que el aspecto esencial del sistema tecnocrático no sean las utilidades sino la selectividad. Las utilidades son simplemente una herramienta maravillosamente sencilla por la cual se guía la selectividad. Dada una meta, la prueba de eficiencia implica selectividad: los recursos se deben asignar al sitio en donde sean más útiles.

En los sistemas políticos, por ser las metas con frecuencia difusas y vagamente especificadas — por ejemplo, "acabar con la pobreza" — es difícil clasificar los objetivos en orden de importancia o seleccionarlos legítimamente. Si bien los sistemas políticos les pueden dar expresión a las aspiraciones y a las expectativas de intereses encontrados, están notoriamente mal equipados, por lo cual perjudican a una parte del electorado por favorecer a otra. A nivel nacional, la consecuencia es que muchas veces no podemos cerrar bases militares obsoletas ni recortar los gastos de pensiones que abruman a nuestros presupuestos. Lo que hacemos entonces es imprimir billetes y dejar que la inflación esconda la distribución del daño.

CUANDO EL POLÍTICO Y EL TECNÓCRATA SE ENCUENTRAN

¿Qué sucede cuando chocan estos dos mundos de administración? A menudo hay rozamiento, y rara vez resulta una política atractiva. A diferencia de Salomón, lo que nosotros hacemos es cortar el niño por la mitad. Mientras el país fue fuerte con respecto a sus competidores industriales, esta incompatibilidad no importaba; pero hoy, el desajuste en las relaciones entre el político y el tecnócrata es doloroso y destructivo. Es un lujo que no nos podemos seguir dando.

Cuando una compañía trata con aquellas partes del gobierno que utilizan sistemas tecnocráticos para alcanzar sus objetivos, encuentra colegas similares en capacidad organizacional y en orientación. Los gerentes gubernamentales serán burócratas de carrera. Lo mismo que en los negocios, algunos serán competentes y otros no; pero a menos que la dependencia esté muy mal manejada o sea muy nueva, la mayoría de sus miembros respetarán a la competencia. Habrá continuidad en la dotación de personal — a veces menos de lo deseable, a veces más, pero el principio será entendido y valorado. El talento de la dependencia y su horizonte de tiempo permitirán que se aplique conocimiento técnico donde sea pertinente. Cuando una cuestión que se está considerando está comprendida dentro de la esfera de acción de un sistema gubernamental de administración tecnocrática, una compañía puede hacer negocios de una manera relativamente normal a través de la frontera entre los sectores público y privado.

Pero donde el gobierno se vale de sistemas políticos, una compañía puede esperar entenderse con colegas casi totalmente distintos en capacidad, orientación, experiencia y valores. Lo que es peor aún, a los gerentes de negocios los políticos les parecerán incompetentes (porque sus capacidades y conocimientos no son los de la tecnocracia) o hasta poco dignos de confianza (porque las reglas y los procedimientos que les son caros están políticamente orientados).

Los gerentes de los sistemas tecnocráticos creen que el propósito es una cuestión de foco, la estructura un asunto de jerarquía, y el contrato un problema de incentivos administrados. Los gerentes de sistemas políticos creen que el propósito es un juego de división equitativa, la estructura una versión de una carga de caballería, y los incentivos un problema para negociación hábil. Los dos mundos de administración tienen diferente percepción de la realidad.

Cuando trabajan juntos, el desajuste puede ser cómico. Los ejecutivos de negocios tienen un sentido de las organizaciones competentes pero falibles que los sostienen. Saben cuánto tiempo se necesita para hacer hasta las cosas sencillas y se dan cuenta de la urdimbre de compromisos personales incorporados en una estrategia particular. También tienen el sentido de cómo se pueden usar sus organizaciones constructivamente para trabajar en los problemas; existen sistemas para hacer estas cosas.

Los gerentes políticos ven las cuestiones en el contexto de los muchos otros asuntos que requieren su tiempo y el de su personal. Saben cuáles cuestiones son "calientes" y cuáles están por el momento "fuera de pantalla". En la agitada agenda de los gerentes políticos, las que no son crisis casi siempre son distracciones. Cuando al fin se presta atención a una cuestión específica — modificar un aspecto de la legislación tributaria, mantener abierta una planta u obtener un aumento de la asignación para la oficina regional de una dependencia — los políticos calculan instintivamente cómo verán una determinada postura sus aliados políticos y la oposición y, lo que es igualmente importante, cómo se presentará en los medios de comunicación. Mientras no haya una consciencia pública bastante difundida de un problema, es posible que los gerentes políticos no puedan hacer gran cosa.

TENDENCIA A LA POLITIZACIÓN

Cuando por cualquier razón el mundo de la política se inmiscuye en el mundo relativamente bien ordenado de las organizaciones tecnocráticas, el resultado inevitable es pérdida de eficiencia. Cuando los gerentes de estas organizaciones distraen su atención de la búsqueda constante de objetivos a largo plazo y la dedican a consideraciones políticas inmediatas, se pierde la calidad autosostenedora de los sistemas tecnocráticos. Cada nuevo arreglo político, cada nueva negociación, produce transacciones entre demandas — no selectividad en la aplicación de recursos.

Otro costo del actual conflicto de sistemas se ve muy claramente en la observación del ex presidente de la junta directiva de General Electric, Reginald Jones, en el sentido de que él pasaba más de la mitad de su tiempo en Washington. Para entenderse con el sector público, la alta gerencia de las principales organizaciones tecnocráticas se ha visto obligada a entrar en el mundo de la política. El más alto precio que pagamos por nuestro enfoque de los asuntos económicos bien puede ser esta politización de la tecnocracia. El oficio de la alta gerencia pasa de fijar dirección y construir organización a influir en las leyes e instituciones públicas que determinan si una compañía o entidad va a prosperar, o siquiera a sobrevivir.

El punto es fácil de ver pero difícil de tratar. Una vez que una organización basada en el mercado se vuelve dependiente de la intervención de una entidad oficial para sobrevivir, tiene que tratar la política de esa entidad por lo menos tan seriamente como su mercado. Si la política es negativa, las compañías se ven encerradas en un dilema antieconómico: los pasos que den para sobrevivir cada año las llevan a un terreno político irreal; si la política es positiva, un negocio potencialmente malo puede convertirse en una carga permanente para el Estado.

En semejante situación los gerentes tecnocráticos cambian la promesa implícita o explícita de beneficios económicos (y políticos) — generalmente en forma de aumento de empleos o bajos precios — por apoyo económico inmediato. Los políticos, a su vez, ofrecen donaciones o préstamos que el mercado no suministra, o ventas garantizadas a precios que el mercado no pagará, o en volúmenes que el mercado no aceptará. Por ejemplo, en diversas ocasiones la única razón para que entidades francesas o inglesas compraran productos de computador franceses o ingleses fue que se les ordenó que los compraran.

La consecuencia de tales transacciones es que los empleos así salvados o creados se convierten en un derecho adquirido. Los trabajadores que los desempeñan reconocen que sus representantes elegidos los han protegido, no el mercado. Y en ese punto ven el retiro de la protección como un acto hostil y como una justificación para votar por otros candidatos. Con el tiempo, llega el momento en que la sociedad apoya vigorosamente una actividad política que es económicamente obsoleta, aunque políticamente importante. Este tipo de politización amenaza la capacidad de los gerentes públicos para alcanzar objetivos nacionales de largo alcance, o para siquiera intentarlo.

ENDEREZANDO EL EQUILIBRIO

¿Por qué es la politización un problema tan molesto en la actualidad? Varias razones se sugieren. La más obvia es que cuando el crecimiento económico se retarda, los perdedores se quejan a voces y señalan la aparente incapacidad de la administración burocrática para producir una equitativa distribución de costos y beneficios.

Hoy las personas perjudicadas por estos procesos no reaccionan en forma pasiva. Con la aprobación de las enmiendas a la ley de derechos civiles, las sentencias de los tribunales de un voto por persona, y el uso sofisticado que hacen estrechos grupos de interés de los periódicos y los tribunales, la gente ya no cree simplemente que merece una oportunidad de tener éxito; cree que tiene derecho a una vida cómoda. Y cuando fallan las instituciones de administración tecnocrática, los perjudicados se creen tratados en forma injusta. Al fin y al cabo, el gobierno no cumplió con su deber de proteger sus "derechos".

Las administraciones tecnocráticas que no están a la altura de los mandatos del mercado o legislativos descubren entre sus empleados y representantes políticos una nueva fuente de apoyo. Por lo menos pueden "vender" su capacidad de dar empleo. En suma, cuando los sistemas tecnocráticos se ven ante un reto serio y no pueden cumplir con sus propios integrantes, una de las pocas vías de supervivencia que les quedan es hacer algo que convenza un cuerpo legislativo, es decir, politizarse.

El problema básico que aquí se identifica es la creciente politización de las administraciones tecnocráticas en los sectores privado y público, no el crecimiento del gobierno. Los sistemas tecnocráticos son vulnerables a la politización porque su estrecho foco las ciega a los amplios cambios de gustos y valores. Cuando las compañías o entidades no responden a cambios fundamentales de sentimiento, los gerentes políticos están listos a intervenir.

En general, nuestros sistemas políticos responden con razonable rapidez a dichos cambios con nuevas políticas y leyes. El reto es que los gerentes tecnocráticos trabajen constructivamente con los gerentes políticos formando alianzas no politizadas de organizaciones operativas eficientes. Sólo por este camino encontrarán los Estados Unidos una política industrial coherente. La alternativa, una política impulsada o guiada centralmente, le impondría a nuestro aparato político una carga que sólo haría daño.

Los dos mundos de administración pueden y deben colaborar, pero cada uno funciona mejor cuando se deja espacio entre los dos. Éste es un hecho sencillo, no un argumento en favor del *laissez faire*. Cuando los valores cambian y las instituciones de administración tecnocrática no responden, como en el caso de la protección ambiental, los políticos deben intervenir. Pero cuando los gerentes políticos intervienen, siempre hay consecuencias económicas.

El problema se presenta cuando la política le pide a la tecnocracia más de lo que ésta puede dar. Los políticos tienen que aprender que la administración tecnocrática también es un arte de lo posible — no alcanzar los objetivos que manda la ley no es siempre prueba de pérfida obstrucción de la voluntad popular que requiera remedio instantáneo. Politizar el mundo de la administración que lucha por la eficiencia sólo la hará menos equitativa. Sólo la hará menos eficiente. Ya no podemos aguantar este costo.

Copyright © 1983; revisado en 1991.

— TEMAS DE DISCUSIÓN

1. ¿Tiene alguna ventaja politizar la tecnocracia? ¿No debieran los sistemas tecnocráticos ser más equitativos en respuesta a sus integrantes?
2. ¿Gestión de eficiencia y gestión de equidad son metas mutuamente excluyentes?
3. ¿Es justa la descripción del autor, de los sistemas tecnocrático y político? ¿Prefiere él un sistema de administración al otro?

Gerencia general en firmas diversificadas

10

JOSEPH L. BADARACCO Y RICHARD R. ELLSWORTH

El papel del gerente general en una compañía diversificada es más exigente que en una empresa de un solo negocio. La estrategia, la asignación de recursos y la administración se enfocan de una manera distinta, a causa de la complejidad de la compañía diversificada. De acuerdo con Joseph Badaracco y Richard Ellsworth, en estas empresas los gerentes generales tienen que administrar el contexto en que se toman las decisiones a nivel de división o de compañía. Esto significa refinar el diseño de la organización, apoyar la comunicación abierta en todos los niveles, y promover una atmósfera de confianza e innovación. Esta lectura muestra cómo alcanzan esas metas los administradores superiores de las compañías diversificadas fijando la estrategia, administrando a otros gerentes generales, asignando los recursos corporativos y equilibrando las influencias de arriba abajo y de abajo arriba sobre las decisiones.

FIJACIÓN DE LA ESTRATEGIA

Las firmas diversificadas grandes predominan entre las 500 de *Fortune* en los Estados Unidos, y representan cerca de la mitad de toda la producción industrial del país, los empleos y las utilidades corporativas. Su papel en otras economías desarrolladas es parecido.

Para una compañía de un solo negocio, la estrategia comprende, entre otras cosas, el concepto del negocio como parte de la tarea que tiene ante sí la administración de la empresa. Esto, a la vez, se compone de lo siguiente:

1. La definición del negocio: qué resultados busca o alcanzará la compañía para sus clientes;

2. La misión general, en cuanto al valor que se va a crear para las distintas partes interesadas;
3. La posición competitiva que se va a alcanzar en relación con los clientes, los proveedores y los competidores;
4. Metas funcionales y esfuerzos que se necesitan para alcanzar la posición competitiva deseada.

Para las compañías diversificadas la estrategia es más complicada porque estas firmas se componen de varios negocios diferentes. Cada negocio se llama generalmente división; cada división suele tener su propio gerente general, sus gerentes funcionales y su propia estrategia mercantil. La estrategia de toda una compañía diversificada es su estrategia corporativa. Ella comprende los mismos elementos básicos de la estrategia de un negocio único, pero cada elemento toma una forma distinta.

Por ejemplo, en una compañía diversificada, el concepto del negocio describe la naturaleza de los negocios en que la firma competirá y qué relación guardarán éstos entre sí. Para muchas compañías diversificadas, el concepto básico del negocio es la diversificación relacional — es decir, que los negocios de la firma comparten instalaciones manufactureras, canales de distribución, imagen de marca, habilidades gerenciales, o algún otro factor. Las compañías de diversificación relacional suelen tener muy grandes oficinas corporativas que buscan "sinergia" coordinando las estrategias y las operaciones de las divisiones.

El concepto alterno de negocio es el de diversificación no relacional, o de conglomerado. En este caso, los distintos negocios dentro de la firma se tratan unos a otros a distancia y compiten por fondos en un mercado interno de capital. Esas firmas suelen ser manejadas por oficinas corporativas pequeñas, a veces diminutas.

La estrategia corporativa de una compañía de múltiples negocios fija metas económicas de utilidades, rendimiento y crecimiento. Estas metas amplias, que son para toda la compañía, se dividen en objetivos económicos distintos entre las divisiones. Algunas divisiones pueden concentrarse en utilidades, mientras otras se concentran en crecimiento. En principio, los objetivos económicos de todos los negocios que figuran en la cartera corporativa encajan en los amplios objetivos económicos de toda la compañía.

En general, la estrategia de una firma de múltiples negocios no especifica objetivos o esfuerzos. (Ésos son parte de las estrategias mercantiles de las divisiones.) Pero hay excepciones. Las compañías diversificadas sí fijan políticas financieras para toda la corporación en lo relativo a estructura de capital, pago de dividendos y financiamiento externo. Muchas tienen políticas corporativas de personal y de cuestiones jurídicas. Y las estrategias corporativas a veces especifican temas básicos, como liderazgo en costos o innovación, que se espera sean incorporados por medio de las metas y los esfuerzos funcionales de todos los distintos negocios de la compañía. Finalmente, la estrategia corporativa define a veces la misión básica y los valores de toda la empresa.

ADMINISTRACIÓN DE OTROS GERENTES GENERALES

En las compañías pequeñas, de un solo negocio, el gerente general tiene normalmente la responsabilidad de los gerentes funcionales. Esto también es cierto respecto de los gerentes generales de división en las compañías diversificadas. Lo que distingue a los gerentes generales superiores en las compañías diversificadas es que son responsables de administrar a otros gerentes generales más bien que informes funcionales.

Por ejemplo, en algunas compañías diversificadas los directores ejecutivos tienen bajo sus órdenes a los gerentes generales de grupo y éstos, a la vez, son responsables de los gerentes generales que manejan las divisiones.

Comoquiera que tienen que administrar uno o más niveles de gerentes generales, el trabajo de los ejecutivos superiores en las firmas diversificadas se hace especialmente exigente. El ejecutivo superior muchas veces conoce menos sobre los negocios, las estrategias y las industrias que los jefes de división; sino ha trabajado al comienzo de su carrera en una división particular, no tiene el conocimiento directo, tangible y práctico de las operaciones de sus divisiones.

A pesar de todo, los ejecutivos superiores de las compañías diversificadas tienen la responsabilidad final del desempeño de estas divisiones, y tienen que dirigir los esfuerzos y las carreras de los gerentes de división. Estas tareas se complican por el hecho de que los ejecutivos superiores sólo pueden dedicar un tiempo limitado a cada gerente de división. Muchas veces se necesitan años para evaluar por completo la eficacia de una estrategia de división. Pero los altos ejecutivos tienen que formar un juicio provisional sobre el comportamiento del gerente general de una división, a pesar de los inconvenientes del tiempo limitado y de la falta de familiaridad con el negocio. Formar tales juicios se complica aun más cuando las divisiones y sus gerentes están lejos de la oficina central y cuando los gerentes de división gozan de mucha autonomía.

ASIGNACIÓN DE RECURSOS

Una de las tareas más exigentes de los gerentes generales corporativos, tanto en lo intelectual como en lo práctico, es asignar fondos a las diversas divisiones.

El gerente corporativo tiene el problema conceptual de reconciliar cuatro puntos de vista poderosos, muchas veces en conflicto, y cada uno con su propia lógica interna consecuente. El primero, el de la *lógica financiera corporativa*, tiene que ver con el financiamiento total que tiene a su disposición la corporación para el presente y el futuro. La lógica financiera corporativa generalmente les pone un límite global y otras restricciones a los gastos de la firma, por grandes que sean las oportunidades de inversión que se le presenten. Entre las restricciones se cuentan metas de estructura de capital, pago de dividendos y participación en el capital social. La lógica financiera corporativa con frecuencia lleva a racionar el capital entre las divisiones a fin de poder lograr amplios objetivos financieros y porcentajes.

La *lógica de la planificación estratégica corporativa* se dirige a asignar fondos en forma que las inversiones y los esfuerzos de las divisiones creen conjuntamente una estrategia corporativa equilibrada, enfocada, cohesiva. En el decenio de los 70, los modelos de planificación de cartera que clasificaban a los negocios de una compañía en función de su posición competitiva y del atractivo de sus mercados se utilizaron muchísimo como herramientas de planificación estratégica corporativa. Al aplicar los modelos, se designaban unidades estratégicas de negocio y se le asignaba capital a cada una en forma que se equilibraran los flujos de caja, los ciclos de vida de productos, los niveles de riesgo y otros factores en toda la cartera. Sin embargo, no hay garantía de que las necesidades de los negocios en vías de crecimiento se puedan satisfacer con fondos generados por otros negocios. En consecuencia, la lógica de cartera puede chocar con los límites globales de financiamiento fijados por la lógica financiera corporativa.

La *lógica de la unidad de negocios* tiene su origen en los gerentes de división, que son los que tienen contacto directo con clientes y competidores. Ellos, desde luego, se concentran en lo que necesitan sus unidades para tener éxito. Los gerentes generales de división les prestan menos atención a las preocupaciones corporativas por los índices de rendimiento, los patrones de flujo de caja en toda la compañía y las ganancias por acción. Presionan a los ejecutivos corporativos para que les suministren los recursos que sus negocios necesitan. Estas solicitudes insistentes con frecuencia están en contradicción con la lógica financiera corporativa o con la lógica de planificación estratégica corporativa.

La *lógica de presupuestos de capital* es la cuarta manera de pensar acerca de la asignación de recursos. En su forma pura, la teoría indica que la compañía debe asignar recursos clasificando todas sus inversiones potenciales de acuerdo con sus tasas de rendimiento ajustadas por riesgo, e invertir en todos los proyectos cuyos rendimientos sobrepasen el costo de capital de la compañía. En el fondo, un proyecto o un negocio, o bien aumenta la riqueza del accionista, o bien no la aumenta. Sólo se debe financiar en caso afirmativo.

La lógica de presupuestos de capital puede estar en contradicción con otras maneras de pensar. Algunos proyectos con rendimiento inferior al costo de capital pueden apoyar la misión estratégica de un negocio. Los proyectos en negocios con malas perspectivas competitivas a veces tienen que ser abandonados aun cuando ofrezcan rendimientos por encima del costo de capital.

Estos cuatro puntos de vista lógicos sobre la asignación de recursos no siempre están en conflicto, pero pueden ser muy difíciles de manejar para la administración porque en la práctica distintos individuos y unidades ven las decisiones sobre asignación de recursos desde distintas perspectivas. Con frecuencia, las recomendaciones se contradicen, a veces fuertemente. Al final, los gerentes generales superiores tienen que resolver estos conflictos cuando asignan fondos.

PROCESO Y SUSTANCIA

En la práctica, los ejecutivos superiores en las corporaciones diversificadas tienen que decidir hasta qué punto fiarse del proceso y de la sustancia. Por ejemplo, la estrategia y la asignación de recursos dependen inevitablemente de información y juicios que muchas personas recopilan, reúnen y analizan. Diversos componentes estructurales (organización, controles, normas, recompensas, políticas y procesos) guían a dichos individuos. Los componentes estructurales determinan qué clase de información reciben los gerentes generales y cómo fluye ella entre gerentes y entre diversos niveles de la organización; influyen en el comportamiento de los gerentes; y describen el papel que diversos individuos y unidades organizacionales (planificadores de estrategia, gerentes de línea, contralores, comités financieros, etc.) desempeñan en la asignación de recursos.

En fin de cuentas, los componentes de estructura definen la forma y la sustancia de los planes estratégicos y las propuestas de gastos de capital que surgen de una organización. En consecuencia, es cuestión fundamental equilibrar el grado en que el gerente se fía de los componentes estructurales para dar forma al proceso por el cual otros en la compañía formulan y aprueban propuestas de comprometer recursos y el grado en que un gerente interviene directa y personalmente en la toma de decisiones. Administrar el proceso de asignación de recursos es una actividad muy distinta de tomar en la práctica las decisiones estratégicas de asignación.

En las compañías diversificadas, los procedimientos de planificación y asignación de capital son explícitos, detallados y minuciosos. Esto crea dos problemas. En primer lugar, los procedimientos operativos estándar adquieren vida propia. Se vuelven más complejos aún a medida que se adaptan a situaciones imprevistas y que se allegan más datos para mejorar la precisión y la equidad de las decisiones. El refinamiento de sistemas puede convertirse en un intrigante reto intelectual para los que los diseñan. Además, los miembros del staff que supervisan los sistemas presionan para ampliarlos y exigen más información a fin de hacer su oficio más eficientemente y, a veces, para ampliar su influencia personal. Los sistemas se vuelven más detallados y minuciosos; el número de frenos y cortapisas crece, y surge el peligro de que el proceso domine la sustancia. Pero los gerentes generales corporativos no pueden tomar parte directamente en todo el pensamiento detallado y los juicios que producen las solicitudes de capital y los planes estratégicos de las divisiones. De ahí que la esencia de este dilema sea equilibrar la necesidad de los componentes estructurales que directamente controlan y dirigen la toma de decisiones entre las divisiones con la necesidad de intervención directa y personal de los ejecutivos superiores.

ADMINISTRACIÓN DEL CONTEXTO

En su sentido más lato, el trabajo de los ejecutivos superiores en las compañías diversificadas se puede describir como la administración del contexto en que los gerentes de división y el personal de staff interactúan y toman sus decisiones. Administrar el contexto significa refinar la organización de una compañía, su ambiente de trabajo y sus normas en forma que contribuyan al avance global de la estrategia corporativa.

Administrar el contexto también significa reforzar los valores que destacan la toma estratégica de decisiones y la asignación de recursos. Entre ellos se cuentan la comunicación abierta y la franqueza, un sentido de que las solicitudes de capital y los planes estratégicos tienen que pensarse a fondo y cuidadosamente, una atmósfera que permita y fomente cuestionar los convencionalismos, la tolerancia de pruebas y ensayos, y la muy difundida creencia de que las oportunidades de carrera se distribuirán equitativamente entre los gerentes, tanto de los negocios en vías de desarrollo como de los maduros. Sin tales valores, la información que llegue hasta la oficina central será tergiversada, se necesitarán burocracias complicadas para suprimir la politiquería que se disputa recursos, languidecerán oportunidades arriesgadas pero atractivas porque los gerentes no querrán ser sus campeones, y, finalmente, se perjudicará el rendimiento de la compañía.

Copyright © 1986; revisado en 1991.

TEMAS DE DISCUSIÓN

1. ¿Cuáles son los medios por los cuales los gerentes generales pueden "administrar el contexto" de las decisiones e interacciones en una firma?
2. El autor describe cuatro métodos que los gerentes generales usan para asignar recursos. En general, ¿cuál cree usted que es el más eficaz y por qué?
3. ¿Debe la alta gerencia general en las firmas diversificadas asegurar que la estrategia y la asignación de recursos se sometan a procesos y sistemas estrictamente definidos? Dada la complejidad de las compañías diversificadas ¿promueve esto los resultados más equitativos y lógicos?

¿Pueden ser morales las mejores corporaciones?

KENNETH R. ANDREWS

Según Kenneth Andrews, las corporaciones pueden y deben responder por las necesidades de la sociedad. Son ellas instituciones poderosas y ese poder lleva en sí una responsabilidad social implícita. Sostiene Andrews que esa responsabilidad se debe incrustar en la estrategia corporativa. Las obligaciones de una compañía deben guardar relación con sus negocios o con la comunidad en que tiene su base. Pero muchas compañías frustran los esfuerzos encaminados a la responsabilidad pública imponiendo estrechos sistemas de medida y de recompensas y sanciones. Los empleados que deben cumplir metas estrictamente cuantificables no son motivados para atender a las responsabilidades sociales de la compañía. Por consiguiente, los gerentes generales deben actuar para corregir la preferencia por los resultados a corto plazo, y tienen que comunicar claramente una respuesta corporativa estratégica a las necesidades de la sociedad. Esta lectura sugiere los lineamientos de un programa administrativo de acción.

El concepto de responsabilidad social corporativa ha progresado continuamente a lo largo de los últimos cuarenta años. Las palabras significan, en parte, restricción voluntaria de la maximización de las utilidades. Más positivamente, significan sensibilidad a los costos sociales de la actividad económica y la oportunidad de concentrar el poder corporativo en objetivos que son posibles pero a veces menos económicamente atractivos que socialmente deseables. El término incluye:

- La determinación que toma una corporación de reducir sus utilidades mediante contribuciones voluntarias a la educación y a otras empresas de caridad.
- La elección de un nivel ético de operaciones, más alto que el mínimo exigido por la ley y la costumbre.

- La elección entre negocios de diversa oportunidad económica a causa del valor social que se les atribuye.
- La inversión, por razones distintas del ingreso económico (aunque, obviamente, relacionadas con éste), en la calidad de vida dentro de la corporación misma.

A la doctrina de responsabilidad social corporativa se oponen vigorosa, honrada y abiertamente abogados y economistas conservadores, y disimuladamente los partidarios de los negocios como de costumbre. Milton Friedman, economista conservador, censura la preocupación por la responsabilidad como "fundamentalmente subversiva" en una sociedad libre. Sostiene que "los negocios sólo tienen una responsabilidad social: emplear sus recursos y dedicarse a actividades diseñadas para aumentar sus utilidades, siempre que ... actúen en competencia abierta y libre, sin engaño ni fraude".[1]

Así, por ejemplo, el gerente que toma decisiones que afectan directamente a las utilidades al reducir la contaminación o aumentar el empleo de minorías más de lo que requiere actualmente la ley, en realidad, les está imponiendo un impuesto a sus accionistas y actuando sin autoridad como cuerpo legislativo.

Otros críticos de la doctrina señalan:

- La dificultad de combinar la acción corporativa rentable y socialmente sensible.
- La falta de experiencia de las gentes de negocios en cuestiones sociales.
- La urgencia de sobrevivir en tiempos difíciles y contra la competencia.
- Las cuestiones sociales dictadas por la administración coartan la opinión individual.
- Casi nadie tiene la inteligencia, la compasión, el conocimiento de los problemas y la moralidad que necesitaría tener un gerente bastante presuntuoso para inmiscuir la responsabilidad social en las decisiones económicas.

Viendo cuánto tardan las buenas intenciones expresadas en convertirse en acción, muchos críticos de las grandes compañías sospechan que por cada jefe ejecutivo que anuncia objetivos muy

---

[1] Milton Friedman, *Capitalism and Freedom* (Chicago: University of Chicago Press, 1962), 133.

santos hay un centenar de pícaros que tranquilamente siguen haciendo sus negocios a la manera antigua y regocijándose inmoralmente con el apoyo moral de Friedman.

Los intervencionistas cuestionan la eficacia de la "mano invisible" de la competencia como reguladora ética de las grandes corporaciones, capaz de moldear en forma significativa su ambiente. Piensan también que la reglamentación que dicta el Estado, siempre esencial en cierta medida bajo la competencia imperfecta, no es suficientemente conocedora, sutil y oportuna para reconciliar el interés egoísta del empresariado corporativo con las necesidades de la sociedad atribulada y bien servida por la actividad económica.

Los partidarios de la responsabilidad pública de la llamada empresa privada afirman que, en una sociedad industrial, el poder corporativo, vasto en fuerza potencial, tiene que hacerse pesar en ciertos problemas sociales para que éstos se puedan resolver. Arguyen que no se puede esperar que ejecutivos corporativos con la integridad, la inteligencia y la filantropía que se requieren para manejar compañías cuyas rentas a menudo son superiores al producto nacional bruto de naciones enteras, se limiten a la actividad económica haciendo caso omiso de sus consecuencias, y que, por consiguiente, jóvenes, hombres y mujeres, que llegan a la vida de los negocios, serán sensibles al valor social de la actividad corporativa.

Para tranquilizar a los que se preocupan por los peligros de la participación corporativa en los asuntos públicos, los intervencionistas sociales les dicen a los aislacionistas económicos que esos peligros se pueden limitar mediante educación profesional, control gubernamental y autorreglamentación.

No es éste el lugar para argüir más en contra de la fe simplista de Friedman en el poder del mercado para purificar el interés egoísta; pero debemos observar que el argumento en favor de la participación activa de las corporaciones en asuntos públicos, en favor de una evaluación responsable del impacto de la actividad económica y de la preocupación por la calidad de los propósitos corporativos, está ganando terreno a pesar de la creciente intranquilidad por el hecho de que el poder corporativo está en manos de gerentes que (excepto en casos de crisis) son responsables sólo ante sí mismos o ante juntas directivas que ellos mismos eligieron.

La crítica de la actividad corporativa se manifiesta actualmente en el consumismo, en el movimiento por introducir legislación social en las asambleas de accionistas y reformar la constitución de las juntas directivas, y (lo que es más peligroso) en la apatía o antipatía entre la juventud. La respuesta más práctica a esta crítica que pueden dar los que tienen en sus manos el poder corporativo es tratar de justificar el gobierno limitado utilizando el poder en forma responsable — obligación final de las personas libres en cualquier sociedad relativamente libre.

Necesitamos la corporación grande, no por su tamaño sino por su capacidad. En el supuesto, pues, de que la responsabilidad social corporativa es ya un hecho y que, además, tiene que aumentar su radio de acción y su complejidad a medida que el poder corporativo aumenta, yo sugiero que echemos un vistazo a las consecuencias administrativas y organizacionales que tendrá la incursión de las compañías privadas en las responsabilidades públicas.

LA NATURALEZA DEL PROBLEMA

Entre las muchas consideraciones que debe hacerse el ejecutivo que quiera hacer efectiva la responsabilidad social, hay algunas tan conocidas que podemos rápidamente dejarlas a un lado. La hipocresía, la insinceridad y la santurronería no son realmente peligrosas, pues son muy fáciles de detectar.

En realidad, es más fácil creer que son insinceras las genuinas buenas intenciones que dar crédito a las protestas hipócritas de idealismo. Que en la organización se diga "El Sr. Ford (o el Sr. Kaiser o el Sr. Rockefeller) no cree realmente lo que dice" es un problema mayor para el Sr. Ford o el Sr. Kaiser o el Sr. Rockefeller que lo que deba decir. El escepticismo, subproducto de la burocracia impersonal, sigue siendo uno de los principales impedimentos para la comunicación de la política social corporativa.

También me gustaría dejar a un lado el problema de elegir la contribución social que se debe buscar — problema que constantemente trae a la mente la disparidad entre la infinita variedad de necesidades sociales y las limitaciones de los recursos corporativos disponibles.

UNA ESTRATEGIA CONSECUENTE

La formulación de una política social corporativa específica es una función de la planificación estratégica, tanto como lo son la elección de combinaciones de producto y mercado, la fijación de objetivos de ganancias y crecimiento, o la elección de estructura organizacional y sistemas para alcanzar los propósitos corporativos.

Más bien que apoyar determinadas actividades por motivos puramente personales (como, por ejemplo, un museo porque la pareja de uno es muy amante del arte), o que hacer contribuciones sanas y seguras a entidades de beneficencia muy respetadas, tiene sentido ser socialmente sensible a las funciones económicas de la compañía o a los problemas peculiares de la comunidad en que opera.

Para una fábrica de papel, por ejemplo, parecería de necesidad estratégica dar primera prioridad a la eliminación de desperdicios tóxicos de sus molinos en vez de apoyar actividades culturales como exposiciones de arte viajeras. De igual modo, para una compañía petrolera sería una necesidad estratégica atender a las consecuencias de las chimeneas de sus refinerías, los derrames de petróleo y el escape de los automóviles.

La afortunada compañía que está pagando el costo total de su función productiva puede hacer contribuciones a solucionar problemas que ella no ha causado — como la delincuencia juvenil, el analfabetismo, etc., — o a otras formas de mejora ambiental más apropiadas para la ciudadanía corporativa que directamente relacionadas con sus procesos de producción.

Cuando los líderes de los negocios van más allá de las contribuciones filantrópicas convencionales y pasan a inversiones en mejoras sociales relacionadas con la estrategia, combinan los intereses a largo plazo de sus compañías con las prioridades públicas (por ejemplo, eliminar la contaminación) buscando aquellos puntos en que, realmente, lo que es bueno para el país es bueno para la compañía.

Una vez comprendida la planificación consciente que requiere una bien desarrollada estrategia corporativa, las alternativas prácticas de una compañía no son imposibles de identificar y clasificar de acuerdo con su aplicabilidad a la estrategia económica o a las necesidades y los recursos de la organización.

El resultado es una estrategia integrada y consecuente que incorpora obligaciones definidas para con la sociedad, pertinentes a sus propósitos económicos aunque no limitadas a ellos. A la alta gerencia de una compañía grande, si se resuelve a ello, le costará menos trabajo exponer tal estrategia que hacer frente a los problemas de comportamiento organizacional de que trataré en seguida.

COMPORTAMIENTO ORGANIZACIONAL

El avance de la doctrina de responsabilidad social corporativa ha sido aparentemente la conversión cada vez mayor de directores ejecutivos. El cambio a una conducta responsable y la formulación de intenciones estratégicas obviamente no son posibles sin su interés, su compasión y su convicción.

Mientras la organización permanezca bastante pequeña para recibir la influencia directa del director ejecutivo, ciertos resultados se pueden derivar del liderazgo de éste — como en las inversiones centralmente decididas, nuevas empresas específicas, contribuciones en efectivo a obras de beneficencia y políticas de compensación, de promoción y de asuntos relacionados con el personal.

Pero cuando la organización crece y sus operaciones se vuelven más descentralizadas, el poder y la influencia del director ejecutivo se reinterpretan y se difunden. Por ejemplo:

Para que una compañía grande sea lo suficientemente descentralizada como para que sean factibles operaciones a escala mundial, hay que distribuir el poder en una jerarquía formada por personas a) que tal vez no compartan la determinación del director ejecutivo ni su fervor; b) que acaso no crean (eso es lo más corriente) en las palabras del director ejecutivo; y c) que podrían ser impulsadas a aplazar la acción en problemas tales como desarrollo gerencial, contaminación, o empleo y avance de minorías.

En este punto, el problema dominante que ahora impide el progreso de la responsabilidad corporativa es la dificultad de hacer creíble y eficiente en toda la organización el componente social de una estrategia corporativa originada en los valores de su director ejecutivo.

Rendimiento cuantificable. El origen de la dificultad está en la naturaleza y el impacto de nuestros procesos de planificación sistemática, formas de control, sistemas de medida y patrones de incentivos, y en la manera impersonal de administrar todos éstos. La planificación de la cual sabemos más es suministro de información cuantitativa al proceso, y obtención de medidas cuantitativas de los resultados.

Una vez que los planes entran en vigor, los gerentes son medidos, evaluados, promovidos, archivados o despedidos según la relación que sus realizaciones guarden con el plan. En las convenciones de la contabilidad y la escala de tiempo de la cuantificación exacta, el rendimiento viene a ser los resultados económicos o técnicos a corto plazo dentro de la corporación. La evaluación le asigna las calificaciones más altas a la realización actual, sin calcular el pasivo con cargo al futuro que puede haberse producido en el esfuerzo por cumplir el plan.

Como en una organización grande la motivación central es el progreso en la carrera, que depende de juicios favorables sobre un rendimiento cuantificable, los gerentes generales y funcionales a nivel divisional, regional, distrital y local son motivados para hacer bien lo que es mejor y lo más medido, y a hacerlo ahora, y a concentrar la atención en los problemas internos que afectan a los resultados inmediatos.

En resumen, cuanta más cuantificación y más supervisión de las variaciones, menos atención se les prestará a los asuntos intangibles, como el papel social de la planta X en la comunidad Y, o la calidad de la vida corporativa en la oficina de la ciudad Z.

Cuanto menos numeroso se mantenga el staff central de una gran organización, menos hincapié se hará en los números; y, lo que es más importante, más difícil será hacer la evaluación cuantitativa de los procesos a largo plazo, como el desarrollo individual y gerencial, el aumento continuo de la competencia organizacional y el progreso de programas destinados a hacer que el trabajo sea significativo y emocionante, y a hacer más que contribuciones económicas a la sociedad.

Un grupo pequeño que supervisa las operaciones de un conglomerado de organizaciones autónomas, medidas hasta ahora clasificándolas según su rendimiento sobre el capital social, no esperaría que le hicieran propuestas sus filiales para hacer inversiones importantes en responsabilidad social. Tales inversiones sólo podría hacerlas la oficina central corporativa, la cual no dispondría del conocimiento ni tendría la motivación para actuar sobre oportunidades que se presentan en las compañías filiales.

Amoralidad corporativa. Uno de mis colegas, Joseph L. Bower, ha examinado el proceso por el cual se asignan los recursos en las grandes organizaciones.[2] Otro, Robert W. Ackerman, ha documentado en estudios sobre el terreno los dilemas que plantea un sistema contable orientado a las finanzas, al tiempo presente y al progreso de acción social específica, como, por ejemplo, eliminación de la contaminación y provisión de oportunidades para las minorías.[3] Y un tercero, Malcolm S. Salter, ha estudiado el impacto de los sistemas de remuneración en las corporaciones multinacionales.[4]

Parece que el resultado de estas investigaciones y de otras confirma lo que siempre hemos sospechado: que las buenas obras, cuyos resultados son a largo plazo y difíciles de cuantificar, no tienen cabida en las organizaciones que usan incentivos y controles convencionales y presionan para obtener resultados cada vez más impresionantes.

Es muy posible, pues, y, en realidad, bastante común, que un jefe ejecutivo muy moral y humano presida una "organización amoral" que ha llegado a ser tal en virtud de procesos desarrollados antes de la liberalización de los tradicionales objetivos económicos corporativos. La fuerza interna que tenazmente opone resistencia a los esfuerzos por hacer que la corporación sea considerada (y exigente) con su propia gente y responsable (lo mismo que económicamente eficiente) en sus relaciones externas, es el sistema de incentivos que fuerza a dedicar la atención a resultados cuantificables a corto plazo.

La sensibilidad de los ejecutivos de carrera orientados hacia arriba en los niveles inferiores o medios a lo que dicen sobre ellos las medidas cuantitativas revela su ambición, su interés en la com-

---

[2] Joseph L. Bower, *Managing the Resource Allocation Process* (Boston, División de Investigación, Harvard Business School, 1969).

[3] Robert W. Ackerman, "Managing Corporate Responsibility", *Harvard Business Review* (julio-agosto de 1973).

[4] Malcolm S. Salter, "Tailor Incentive Compensation to Strategy", *Harvard Business Review* (marzo-abril de 1973); 94.

pensación y su deseo de reconocimiento y aprobación de sus superiores. Cuando aprenden — como sucede a menudo — a sobreponerse al sistema, el margen de capacidad que guardan en reserva se atesora para sobrevivir, no se gasta en fortalecer la futura capacidad de sus suborganizaciones ni en participar por horas en buenas obras corporativas o ciudadanía responsable en su propio tiempo.

Para los individuos, lo mismo que para las organizaciones, la supervivencia tiene prioridad sobre los intereses sociales. Todo lo que tenemos que hacer para mantener pendientes de la supervivencia, incluso a los gerentes experimentados, capaces y que producen utilidades, es enfocar el reflector sobre sus actividades cotidianas y agotar su ingenio para burlar al sistema aumentando el nivel de resultados a corto plazo que se les pide que logren.

Los aislacionistas se pueden contentar con la amoralidad de una organización cuya motivación emana de la sensibilidad al adelanto en las carreras y a los sistemas rígidamente diseñados de medida, de recompensas y de sanciones. Los intervencionistas, no. Éstos buscan soluciones en la experiencia, la observación y la investigación de que yo me he valido para describir el conjunto de problemas que nos revela una nueva amplitud de visión.

Así, el arte de usar la espada de doble filo — la de contribuir a la sociedad y estimular la realización creativa dentro de la corporación — se hace más sofisticado aún cuando esa institución debe no solamente acomodarse a sociedades de distintos países y culturas sino también atraer y conservar la dedicación de hombres y mujeres con deseos y valores que no son típicamente estadounidenses.

—— PROGRAMA DE ACCIÓN

La investigación de la naturaleza del problema sugiere los lineamientos de un programa de acción, que empieza con la incorporación en los planes estratégicos y corporativos — de filiales, organizaciones de país y de área, o centros de utilidades — de objetivos específicos en áreas de interés social, estratégicamente relacionados con la actividad económica y el ambiente comunitario de la unidad organizacional.

Comoquiera que un ejecutivo que está en Nueva York no

puede especificar la estrategia social apropiada para la compañía del Brasil o la sucursal de Oregón, y ni siquiera sabe en qué quiere trabajar allí la gente, los gerentes intermedios, que conocen la política social y organizacional de la compañía, deben recabar (con ayuda del staff, si es necesario) propuestas para invertir dinero, energía, tiempo o interés en esas áreas.

La revisión de los planes que se sometan puede dar por resultado reducción o aumento de los compromisos en todas las áreas; es esencial que en la negociación se atienda a los objetivos sociales y organizacionales, con tanta cuantificación como sea razonable, pero con objetivos cualitativos donde convenga.

El desarrollo de tales planes estratégicos y operativos depende en forma crítica de individuos responsables de la corporación, los cuales deben ser bastante competentes para realizar tareas económicas y sociales exigentes, y también deben disponer de tiempo para dedicarlo a sus familias y a asuntos privados.

Los requerimientos financieros, de producción y de ventas pueden transmitirse hacia abajo más bien que llevarse hacia arriba en una compactación eficiente (aunque a menudo esterilizante) del proceso de planificación. La promulgación de arriba abajo de una estrategia social y organizacional imaginativa y centrada en la comunidad, excepto en términos tan generales que resulte ineficaz, no es solamente desacertada por cuanto ahoga la creatividad y el compromiso sino que es prácticamente imposible.

ATENCIÓN CUALITATIVA

Una vez que se hayan definido las metas y los planes (en las negociaciones entre los niveles de la organización), en el sistema de medidas hay que incorporar en proporción adecuada medidas cuantitativas y cualitativas. El prejuicio en favor de resultados a corto plazo se debe corregir con atención cualitativa a programas sociales y organizacionales. El traslado y el ascenso de gerentes que han obtenido buenos resultados a corto plazo es un albur mientras no se haya demostrado su competencia para equilibrar los objetivos a corto y a largo plazo.

La rotación rápida, dicho sea de paso, casi seguramente da por resultado un nivel inferior de interés en la ciudad donde el gerente está haciendo su carrera; algún día se verá que esto es tan dispendioso como mecanismo formativo organizacional y de desarrollo gerencial, como es útil para dotar de personal a una organización que está creciendo. La alternativa — que es permanecer en un lugar determinado, desarrollar completamente el negocio de una compañía en una ciudad dada con ayuda del conocimiento y el amor a la región — tiene que permanecer abierta para los ejecutivos que no aspiren a ser presidentes de las compañías.

Cuando los jóvenes gerentes de nivel medio no pueden cumplir las metas que se les han asignado, antes de formar juicios e imponer sanciones se deben investigar las razones y las maneras de ayudarles a alcanzarlas. Siempre que medida y control se pueden dirigir hacia métodos de corregir los problemas observados, se aplazan los efectos marchitantes de un énfasis excesivo en la evaluación. Además, los gerentes aprenden que para sus superiores hay cosas más importantes que un solo indicador numérico, de poco significado cuando se aísla de los futuros resultados con los cuales tiene relación.

Auditoría interna. La maldición de lo no cuantificable, que pesa sobre la acción ejecutiva en las áreas de responsabilidad corporativa, quizá sea levantada algún día por la "auditoría social".[5] En su forma más sencilla, ésta es una especie de balance general y estado de operaciones, en que figuran los valores en dinero de inversiones corporativas tales como programas de capacitación, actividades de desarrollo individual, tiempo destinado por los individuos a proyectos de la comunidad, contribuciones a disminución de la contaminación, transporte, impuestos y cosas por el estilo. Todas estas inversiones llaman la atención de una compañía y una comunidad hacia el valor efectivo acumulado de las funciones corporativas auxiliares de producción y ventas.

Pero la futura evolución de la auditoría social, que algún día podría desarrollar las convenciones que hagan posible la comparación, no es indispensable para la inmediata atención cualitativa al progreso realizado por los gerentes en todos los niveles organizacionales hacia metas no económicas. Considérese, por ejemplo:

---
[5] Raymond A. Bauer y Dan H. Fenn, Jr., "What Is a Corporate Social Audit?" *Harvard Business Review* (enero-febrero de 1973); 37.

- Los grupos de auditoría interna, necesariamente orientados al examen de lo que las firmas de auditores juramentados habrán de certificar posteriormente, pueden ser complementados con personas permanentes o temporales de relaciones públicas o administración general que estén capacitadas para examinar, comentar y asesorar a los gerentes en sus éxitos y dificultades en las áreas de la contribución social y de la moral en la organización.
- Es posible juzgar, aun cuando no en forma numérica, el papel de una sucursal en la comunidad, la moral de la fuerza laboral, los empleados de oficina y funcionales, y la pericia y el entusiasmo del personal de ventas.
- A los empleados de relaciones públicas y de personal en las organizaciones se les asignan con demasiada frecuencia tareas superficiales y triviales. El empleo de esas personas en la función de auditoría interna, especialmente si tienen la experiencia, la perspectiva y el buen juicio de largo tiempo de servicio en la organización — aunque no necesariamente las cualidades o el temperamento de diligentes emprendedores — aumentaría la utilidad y, por tanto, la importancia de esas funciones.

Madurez de juicio. Todas las compañías grandes desarrollan, sin quererlo, un grupo de gerentes de muchísima experiencia, pero después de un tiempo no impulsivos, a quienes es mejor destinar a oficios que requieran madurez de juicio más bien que celeridad en la acción. La auditoría interna, combinada con una paralela indagación hecha por un comité compuesto de miembros de juntas directivas de fuera, a lo cual me referiré en seguida, puede ser una función interna de consejería, revisión y apoyo que represente el apoyo eficaz del staff a las operaciones de línea. También podría brindarle una oportunidad al cuadro de gerentes más antiguos, comoquiera que no están motivados por incentivos primitivos.

Las personas con responsabilidad ejecutiva, incluso contadores y contralores, con frecuencia ejercen juicio que es afectado sólo de lejos por los números; esto no es un nuevo requisito o experiencia. En el mismo grado en que los gerentes de la jerarquía sean capaces de interpretar los números inteligentemente, tienen que ser capaces de relacionar los resultados producidos con los que están en gestación. Además, tienen que ser capaces de juzgar el significado de los números relativos a las ganancias (que no se encuentra en los números mismos) en un momento determinado.

Modificación de incentivos. Para que la medida del rendimiento sea lo suficientemente amplia y bien informada como para abarcar el progreso bajo una estrategia que contiene objetivos sociales y organizacionales, es preciso que el sistema de incentivos en una compañía o una unidad organizacional recompense y sancione realizaciones distintas de las que se refieren a eficiencia económica.

Por otra parte, es necesario que se sepa en toda la organización que las personas pueden ser degradadas o despedidas por no actuar en forma responsable, por ejemplo, ante sus subalternos, aun cuando tengan éxitos económicos. Los gerentes de nivel medio que quieran hacer carrera tienen que aprender, por la reacción que provoque su liderazgo organizacional y comunitario, a justipreciar el valor intrínseco y el valor de su propio futuro de responsabilidad demostrada.

DESARROLLO GERENCIAL

Además de liberalizar el proceso de evaluación agregando juicios cualitativos a los números, la actividad que necesita expansión para hacer que la organización sea socialmente eficaz e internamente sana es el desarrollo gerencial — no tanto con respecto a programas formales de capacitación (aun cuando yo sería el último en desconocer la importancia de éstos) como a carreras planificadas.

Si las organizaciones resuelven, como las que son interesantes lo hacen, cumplir simultáneamente altas normas de utilidades y de contribución social, entonces es mucho lo que se requiere respecto del carácter, de la educación general, y de la competencia profesional de los gerentes. Tienen que mostrarse liberalmente educados, cualquiera que haya sido su escolaridad.

Se sigue de lo dicho que al moderar la amoralidad de las organizaciones debemos esperar que la educación de los ejecutivos de carrera de nivel medio incluya contacto con los problemas de responsabilidad que aquí se han tratado, y la valiosísima experiencia de participar en organizaciones comunitarias sin ánimo de lucro o gubernamentales. Bajo las presiones a corto plazo, es fácil aplazar la atención al desarrollo gerencial, bien sea como un costo que se puede evitar por el momento, o bien como un proceso que requiere más atención a las personas de lo que es conveniente o posible.

La acción gerencial sugerida hasta aquí no constituye innovación tanto como nuevo énfasis: no requiere acción heroica sino madurez y amplitud de perspectiva. Una vez que se entienda que la aspiración de ir más allá de lo económico y buscar objetivos sociales y humanos requiere extender los sistemas convencionales de incentivos y medida del rendimiento, ya no será difícil evitar el desequilibrio y las consecuencias organizacionales no deseables de que he hablado. La consciencia del problema genera su solución.

AUDITORÍA POR UNA JUNTA DIRECTIVA

Pero la corriente actual hacia la revitalización de la junta directiva sí le proporciona un recurso formal al director ejecutivo seguro e interesado. Se están formando actualmente comités de directores de fuera en varias compañías para que se reúnan con regularidad con el personal de auditoría interna y externa a fin de examinar en detalle si son completos y adecuados los procedimientos que se están empleando para asegurar que las condiciones verdaderas de la compañía se reflejen en sus informes contables publicados.

Si los equipos de auditoría interna extendieran su consejería, su inspección no punitiva y sus recomendaciones para mejorar el rendimiento social y la calidad de la vida organizacional tal como la sienten sus miembros, la información que allegarían y los problemas que encontrarían se podrían resumir para el comité de la junta directiva en la misma forma que los temas más convencionales de su escrutinio.

En todo caso, la penetración de la postura del director ejecutivo en la responsabilidad social se puede examinar, y se puede informar sobre la calidad de la administración en toda la organización. La junta directiva que se supone debe aportar juicio y experiencia no disponibles dentro de la organización, puede ser — en su papel propio de investigación constructiva de la calidad de la administración corporativa y en su apoyo a la inversión para mejorarla — una fuerza poderosa para moderar el comprensible interés interno de la administración en las realizaciones de día a día.

CONCLUSIÓN

No ocurrirá nada, ni hacia adentro ni hacia afuera, para fomentar el avance de la doctrina de responsabilidad social a menos que los que están encargados de la corporación quieran que ocurra, y a menos que sus asociados compartan sus valores y arrimen el hombro para resolver el problema. Primero tiene que haber el deseo y la decisión. Hay que incorporarlo en una estrategia que haga de la oportunidad económica privada y la responsabilidad social pública un todo armónico planificado para ser implementado en una organización que sea conducida y desarrollada en forma humana y retadora.

Unos pocos buenos individuos no pueden cambiar el rumbo de una gran corporación mediante su influencia personal, pero sí pueden disponer que los sistemas de implementación sean apropiados en su alcance a la amplitud del propósito económico y social corporativo. Ahora que los jefes ejecutivos ilustrados han contraído este compromiso, sería trágico ver frustrada su voluntad, puesta en duda su determinación y disipada su energía por la organización burocrática.

La corporación gigantesca, que en números pequeños hace la mitad del trabajo de nuestro sistema económico, permanecerá con nosotros. Es la fuerza dominante de nuestra sociedad industrial. En sus formas multinacionales no tiene una soberanía más alta a la cual rendir cuentas; en sus formas nacionales dispone de mucha libertad. Por consiguiente, es importante para todos nosotros que sus negocios sean manejados en forma responsable, y no permitir que nos lo impida un conocimiento limitado del arte de administrar una gran organización.

Si las organizaciones no se pueden moralizar, el futuro del capitalismo será poco atractivo — para todos nosotros, y en especial para los jóvenes cuyos talentos necesitamos. Lo que hay que temer no es el ataque de los que quieren hacer limpieza sino la apatía de la ciudadanía corporativa.

Copyright © 1973; revisado en 1991.

TEMAS DE DISCUSIÓN

1. ¿Defiende bien el autor su afirmación de la responsabilidad moral que tiene las corporaciones de participar en los asuntos públicos?
2. ¿Son las metas cuantitativas la medida más objetiva del rendimiento? ¿Por qué sí o por qué no?
3. El autor les pide a las compañías que adopten "una estrategia que haga de la oportunidad económica privada y de la responsabilidad social pública un todo armónico". ¿Al fijar la estrategia deben los gerentes generales considerar por igual las metas financieras y las responsabilidades públicas? ¿Qué pasa si las metas económicas y sociales de una firma están en conflicto?
4. ¿Deben todos los empleados contribuir a definir las responsabilidades sociales de una firma? ¿O es ésta una prerrogativa de la alta administración?

QUINTA PARTE

EL LIDERAZGO

Los dilemas humanos del liderazgo

ABRAHAM ZALEZNIK

A pesar de que el cargo de gerente general es una posición de poder, y a veces de prestigio, también va acompañado de las tensiones inherentes al liderazgo. Los administradores superiores, en particular, están expuestos a los conflictos internos comunes: ansiedad de posición y ansiedad de competición. La primera proviene de la distancia que la autoridad fija entre los líderes y los subordinados. La ansiedad de competición comprende el temor del éxito, lo mismo que el temor del fracaso. En esta lectura, Abraham Zaleznik discute cómo manejar estos conflictos. El gerente general que se da cuenta de sus conflictos interiores estará en mejor posición para manejarlos y para manejar sus efectos potenciales sobre la conducta.

En la literatura profesional sobre el oficio del ejecutivo, rara vez se encuentran referencias o una discusión inteligente de los dilemas que plantea el ejercicio del poder y de la autoridad. Dramaturgos, novelistas, biógrafos y periodistas tratan de pintar esas luchas en sus obras, pero mucho se deja a la sensibilidad y a la intuición del auditorio. Y jamás se nos invita a considerar la dinámica fundamental de los dilemas del liderazgo y las diferentes formas que se nos ofrecen para su solución.

Me gustaría tratar de descorrer un poco el velo que cubre la naturaleza de los conflictos en el ejercicio del liderazgo, desarrollando estos dos puntos:

1. El origen principal de los dilemas que se les presentan a los líderes se encuentra en ellos mismos, en sus propios conflictos interiores.
2. Tratar con inteligencia las decisiones intrincadas y los inevitables conflictos de interés que existen entre unos y otros seres humanos en las organizaciones, presupone que los ejecutivos, por lo menos los que tienen éxito, sean capaces de poner su casa en orden.

Presupone que puedan resolver o manejar sus conflictos interiores de manera que sus acciones queden firmemente asentadas en la realidad, de manera que no se encuentren constantemente tomando y revocando decisiones, con lo cual alimentan sus propios sentimientos mixtos y confunden a sus subalternos.

── LA TENDENCIA A PROYECTARSE

Casi todos estamos acostumbrados, en virtud de nuestra educación y nuestras inclinaciones, a exteriorizar conflictos y dilemas. Los ejecutivos que se inmovilizan frente a un problema difícil tienden a buscar en lo externo la explicación. Tal vez se digan que no han podido actuar porque su autoridad es inadecuada; o quizá vacilan porque sienten que sus subalternos se retraen, proporcionan poca información, asumen posiciones confusas y dan señales mezcladas. En este caso, es probable que quieran desfogar sus frustraciones en la incompetencia de sus subalternos.

Esta tendencia generalizada a colocar los conflictos en el mundo exterior es parte de un mecanismo mental bien conocido, denominado *proyección*. Una persona se proyecta cuando, sin darse cuenta de ello, asume una actitud propia y se la atribuye a otra persona. En el ejemplo mencionado, el ejecutivo que se desespera porque sus subordinados están confundidos y que los acusa de retraimiento e indecisión, es muy posible que esté leyendo su propio estado anímico y atribuyéndoselo a otros.

Sencillamente, no está en nosotros poder separar siempre las cuestiones que surgen de nuestras propias preocupaciones, de las que residen en las realidades de una situación. Permítaseme dar otro ejemplo:

El presidente de una compañía grande empezó a preocuparse por la posibilidad de que su organización no estuviera desarrollando talento ejecutivo. Esta preocupación le vino con motivo de su próxima jubilación. Organizó un comité compuesto de asistentes de vicepresidentes para que estudiaran este problema y le informaran, con recomendaciones.

Ya todos sabían que estaba próxima la jubilación del presidente, y se hacían conjeturas sobre quién, entre los vicepresidentes, sería nombrado para sucederlo. La sucesión, obviamente, significaba que varias personas entre los asistentes de vicepresidentes serían ascendidas. El comité se reunió varias veces, pero sus discusiones no fueron ni productivas ni interesantes. El grupo dedicó la mayor parte de su tiempo a tratar de definir qué era lo que el presidente esperaba que hiciera el comité, en lugar de ocuparse del problema verdadero de la compañía, que era atraer y desarrollar talento ejecutivo.

En otras palabras, le proyectaban sus propias preocupaciones y su ansiedad al presidente y le atribuían a él motivos confusos al acometer la evaluación de las necesidades de la compañía en materia de desarrollo gerencial. En realidad, los individuos mismos compartían motivaciones confusas. Había entre ellos una intensa rivalidad sobre cuál de sus superiores inmediatos sería nombrado presidente, y cómo afectaría este cambio a su propia suerte en la organización.

Al concentrar la atención en los conflictos interiores del ejecutivo no quiero dar a entender que los conflictos no se basen en las relaciones entre los individuos en el trabajo. Las ilustraciones presentadas hasta aquí indican claramente cuán acerbas pueden volverse esas relaciones. El punto que yo sugiero es que los conflictos externos, en forma de rivalidades y emulación por el poder, son más fáciles de entender y de controlar razonablemente en situaciones en que el ejecutivo puede separar las condiciones internas de las que existen externamente.

Es más fácil hablar de este proceso de separación que practicarlo. Sin embargo, es crucial para el ejercicio del liderazgo, y a veces la separación es la condición misma de la supervivencia. Por lo menos, al prestar atención a las condiciones internas, el ejecutivo puede esperar que tratará aquellas situaciones que son más susceptibles de control razonable, pues a la larga es mucho más fácil controlarse uno a sí mismo que controlar y cambiar el mundo en que vivimos.

FORMAS DE CONFLICTO INTERIOR

Pero antes de examinar algunas de las formas en que una persona puede aprender a manejar más competentemente su propia vida interior, necesitamos saber algo más acerca de la naturaleza de los conflictos interiores. Tomemos dos tipos que son muy comunes en los ejecutivos en las organizaciones:

1. *Ansiedad de posición,* que se refiere a los dilemas que con frecuencia experimentan los individuos que están en la cima o muy cerca de ella en su mundo organizacional.
2. *Ansiedad de competición,* que se refiere a los sentimientos generados en el camino hacia la cumbre.

Aunque estos dos tipos comunes de ansiedad son parecidos por muchos aspectos, vale la pena separarlos para entenderlos mejor:

ANSIEDAD DE POSICIÓN

Los individuos que empiezan a alcanzar cierto éxito y algún reconocimiento en su trabajo se dan cuenta súbitamente de que ha ocurrido un cambio en sus relaciones con sus asociados. Mientras que antes estaban en la posición de brillantes jóvenes ejecutivos que reciben mucho estímulo y apoyo, casi de la noche a la mañana se encuentran con que los mismos que antes eran sus mecenas los ven ahora como adversarios. Un cambio similar ocurre en las relaciones con personas que eran sus pares. Ahora éstas parecen cautelosas, un poco distantes y retraídas en su trato, mientras que anteriormente todos gozaban de la llaneza de trato que es normal entre amigos. Ese individuo está entonces maduro para sufrir de ansiedad de posición. Se encuentra dividido entre las responsabilidades de una recién adquirida autoridad y la fuerte necesidad de ser objeto de afecto.

Hay una máxima ya bien establecida en el estudio de la conducta humana, que describe esta situación en forma breve y hasta poética: "El amor huye de la autoridad". Cuando un individuo tiene la capacidad de controlar y afectar a las acciones de otro, bien sea en virtud de diferencias de posición, de conocimientos o de experiencia, entonces el sentimiento que gobierna sus relaciones tiende a ser de distancia y (ojalá) de respeto, pero no finalmente de cordialidad y amistad.

Yo no creo que se pueda modificar fácilmente esta básica

dicotomía entre respeto o estimación, y afecto. El ejecutivo que confunde las dos cosas se va a ver en dificultades. Y, sin embargo, hoy en nuestra cultura vemos muchísimos ejemplos de gente que trata de oscurecer la diferencia. En gran parte el *ethos* actual del éxito equipara la popularidad con la idoneidad y la realización. En la obra de Arthur Miller *La muerte de un viajante*, William Loman habla en realidad en nombre de nuestra cultura cuando mide la realización de una persona por el grado en que le profesen afecto: que lo quieran, que lo quieran bastante, que lo quieran mucho.

REACCIÓN Y RECONOCIMIENTO

¿Cómo reaccionan los ejecutivos cuando se ven atrapados en el conflicto entre ejercer autoridad y ser queridos?

A veces tratan de disimular su autoridad y ganar simpatías haciendo el papel del "buen camarada". Esto a veces se llama abolir rangos cuando el individuo trata en varias formas de descartar todos los símbolos de su posición y su autoridad. Esto va desde proclamar una política de puerta abierta, en que todo el mundo tiene libertad para visitar al ejecutivo en cualquier momento, hasta medios más sutiles y menos ritualistas, como democratizar el trabajo proclamando la igualdad de conocimientos, de experiencia y de posición. Y sin embargo, estas tentativas de abolir rangos fracasan siempre, tarde o temprano. El ejecutivo descubre que los subalternos acogen con mucho agrado la abolición de rangos y de autoridad hasta el punto en que él se ve inmovilizado; no puede tomar decisiones; se ve ante la perspectiva de que todas las cuestiones, desde las más triviales hasta las más significativas, se traten con igual grado de seriedad. En suma, la solución de problemas y el trabajo quedan sometidos a terror en el acto de abolición de rangos.

Pronto los ejecutivos se dan cuenta de otro aspecto de este dilema. Encuentran, horrorizados, que las tentativas de abolir las distancias sociales en aras de la simpatía no sólo han reducido la eficiencia del trabajo sino que han abortado el propósito de la conducta. Descubren que, paulatinamente, sus subalternos han llegado a abrigar un profundo y callado sentimiento de desprecio, porque, inadvertidamente, se les ha dado un cuadro negativo de las recompensas que les esperan por la realización — un cuadro desagradable de contemplar. En realidad, el proceso de abolir rangos contribuye a destruir los incentivos para la realización, y, en casos extremos, puede producir sentimientos de impotencia y de rabia.

Hay todavía otro aspecto del dilema de ansiedad de posición que vale la pena examinar. Es el deseo oculto de "tocar la cumbre". Los ejecutivos quieren estar cerca de la fuente del poder y ser aceptados y comprendidos por sus jefes. Estas motivaciones llevan a una dependencia excesiva e indebida, y a sentimientos de falta de autonomía del subalterno, y de que el superior se está apoyando demasiado en él. En esas condiciones, la comunicación entre el superior y el subalterno tiende a romperse.

Hasta aquí he discutido el problema de ansiedad de posición como un aspecto de la búsqueda de amistad, cordialidad y aprobación de jefes y subalternos. También la ansiedad de posición se genera con frecuencia por el temor de agresión y de represalias que siente la persona que tiene una posición de autoridad. Los ejecutivos a veces informan que se sienten solitarios y aislados en su posición. Un vistazo más de cerca a este sentimiento de soledad revela el temor de que uno sea blanco de la agresión de otros. Este temor se presenta porque a los ejecutivos se les pide que asuman posiciones sobre cuestiones controvertidas, y que las sostengan. Tienen que ser capaces de tomar la agresión con razonable desprendimiento, o de lo contrario la ansiedad se hace intolerable.

De un ejecutivo que parece incapaz de asumir una posición definida sobre un problema, o que habla en forma elusiva o ambigua, puede pensarse razonablemente que es víctima de la ansiedad de posición. A veces esto aparece en forma de hiperactividad; el ejecutivo que salta de un problema a otro o de un proyecto de trabajo a otro sin llevar ninguna actividad a su lógica conclusión, está utilizando la táctica de ofrecer un blanco cambiante, de modo que otras personas no puedan apuntar.

UNA ACTITUD CONSTRUCTIVA

Ahora bien, al referirme a la agresión y a la prevención de la agresión como aspectos de la ansiedad de posición, no estoy hablando de la agresión hostil. Quiero indicar más bien que todo trabajo implica liberación de energía agresiva. Para resolver problemas y llegar a decisiones se requiere una especie de toma y daca en que las posiciones peligran y en que es imposible que todos los interesados tengan igualmente razón todo el tiempo. Pero el hecho de tener que ceder o cambiar de posición ante argumentos convincentes no representa ninguna pérdida. El ejecutivo que puede forjarse una posición, que cree en ella, que la apoya con todas sus fuerzas y luego cede, es una persona fuerte.

Justamente las personas de este tipo son las que no sufren ansiedad de posición. Probablemente a ellas les encanta ofrecer un blanco porque saben que éste puede ser un catalizador muy eficaz de trabajo de primera. Se sienten bastante seguros para saber que no tienen en realidad nada que perder, sino mucho que ganar, en la vitalidad y la excitación del trabajo interesante. Estos ejecutivos son capaces de aceptar la agresión, y, en realidad, la fomentan, porque han abandonado el pensamiento mágico que equipara autoridad con omnipotencia. Nadie tiene el poder de hacer que todo el mundo se conforme con sus deseos, de manera que no es ninguna pérdida reconocer que uno se equivocó frente a argumentos vigorosamente planteados por otros. En verdad, esa capacidad de ceder una posición da por resultado que los demás aprecien a la persona más aún.

No debemos confundir la virtud de la humildad con el comportamiento ejecutivo que se muestra modesto, vacilante y condescendiente con los demás — comportamiento que con frecuencia es falsa modestia para evitar convertirse en un blanco. Las personas verdaderamente humildes, en mi opinión, piensan bien en el problema, están dispuestas a ser afirmativas, son lo suficientemente realistas como para fomentar que otros también sean afirmativos, y están dispuestas a reconocer la superioridad de las ideas que les presentan los demás.

ANSIEDAD DE COMPETICIÓN

El segundo patrón general de conflicto interior que necesita atención urgente es el que denominé ansiedad de competición, muy parecido al de la ansiedad de posición. Huelga recordar que el mundo del trabajo es esencialmente competitivo. Existe competición en el toma y daca de resolver problemas y tomar decisiones. Existe, igualmente, en el deseo de avanzar a las posiciones más selectas, que son las menos, en la cumbre de la jerarquía. Un ejecutivo a quien le cueste trabajo entenderse con un ambiente competitivo será relativamente ineficiente.

Observando a los ejecutivos y a los que quieren serlo, he encontrado dos patrones distintos de ansiedad de competición: el temor del fracaso y el temor del éxito. Examinémoslos por turnos.

TEMOR DEL FRACASO

Podemos ver el temor del fracaso operando en las actividades del niño, en las cuales suele originarse este tipo de problema. Un niño puede parecer muy pasivo y renuente a acometer el trabajo en la escuela o a tomar parte en los deportes con chicos de su edad. Por más que el padre o los maestros lo aguijoneen, nada parece activar su interés; en realidad, parece que la presión agrava la situación y provoca una renuencia, mayor aún, a tomar parte en algunas actividades. Cuando este niño progresa en la escuela, se encuentra que tiene considerable talento natural, y tarde o temprano, se le clasifica como de rendimiento deficiente. Llega hasta donde llega gracias en gran medida a la alta calidad de su inteligencia natural, pero no cumple las expectativas de las personas que lo observaban.

Cuando este niño crece y comienza una carrera, podemos ver la continuación del bajo rendimiento marcada por relativa pasividad y una actuación nada distinguida. Es probable que se refugie en la relativa oscuridad de la actividad de grupo. Allí puede hacer valer sus talentos en trabajo anónimo. En cuanto lo diferencian, se siente ansioso, y busca volver a hundirse en la actividad de grupo.

Un aspecto importante de este patrón de respuesta es la sensación profundamente arraigada que tienen esas personas de que todo lo que emprendan está condenado al fracaso. Estas personas no se sienten enteramente completas, les falta un fuerte sentimiento de identidad. Carecen de amor propio, y tienden a abandonar una empresa antes de empezar, a fin de no tener que enfrentarse con el miedo al fracaso. En lugar de arriesgarse a fracasar, asumen el anonimato, y de ahí la sensación de resignación, y a veces fatiga, que les comunican a los que están cerca de ellos.

Un estudio más minucioso del dilema que rodea el temor del fracaso indica que la persona no ha superado sus preocupaciones acerca de competir. Puede haber adoptado normas "interiorizadas" no realistas de rendimiento, o puede estar compitiendo internamente con objetos inalcanzables. Por consiguiente, la persona resuelve evitar el juego porque lo tiene perdido antes de empezar.

Si el lector recuerda la caracterización que hace James Thurber de Walter Mitty, obtendrá una indicación más clara del problema que estoy describiendo. Walter es un hombre manso, tímido, a quien le cuesta trabajo movilizarse aun para las tareas más sencillas. Sin embargo, en el mundo interior de su fantasía, como lo pinta Thurber con humorismo y gracia, Walter Mitty es el gran capitán de su destino y del destino de los que de él dependen. Puebla su mundo interior con imágenes de sí mismo como piloto de un bombardero de ocho motores, o como el cirujano frío, hábil, imperturbable que tiene en sus manos la vida del paciente. ¡Quién podría trabajar en el mundo de los mortales bajo normas que es mejor dejar a los dioses!

Se observará por esta descripción que el temor del fracaso sólo se puede corregir cuando la persona es capaz de examinar su mundo interior competitivo, de juzgar las bases de éste en la realidad, y de modificar esa estructura de acuerdo con normas sensatas.

TEMOR DEL ÉXITO

El temor del fracaso hace juego con lo contrario, que es el temor del éxito. A éste podríamos llamarlo el "complejo de Macbeth", pues tenemos a mano una buena ilustración en la tragedia shakespeariana de este nombre. El drama de Shakespeare se puede considerar simbólico para nuestros fines:

Macbeth es un ambicioso. Es interesante observar que el demonio de la ambición se proyecta hacia afuera, en la forma de tres brujas y de la mujer de Macbeth, quien, como él quisiera hacernos creer, le mete en la cabeza la idea de ser rey. Pero nosotros no creemos ni por un instante que la ambición de ser el número uno exista en parte alguna, como no sea dentro del mismo Macbeth.

Se recordará que para llegar a ser rey, Macbeth asesina a Duncan, un buen viejo que no tenía sino sentimientos de admiración y gratitud para con aquél.

A medida que se desarrolla la tragedia, encontramos que la corona pesa demasiado sobre la cabeza del protagonista. A Macbeth lo atormenta el sentimiento de culpa por el crimen que cometió, y, después, un sentimiento de inquietud y de desconfianza. Lo de la culpa lo entendemos fácilmente, pero la desconfianza es un poco más sutil. Macbeth se nos presenta como un personaje que comete un crimen para satisfacer una ambición, y luego teme que otros le tengan envidia y busquen desplazarlo. Le quedan pocos amigos en quienes pueda confiar. Y, paradójicamente, los más fieles subalternos vienen a ser aquéllos en quienes menos confía y por quienes más amenazado se siente.

El drama presenta en acción el ciclo mórbido del acto hostil-agresivo seguido por culpa y castigo. Además, si lo vemos simbólicamente, podemos decir que el individuo, como Macbeth, puede experimentar en fantasía la idea de que uno alcanza una posición sólo desplazando a otro. El éxito, por tanto, trae consigo el sentimiento de culpa y la necesidad de deshacer o invertir la conducta que llevó a alcanzarlo. Si tales preocupaciones son suficientemente fuertes — y ellas existen en todos nosotros en cierto grado —, podemos ver implementado el temor del éxito.

La forma de esta implementación varía. Una pauta prominente es luchar con denuedo para alcanzar la meta, pero justamente cuando ya tiene ésta a la vista o al alcance de la mano, la persona se sabotea a sí misma. El autosabotaje puede verse como un proceso de deshacer — de evitar el éxito que puede generar sentimiento de culpa. Este proceso se llama a veces sacar la derrota de las mandíbulas de la victoria.

— MANEJO DEL CONFLICTO INTERNO

Para resumir lo dicho hasta aquí, he llamado la atención hacia la idea, no fácilmente aceptada, de que conflictos de interés pueden existir y existen dentro de los individuos, y no se limitan a las relaciones entre personas en el curso ordinario de la vida. Dije que los conflictos internos, arraigados en el desarrollo emocional del individuo, están en el corazón del dilema de liderazgo. En otras palabras, es engañoso buscar las causas del conflicto exclusivamente en fuerzas externas.

En seguida, tratando unos pocos de los conflictos internos de los ejecutivos, los agrupé en dos tipos principales, ansiedad de posición y ansiedad de competición. Estas dos formas de conflicto interior tienen sus raíces en el proceso mismo del desarrollo humano, en los esfuerzos de los individuos por obtener alguna autonomía y control sobre su ambiente. Las formas son especialmente importantes en el mundo del ejecutivo, sencillamente porque los ejecutivos actúan en el centro de una red de autoridad e influencia que en cualquier momento dado está sujeta a alteración. En realidad, podemos pensar en la toma de decisiones y la acción en las organizaciones como una corriente continua de intercambios de influencia, donde las fuentes del poder de influir son muchas. Pero cualquiera que sea la fuente externa por medio de la cual una persona alcanza poder de influencia, sus manifestaciones finales reflejarán la condición emocional interna del individuo. Me permito sugerir las seis ideas siguientes para resolver y manejar conflictos interiores:

1. *Reconocer y aceptar la diversidad de motivaciones.* El control de las propias respuestas y acciones presupone una comprensión exacta de las motivaciones de uno mismo. Nos gustaría creer que nuestro mundo interior está poblado únicamente por los impulsos y los deseos socialmente aceptables; pero eso no es así. Es inútil tratar de negar la consciencia de sentimientos menos hermosos pero igualmente humanos que todos experimentamos, tales como rivalidad, antipatía, rebelión, cólera y desprecio. No estoy aconsejando a los ejecutivos que expresen esos sentimientos impulsivamente. No pertenezco a la escuela de los que creen que la catarsis de sentimientos en las relaciones cotidianas en el trabajo y en el hogar es una buena cosa. Pero la consciencia de cómo reacciona uno en una situación es benéfica y permite mayor flexibilidad de pensamiento y acción. A menos que un ejecutivo establezca una estrecha conexión entre los dominios del pensamiento y del sentimiento, los dos pueden existir relativamente aislados el uno del otro, con detrimento de la eficiencia administrativa. Como mínimo, esa enajenación de sí mismo implica un costo considerable en pérdida de energía.

2. *Establecer un firme sentimiento de identidad.* El ejercicio de liderazgo requiere un fuerte sentimiento de identidad — saber quién es uno y quién no es. El mito del valor de ser una persona "para todo" es perjudicial para los esfuerzos de un individuo de situarse con respecto a los demás. Esta activa ubicación de sí mismo evita que el individuo sea definido por los demás en términos inconvenientes. También evita que el individuo sea zarandeado en un mar de opiniones. Un sentido de autonomía, separación, o identidad, permite aquella libertad de acción y de pensamiento que es tan necesaria para el liderazgo.

No es lo menos significativo para alcanzar un sentimiento de identidad la integración creativa del pasado de uno. No hay ningún sastre que pueda convertir a un palurdo pueblerino en señorito elegante, así como ningún petimetre de la ciudad será jamás un auténtico *cowboy*. Aceptar lo que uno es permite desarrollar una personalidad única que va más allá de los estereotipos que se ofrecen como modelos.

3. *Mantener constancia y continuidad en la respuesta.* Se relaciona íntimamente con el sentimiento de identidad la constancia en la manera como uno se representa y se presenta a los demás. Las alteraciones constantes confunden a los compañeros de trabajo. Esos cambios son especialmente perjudiciales para los subalternos, los cuales tienen derecho a un sentimiento de seguridad que proviene de percibir una razonable continuidad en las respuestas de sus jefes. Por ejemplo:

Conocí a un grupo de ejecutivos, muchos de los cuales tenían la costumbre de tomar calmantes antes de una reunión con el presidente de la compañía. Decían que los necesitaban para ayudarles a aguantar las explosiones de cólera del presidente cuando las personas actuaban como si no hubieran pensado bien las ideas que presentaban. A mí me parece que estaban equivocados. Usaban los calmantes porque estaban muy inseguros en cuanto a qué era lo que enfadaba al jefe y cuándo. Si hubieran tenido algún sentido de las normas de rendimiento a las cuales él reaccionaba de manera bondadosa o dura, podrían haber dedicado menos tiempo a preocuparse y más tiempo a trabajar.

4. *Hacerse selectivo en actividades y relaciones.* Muchos ejecutivos creen que el gregarismo y la participación en muchas actividades

en el trabajo y en la comunidad tienen gran valor en su vida. En cierto modo, esto es verdad. Pero yo les recomendaría que le prestaran más atención a la selectividad. Sin seleccionar cuidadosamente los asuntos en que toman parte, los ejecutivos se exponen a un gasto de energía emocional que puede resultar muy costoso. La selectividad implica la capacidad de decir "no" sin temor de pérdida de estimación. La capacidad de decir que no implica también que uno está de tal modo constituido que no necesita la estimación de personas y actividades difusas para aumentar la estimación de sí mismo.

5. *Aprender a comunicar.* La solución del conflicto, tanto interno como externo, depende de las capacidades de comunicar de las personas. La comunicación es un proceso complejo, y requiere cuidadoso pensamiento y atención. Para mejorar la comunicación trate de desarrollar una viva consciencia de sus propias reacciones, punto al cual ya me referí. Y trate de hacer conocer sin demora sus opiniones y sus actitudes. Una reacción no expresada que se agita y al fin bulle adentro puede estallar en momentos inoportunos; esto puede aumentar la confusión y la preocupación en la mente de los que escuchan, con detrimento del intercambio de información.

6. *Vivir dentro de un patrón cíclico de vida.* La utilización eficiente de la energía parece que implica un patrón rítmico de alternar entre modos o ciclos de respuesta muy distintos. El prototipo de los modos alternos se encuentra probablemente mejor en la comparación del velar y el dormir. Velar indica actividad, atención consciente a los problemas, y la tensión de la concentración y la acción. Dormir es la pasividad misma, tanto en el adulto como en el niño; aquí las preocupaciones se retiran del mundo exterior a un estado de interna bienaventuranza. En este estado pasivo, el organismo se rejuvenece y se apresta para un nuevo ciclo de actividad.

Este prototipo se puede aplicar a una amplia gama de sucesos en la vida diaria del ejecutivo. Entrar en un patrón rítmico, sea para el trabajo o para el juego, para hablar o escuchar, para trabajar uno solo o en asociación con otros, puede ser indispensable para resistir las tensiones de un papel difícil.

RESUMEN

Aprender a actuar y a reaccionar en las formas que acabo de exponer puede parecer una tarea formidable. Lo es, sí, pero tal vez la necesidad básica es vencer el sentimiento de inercia a que todos somos susceptibles de tiempo en tiempo. Aun cuando pueda parecer puritanismo, el paso más elemental necesario para lograr una orientación madura como ejecutivo es asumir uno la responsabilidad de su propio desarrollo. Es básico para esta responsabilidad sentir el yo en el modo activo. (El sentido de inercia, tratado antes, es justamente lo contrario; en él la vida y los acontecimientos parecen ocurrir ajenos a las intenciones de uno.) Una vez que los ejecutivos logren asumir la responsabilidad de su propia experiencia, y procediendo así, vencen su sentido de inercia, están en camino de experimentar el liderazgo como una aventura de aprendizaje.

Por fortuna, el creciente reconocimiento por los ejecutivos de la importancia de su desarrollo continuo les ha permitido examinar, juntamente con las universidades y los institutos, los dilemas del liderazgo, y experimentar con nuevos enfoques para su solución.

Copyright ©1963; revisado en 1991.

TEMAS DE DISCUSIÓN

1. ¿Son ya familiares para usted algunos de los "dilemas humanos del liderazgo"? Si es así, ¿cómo los experimentó y cómo los manejó?
2. ¿Tiene usted consciencia de sus conflictos interiores, y sabría cómo manejarlos en una situación de negocios?
3. ¿La descripción que hace Zaleznik de los dilemas, los conflictos y las ansiedades de los gerentes contradice eficazmente el punto de vista de que los gerentes son razonables y no emotivos?

Los gerentes y los líderes: ¿son distintos?

ABRAHAM ZALEZNIK

Explorando y comparando las ideas mundiales de gerentes y líderes, Abraham Zaleznik muestra que los dos tipos se caracterizan por diferentes actitudes, métodos y motivaciones. Los gerentes quieren crear una estructura corporativa ordenada, y emocionalmente están distanciados de su trabajo. Los líderes, por el contrario, buscan introducir nuevos enfoques e ideas en la organización; a menudo realizan su potencial por medio de relaciones con los mentores. Los gerentes generales en las grandes organizaciones burocráticas deben reconocer y desarrollar líderes potenciales y aceptar complacidos y aprovechar sus dotes, más bien que hacerlos conformar con la rutina burocrática.

¿Cuál es la manera ideal de desarrollar liderazgo? Cada sociedad da su propia respuesta a esta pregunta, y cada una de ellas, en busca de respuestas, define sus más profundas preocupaciones sobre el propósito, la distribución y los usos del poder. Los negocios han aportado su respuesta a la pregunta sobre el liderazgo desarrollando una nueva casta denominada gerente. Simultáneamente han establecido una nueva ética del poder que prefiere el liderazgo colectivo al individual, el culto del grupo al culto de la personalidad. El liderazgo gerencial, si bien asegura competencia, control y equilibrio del poder entre grupos potencialmente rivales, por desgracia no asegura necesariamente imaginación, creatividad o conducta ética en la guía de los destinos de una empresa corporativa.

Para el liderazgo se requiere, inevitablemente, usar el poder para influir en el pensamiento y en las acciones de otras personas. El poder en manos de un individuo implica riesgos humanos: primero, el riesgo de equiparar el poder con la capacidad de obtener resultados inmediatos; segundo, el riesgo de pasar por alto las muchas maneras distintas como las personas pueden acumular legítimamente poder; y tercero, el riesgo de perder el dominio de sí mismo por el deseo de adquirir poder. La necesidad de cubrirse contra estos riesgos explica en parte el desarrollo del liderazgo colectivo y de la ética gerencial. En consecuencia, un conservatismo intrínseco domina la cultura de las grandes organizaciones, conservatismo que John D. Rockefeller III describe en *The Second American Revolution* en los siguientes términos:

> Una organización es un sistema con su propia lógica y todo el peso de la tradición y la inercia. Los datos están cargados en favor de la manera conocida y probada de hacer las cosas y en contra de correr riesgos y partir en nuevas direcciones.[1]

Con este conservatismo y esta inercia, las organizaciones proveen a la sucesión del poder desarrollando gerentes más bien que líderes individuales. Y la ironía de la ética gerencial es que fomenta una cultura burocrática en los negocios, que se supone que sean el último reducto que nos protege de la intromisión y de los controles de la burocracia en el gobierno y en la educación. Tal vez sea necesario que los negocios corran los riesgos relacionados con el poder en manos de un individuo, a fin de que las organizaciones se puedan sacudir la inercia y el conservatismo burocrático.

⸺ PERSONALIDAD DEL GERENTE Y DEL LÍDER

Theodore Levitt describe las características esenciales de una cultura gerencial con su énfasis en la racionalidad y el control:

> La administración consiste en la evaluación racional de una situación y la selección sistemática de metas y propósitos (¿qué hay que hacer?); el desarrollo sistemático de estrategias para alcanzar estas metas; la provisión de los recursos requeridos; el diseño racional, la organización, la dirección y el control de las actividades necesarias para alcanzar los propósitos elegi-

---

[1] John D. Rockefeller III, *The Second American Revolution* (Nueva York: Harper & Row, 1973), p. 72.

dos; y, finalmente, la motivación y la recompensa de las personas que hacen el trabajo.[2]

En otras palabras, sea que sus energías se dirijan hacia metas, recursos, estructura de organización o personas, un gerente es el que resuelve problemas. El gerente pregunta: "¿Qué problemas hay que resolver y cuáles son las mejores maneras de alcanzar resultados de modo que la gente continúe contribuyendo a esta organización?" En esta concepción, el liderazgo es un esfuerzo práctico para dirigir asuntos; y para cumplir su tarea, los gerentes requieren que muchas personas operen en diversos niveles de posición y responsabilidad. Nuestra sociedad democrática es, realmente, la única que ha resuelto el problema de proporcionarles a los negocios gerentes bien capacitados. La misma solución está lista para aplicarse a las entidades del gobierno, de educación, de cuidado de la salud y a otras instituciones. No se necesita ser un genio ni tener heroísmo para ser gerente; se necesita perseverancia, fortaleza de ánimo, trabajo duro, inteligencia, capacidad analítica y, quizá lo más importante, tolerancia y buena voluntad.

Otra concepción, en cambio, le atribuye a lo que es el liderazgo creencias casi místicas, y supone que sólo las grandes personalidades son merecedoras del drama del poder y de la política. Aquí el liderazgo es un drama psicológico en el cual — como condición previa para el control de una estructura política — una persona solitaria tiene que adquirir el dominio de sí misma. Esa expectativa del liderazgo está en fuerte contraste con la concepción trivial, práctica, y sin embargo importante, de que el liderazgo es, en realidad, administrar el trabajo que hacen otras personas.

Dos preguntas vienen a la mente: ¿Es la mística del liderazgo simplemente un rezago de nuestra infancia colectiva de dependencia y nuestro anhelo de padres buenos y heroicos? ¿O se esconde una verdad básica bajo la necesidad de líderes, que por competentes que sean los gerentes, su liderazgo se estanca a causa de sus limitaciones para visualizar procesos y generar valores de trabajo? Sin esta capacidad imaginativa y sin la habilidad de comunicar, los gerentes llevados por sus miras estrechas perpetúan los conflic-

---

[2]Theodore Levitt, "Management and the Post-Industrial Society", *The Public Interest* (verano de 1976); 73.

tos de grupos en lugar de reformarlos como metas y deseos más amplios.

Si en realidad los problemas exigen grandeza, entonces, a juzgar por lo que ha ocurrido en el pasado, la selección y el desarrollo de líderes dejan mucho al azar. No hay maneras conocidas de capacitar "grandes" líderes. Además, más allá de lo que dejamos al azar, hay una cuestión más honda en la relación que hay entre la necesidad de gerentes competentes y el anhelo de grandes líderes.

Lo que se necesita para asegurar la oferta de personas que asuman responsabilidades prácticas puede inhibir el desarrollo de grandes líderes y, por el contrario, la presencia de grandes líderes puede minar el desarrollo de gerentes, los cuales se angustian en el relativo desorden que parecen generar los líderes. El antagonismo de miras — tener muchos gerentes competentes, lo mismo que grandes líderes — a menudo permanece oculto en las sociedades estables y bien desarrolladas, pero sale a la superficie durante épocas de tensión y cambio, como fue el caso en los países del Occidente durante la Gran Depresión y durante la Segunda Guerra Mundial. La tensión aparece igualmente en la lucha por el poder entre los teóricos y los gerentes profesionales en las sociedades revolucionarias.

Es muy fácil desechar el dilema que yo planteo — de capacitar gerentes cuando lo que necesitamos son líderes, o líderes a expensas de gerentes — diciendo que lo que se necesita son personas que sean a la vez gerentes y líderes. Pero la verdad de las cosas, como yo la veo, es que así como una cultura gerencial es distinta de la cultura empresarial que se desarrolla cuando aparecen líderes en las organizaciones, los gerentes y los líderes son tipos muy distintos de personas. Son distintos en su motivación, en sus antecedentes y en la manera de pensar y actuar.

Una sociedad tecnológicamente orientada y económicamente próspera tiende a menospreciar la necesidad de grandes líderes. Tales sociedades abrigan una fe profunda y duradera en los métodos racionales de resolver problemas, incluso problemas de valor, de economía y de justicia. Una vez que los métodos racionales de resolver problemas se analizan en sus elementos, se organizan y se enseñan como técnicas, la fe de la sociedad en la superioridad de las técnicas sobre las cualidades personales del liderazgo queda como concepción guía para una sociedad democrática que examina sus requisitos de liderazgo. Pero, a veces, chapucear y apelar al método del ensayo y el error resulta inadecuado para los problemas que surgen de seleccionar metas, asignar recursos y distribuir la riqueza y la oportunidad. En esos momentos, la sociedad democrática necesita encontrar líderes que se sirvan de sí mismos como instrumentos de aprendizaje y acción, en lugar de gerentes que utilizan la acumulación de experiencia colectiva para llegar al lugar a donde se dirigen.

El más notable vocero, lo mismo que un modelo del punto de vista gerencial, fue Alfred P. Sloan, Jr., quien junto con Pierre du Pont forjó la moderna estructura corporativa. Reflexionando sobre qué es lo que hace que una administración tenga éxito mientras que otra fracasa, Sloan indicó que "la buena administración se basa en una reconciliación de la centralización y la descentralización, o descentralización con control coordinado".[3]

La concepción de administración de Sloan, lo mismo que su práctica, se desarrollaron mediante pruebas y errores, y por la acumulación de experiencia. Sloan escribe:

> No hay regla inflexible para escoger entre las diversas responsabilidades y la mejor manera de asignarlas. El equilibrio a que se llegue ... varía según lo que se esté decidiendo, las circunstancias del momento, la experiencia pasada y el temperamento y las habilidades del ejecutivo de que se trate.[4]

En otras palabras, así como los inventores de fines del siglo XIX ensayaban, fracasaban y adaptaban hasta dar con un producto o un método, los gerentes que hacen innovaciones para desarrollar las organizaciones son "chapuceros". No tienen un gran diseño ni experimentan el súbito destello de intuición que en las ciencias modernas hemos dado en llamar el "avance decisivo".

Los gerentes y los líderes se diferencian fundamentalmente en su punto de vista mundial. Las dimensiones para evaluar estas diferencias son, entre otras, las orientaciones de unos y otros frente a sus metas, su trabajo, sus relaciones humanas, y frente a sí mismos.

---

[3] Alfred P. Sloan, Jr., *My Years with General Motors* (Nueva York: Doubleday & Co., 1964), p. 429.

[4] Ibídem, p. 429.

ACTITUDES FRENTE A LAS METAS

Los gerentes tienden a adoptar actitudes impersonales, si no pasivas, frente a las metas. Las metas gerenciales surgen de necesidades más bien que de deseos, y, por consiguiente, están hondamente arraigadas en la historia y la cultura de la organización.

Frederic G. Donner, presidente de la junta directiva y director ejecutivo de General Motors de 1958 a 1967, expresa esta actitud impersonal y pasiva hacia las metas al definir la posición de GM en lo tocante a desarrollo de producto:

> Para satisfacer lo que el mercado requiere, tenemos que reconocer los cambios en las necesidades y los deseos de la clientela con suficiente anticipación para tener los productos adecuados, en el lugar adecuado, en el momento oportuno y en las cantidades necesarias.
>
> Tenemos que equilibrar las tendencias en las preferencias con las muchas transacciones que son necesarias para hacer un producto final que sea al mismo tiempo confiable y de buen aspecto, que funcione bien y se venda a un precio competitivo, en el volumen necesario. Tenemos que diseñar, no precisamente los automóviles que nos gustaría hacer sino, lo que es más importante, los que nuestros clientes quieren comprar.[5]

En esta formulación de cómo nace un producto no se ve por ninguna parte la idea de que los gustos y las preferencias del consumidor surgen en parte como resultado de lo que los fabricantes hacen. En realidad, por medio del diseño del producto, la publicidad y la promoción, los consumidores aprenden a gustar de lo que después dicen que necesitaban. Pocas personas sostendrían que los que gustan de tomar fotos *necesitaban* una cámara que también las desarrollara. Por su novedad, su comodidad y por el menor intervalo entre el acto (tomar la instantánea) y obtener placer (ver la fotografía), la cámara Polaroid tuvo éxito en el mercado; pero es inconcebible que Edwin Land hubiera respondido a impresiones de necesidad del consumidor. Lo que hizo fue convertir una tecnología (la polarización de la luz) en un producto que gustó y **estimuló los deseos de los consumidores.**

---
[5] Ibídem, p. 440.

El ejemplo de Polaroid y Land indica cómo piensan los líderes acerca de las metas. Son activos en lugar de reactivos, les dan forma a las ideas en vez de responder a ellas. Adoptan una actitud personal y activa frente a las metas. La influencia que ejerce un líder para alterar las actitudes, evocar imágenes y expectativas y establecer deseos y objetivos específicos, determina la dirección que toma un negocio. El resultado neto de esta influencia es cambiar la forma en que la gente piensa acerca de lo que es deseable, posible y necesario.

CONCEPCIONES DEL TRABAJO

¿Qué hacen los gerentes y qué hacen los líderes? ¿Cuál es la naturaleza de su respectivo trabajo?

Los líderes y los gerentes difieren en sus concepciones. Los gerentes tienden a ver el trabajo como un proceso de capacitación, que comprende alguna combinación de personas e ideas que interactúan para establecer estrategias y tomar decisiones. Los gerentes ayudan al proceso con una gama de habilidades, incluso calculando intereses antagónicos, organizando y programando las cuestiones controvertidas que surgen, y reduciendo las tensiones. En este proceso se muestran flexibles en el empleo de tácticas; por una parte, negocian; por otra parte, utilizan recompensas y sanciones y otras formas de coerción. Maquiavelo escribió para gerentes, y no necesariamente para líderes.

Alfred Sloan ilustra cómo funciona este proceso de capacitación en situaciones de conflicto. La época era a principios del decenio de los 20, cuando Ford Motor Company dominaba aún la industria de automóviles utilizando, como General Motors, el motor convencional enfriado por medio de agua. Con el apoyo total de Pierre du Pont, Charles Kettering se dedicó al diseño de un motor enfriado por medio de aire, el cual, si hubiera tenido éxito, habría sido un gran golpe técnico y de mercado para GM. Kettering creía en su producto, pero los jefes de las divisiones manufactureras permanecían escépticos, y después se opusieron al nuevo diseño por dos razones: la primera, porque técnicamente no era confiable; y la segunda, porque la corporación lo jugaba todo a una sola carta al invertir en un nuevo producto, en lugar de atender a la situación corriente del mercado.

En el verano de 1923, después de una serie de salidas en falso y después de su decisión de retirar de manos de los distribuidores y clientes los Chevrolets con sistema de enfriamiento de cobre, la administración de General Motors reorganizó y al fin abandonó el proyecto. Cuando Kettering comprendió que la compañía había rechazado su motor, se sintió profundamente descorazonado y le escribió a Sloan diciéndole que sin "la resistencia organizada" contra el proyecto, éste habría tenido éxito, y que a menos que lo salvaran, él estaba dispuesto a retirarse de la compañía.

Sloan se daba muy bien cuenta de que Kettering estaba disgustado y que tenía la intención de abandonar a General Motors. También sabía que, si las divisiones manufactureras se oponían vigorosamente al nuevo motor, Pierre du Pont apoyaba a Kettering. Además, el mismo Sloan le había escrito una carta a Kettering hacía menos de dos años, expresándole plena confianza en él. El problema que Sloan tenía ahora entre manos era hacer prevalecer su decisión, retener a Kettering en la compañía (era muy valioso para perderlo), evitar disgustar a Du Pont y estimular a los jefes de división para que se movieran rápidamente en el desarrollo de líneas de producto usando los motores convencionales de enfriamiento por medio de agua.

Lo que hizo Sloan en este conflicto revela mucho acerca de la manera como trabajan los gerentes. En primer lugar, trató de tranquilizar a Kettering presentándole el problema en una forma muy ambigua, sugiriendo que él y el comité ejecutivo estaban de su parte, pero que no sería práctico obligar a las divisiones a hacer una cosa a la cual se oponían. Presentó el problema como una cuestión de personas, no del producto. En segundo lugar, propuso una reorganización alrededor del problema consolidando todas las funciones en una nueva división, que sería responsable del diseño, de la producción y del marketing del nuevo automóvil. Sin embargo, esta solución parecía tan ambigua como sus esfuerzos por aplacar y conservar a Kettering en General Motors. Sloan escribió: "Mi plan era crear una operación piloto independiente, bajo la jurisdicción única del Sr. Kettering, una especie de división de automóvil de enfriamiento por medio de aire. El Sr. Kettering nombraría a su propio ingeniero en jefe y su personal de producción para resolver los problemas técnicos de manufactura".[6]

Si bien Sloan no comentó el valor práctico de esta solución, que incluía recargar de responsabilidad gerencial a un inventor, en la práctica ella equivalía a usar este plan para limitar su conflicto con Pierre du Pont.

En realidad, la solución gerencial que ideó Sloan y cuya adopción presionó, limitaba las opciones disponibles para otros. La solución estructural mermaba las opciones y hasta limitaba las reacciones emotivas hasta tal punto que las personas claves no podían hacer nada más que aceptar, y le permitió a Sloan decir en un memorando a Du Pont: "Esta mañana hemos discutido con bastante detenimiento el asunto con el Sr. Kettering, y él está de acuerdo con nosotros absolutamente en todos los puntos que planteamos. Parece recibir con entusiasmo la sugerencia y abriga plena confianza en que sea posible llevarla a cabo en esta forma".[7]

Habiendo aplacado a las personas que se oponían a sus puntos de vista desarrollando una solución estructural que parecía dar algo, pero que, en realidad, sólo limitaba las opciones, Sloan pudo entonces autorizar al gerente general de la división de automóviles, con quien estaba básicamente de acuerdo, para proceder inmediatamente a diseñar coches enfriados por medio de agua para la demanda inmediata del mercado.

Años después, escribió, sin duda irónicamente: "El automóvil enfriado por medio de aire nunca se volvió a presentar seriamente. Sencillamente la idea murió, yo no sé por qué".[8]

Para lograr que la gente acepte las soluciones de los problemas, los gerentes necesitan coordinar y equilibrar continuamente. Es interesante anotar que este trabajo gerencial tiene mucho en común con lo que hacen los diplomáticos y los mediadores. El gerente trata de desplazar el equilibrio de poder hacia soluciones aceptables como transacciones entre los valores en conflicto.

¿Qué decir de los líderes? ¿Qué es lo que ellos hacen? Los gerentes actúan para limitar las opciones mientras que los líderes trabajan en dirección contraria, para desarrollar nuevas tácticas

---

[6]Ibídem, p. 91.
[7]Ibídem, p. 91.
[8]Ibídem, p. 93.

para problemas antiguos, y develar hechos para buscar nuevas opciones. Stanley e Inge Hoffmann, científicos políticos, comparan el trabajo del líder con el del artista, con la diferencia de que el líder es una parte integrante del producto estético. No se puede ver el arte del líder sin ver al mismo tiempo al artista. Hablando de Charles de Gaulle como artista político, escriben: "Todos sus actos políticos, por tortuosos que sean los medios o los detalles, han sido enteros, indivisibles e inequívocamente suyos, como un acto artístico".[9]

Lo más que uno puede acercarse a un producto independientemente del artista son las ideas que ocupan y a veces obsesionan la vida mental del líder. Sin embargo, para ser eficientes, los líderes necesitan proyectar sus ideas en imágenes que entusiasmen a la gente, y sólo entonces desarrollan opciones que dan sustancia a las imágenes proyectadas. En consecuencia, los líderes crean entusiasmo en el trabajo.

La breve presidencia de John F. Kennedy muestra tanto las fortalezas como las debilidades asociadas con el entusiasmo que generan los líderes en su trabajo. En su discurso inaugural dijo: "Sepan todas las naciones, sea que nos quieran bien o mal, que pagaremos cualquier precio, sobrellevaremos cualquier carga, haremos frente a cualquier dificultad, apoyaremos a cualquier amigo, nos opondremos a cualquier enemigo, a fin de asegurar la supervivencia y el triunfo de la libertad".

Esta declaración, que se cita con tanta frecuencia, obligó a la gente a reaccionar más allá de las preocupaciones inmediatas e identificarse con Kennedy y con importantes ideales compartidos. Pero un escrutinio más detenido hacer ver la declaración como absurda porque promete una posición que, si se aceptara en realidad, como en la guerra del Vietnam, podría producir resultados desastrosos. Y, sin embargo, si no se despiertan ni se movilizan las expectativas, con todos los peligros de frustración inherentes al deseo despertado, nunca saldrían a la luz nuevas ideas ni nuevas opciones.

Los líderes trabajan en posiciones de alto riesgo; en realidad, están temperamentalmente dispuestos a buscar el riesgo y el pe-

---

[9]Stanley e Inge Hoffmann, "The Will for Grandeur: de Gaulle as Political Artist", *Daedalus* (verano de 1968): 849.

ligro, especialmente cuando las oportunidades y las recompensas parecen altas. Por lo que yo he observado, el hecho de que un individuo busque el riesgo mientras otro enfoca los problemas en forma conservadora, depende más de su propia personalidad que de una elección consciente. En algunos, especialmente en los que llegan a gerentes, el instinto de supervivencia domina su necesidad de riesgo, y su capacidad de tolerar trabajo práctico ordinario les ayuda a sobrevivir. No puede decirse lo mismo de los líderes, quienes reaccionan al trabajo ordinario como si fuera una calamidad.

▬ RELACIONES CON LOS DEMÁS

Los gerentes prefieren trabajar con personas; evitan la actividad solitaria, que los angustia. Hace unos años, yo dirigí un estudio sobre los aspectos psicológicos de las carreras profesionales. La necesidad de buscar a otros con quienes trabajar y colaborar parecía destacarse como una característica importante de los gerentes. Por ejemplo, cuando se les pidió que inventaran una historia sugerida por una foto en que se veía una sola figura (un niño contemplando un violín, o la silueta de un hombre en estado de meditación), los gerentes llenaron sus cuentos de personas. El siguiente es un ejemplo del cuento que inventó un gerente acerca del niño que está contemplando el violín:

> Mamá y papá insistieron en que Junior tomara clases de música para que algún día pudiera ser un gran concertista. Se pidió el instrumento y acaba de llegar. Junior sopesa las alternativas de irse a jugar al fútbol con sus amigos o ponerse a darle a esa caja chillona. No puede entender por qué sus padres piensan que un violín es mejor que un balón de fútbol.
> Después de cuatro meses de práctica, Junior no aguanta más. Papá se está volviendo loco, y mamá, se da por vencida y cede a los deseos de los hombres.[10]

Esta historia ilustra dos temas que aclaran las actitudes geren-

---

[10] Abraham Zaleznik, Gene W. Dalton y Louis B. Barnes, *Orientation and Conflict in Career* (Boston: División de Investigaciones, Harvard Business School, 1970): 316.

ciales ante las relaciones humanas. El primero, como ya lo sugerí, es buscar actividad con otras personas, es decir, el equipo de fútbol; y el segundo es mantener un bajo nivel de compromiso emotivo en estas relaciones. El bajo compromiso emotivo aparece en el uso que hace el redactor de metáforas convencionales, y hasta clichés, y en cómo pinta la transformación de un conflicto potencial en decisiones armónicas. En este caso, Junior, mamá y papá se ponen de acuerdo para abandonar el violín en favor de los deportes varoniles.

Los dos temas pueden parecer paradójicos, pero su coexistencia apoya lo que hace un gerente, incluso reconciliar diferencias, buscar transacciones y establecer el equilibrio del poder. Otra idea, que se ve en la manera como el gerente escribió el cuento, es que los gerentes pueden carecer de empatía, o sea la capacidad de percibir intuitivamente los pensamientos y los sentimientos de los demás. Para ilustrar los esfuerzos por mostrar empatía he aquí otro cuento, estimulado por la misma foto, pero escrito por una persona a quienes sus compañeros ven como líder:

> El niño parece ser un verdadero artista que se siente profundamente afectado por el violín y tiene un intenso deseo de dominar el instrumento.
>
> Parece que ha terminado su sesión normal de ejercicios y está un poco desanimado por no haber podido lograr los sonidos que sabe que el violín puede producir.
>
> Parece que está prometiéndose a sí mismo dedicar todo el tiempo y el esfuerzo necesarios para tocar este instrumento hasta que logre sacarle las calidades de música que siente dentro de sí mismo.
>
> Con esta determinación y perseverancia, este niño llega a ser uno de los grandes violinistas de su tiempo.[11]

Empatía no es simplemente cuestión de prestarles atención a otras personas. Es también la capacidad de entender señales emotivas y hacer que signifiquen algo en las relaciones que uno tiene con una persona. Los que describen a un individuo como "profundamente afectado", con "deseo intenso", como capaz de sentirse "desanimado" y de "prometerse a sí mismo", parece que tienen una percepción interior que pueden utilizar en sus relaciones con los demás.

---

[11] Ibídem, p. 294.

Los gerentes ven a las personas de acuerdo con el papel que ellas representan en una sucesión de hechos o en un *proceso* decisorio, mientras que los líderes, que se preocupan por las ideas, las ven en una forma más intuitiva y con mayor empatía. La orientación del gerente que ve a las personas como actores en una sucesión de acontecimientos aleja su atención de la sustancia de las preocupaciones de las personas y la dirige a sus papeles en un proceso. La distinción es sencillamente entre la atención del gerente a *cómo* se hacen las cosas y la del líder a *qué* significan las decisiones para los participantes.

En años recientes, los gerentes han tomado de la teoría del juego la idea de que los sucesos decisorios pueden ser de dos tipos: la situación de "ganador-perdedor" (o juego de suma cero) o la situación de "ganador-ganador", en la cual todos los actores salen ganando. Como parte del proceso de reconciliar diferencias entre las personas y mantener el equilibrio del poder, los gerentes se esfuerzan por convertir las situaciones de ganador-perdedor en situaciones de ganador-ganador.

Como ilustración, tomemos la decisión de cómo asignar recursos de capital entre las divisiones operativas de una gran organización descentralizada. Salta a la vista que el dinero disponible para distribuir es limitado en cualquier momento dado. Es de suponer, por consiguiente, que cuanto más obtenga una división, tanto menos queda para las otras.

Los gerentes se inclinan a ver esta situación (en cuanto afecta a las relaciones humanas) como una cuestión de conversión: cómo convertir lo que parece un problema de ganador-perdedor en un problema de ganador-ganador. Hay varias soluciones posibles. La primera: El gerente concentra la atención de los demás en el procedimiento y no en la sustancia. Aquí los actores se enfrascan en el problema mayor de cómo tomar decisiones, no en qué decisiones tomar. Una vez comprometidos con el problema mayor, los actores tienen que apoyar el resultado, puesto que ellos mismos intervinieron en formular las reglas decisorias. Como los actores creen en las reglas que formularon, aceptarán pérdidas inmediatas esperando que la próxima vez saldrán ganando.

La segunda: El gerente se comunica con los subalternos directamente, utilizando *señales* en lugar de *mensajes*. Una señal lleva implícitas varias posiciones, mientras que un mensaje plantea claramente una sola posición. Las señales no son concluyentes, y están sujetas a reinterpretación si las personas se perturban y se enfadan, mientras que los mensajes implican la consecuencia directa de que a algunas personas no les va a gustar lo que oyen. La naturaleza de los mensajes realza la respuesta emocional y, como ya lo indiqué, la emotividad angustia a los gerentes. Con señales, la cuestión de quién gana y quién pierde a menudo se oscurece.

La tercera: El gerente trata de ganar tiempo. Al parecer, los gerentes reconocen que con el paso del tiempo y la demora en tomar las grandes decisiones, surgen transacciones que les quitan el aguijón a las situaciones de ganador-perdedor; y el "juego" original se reemplaza por otros adicionales. Por tanto, los compromisos pueden significar que uno gana y pierde simultáneamente, según los juegos que evalúe.

Sin duda, hay muchas otras medidas prácticas que los gerentes utilizan para modificar las situaciones humanas de ganador-perdedor y convertirlas en ganador-ganador. Pero el punto que hay que tener en cuenta es que tales tácticas se concentran en el proceso mismo de toma de decisiones y les interesan a los gerentes más bien que a los líderes. El interés en la táctica implica costos, no menos que beneficios, incluso volver las organizaciones más fuertes en intrigas burocráticas y políticas y más débiles en dura actividad directa y cálidas relaciones humanas. Por eso se oye con frecuencia que los subalternos caracterizan a los gerentes como inescrutables, lejanos y manipuladores. Estos calificativos provienen de la percepción que tienen los subalternos de que están eslabonados en un proceso cuyo propósito, más allá de sólo tomar decisiones, es mantener una estructura controlada lo mismo que razonable y equitativa. Estos adjetivos indican que los gerentes necesitan orden frente al posible caos que temen en las relaciones humanas.

Por contraste, a menudo se oye que a los líderes se les aplican adjetivos ricos en contenido emocional. Los líderes despiertan fuertes sentimientos de identidad y diferencia, o de afecto y odio. Las relaciones humanas en las estructuras dominadas por líderes aparecen a menudo turbulentas, intensas y a veces hasta desorganizadas. Esa atmósfera intensifica la motivación individual y produce resultados imprevistos. ¿Lleva esta intensa motivación a la innovación y al alto rendimiento, o representa una pérdida de energía?

SENTIDO DEL YO

En *The Varieties of Religious Experience*, William James describe dos tipos básicos de personalidad, la de los "nacidos una vez" y la de los "nacidos dos veces".[12] Los que corresponden al primer tipo son los que se han ajustado a la vida sin tropiezo ninguno, cuya vida desde el momento de nacer ha sido un flujo más o menos tranquilo. A los nacidos dos veces, por el contrario, no les ha sido fácil acomodarse. Su vida está marcada por una lucha continua por obtener algún sentido de orden. A diferencia de los nacidos una vez, no pueden dar las cosas por hechas. Según James, estas personalidades tienen también puntos de vista distintos sobre el mundo. Para una personalidad nacida una vez, el sentido del yo como guía de la conducta y de actitud, se deriva de un sentimiento de estar a placer y en armonía con su ambiente. Para los nacidos dos veces, el sentido del yo proviene de un sentimiento de profunda separación.

El sentido de pertenecer o de ser separado tiene significado práctico para la orientación que los gerentes y los líderes les dan a sus respectivas carreras. Los gerentes se ven a sí mismos como conservadores y reguladores de un orden de cosas existente, con el cual se identifican personalmente y del cual obtienen recompensas. Perpetuar y fortalecer las instituciones existentes realza el sentido del propio valer de un gerente: está representando un papel que armoniza con los ideales de deber y responsabilidad. William James tenía en la mente esta armonía — este sentido del yo que fluye fácilmente hacia el mundo exterior y desde el mundo exterior — cuando definió la personalidad del nacido una vez. Si uno se siente miembro de instituciones y siente que contribuye al bienestar de ellas, entonces está cumpliendo una misión en la vida y se siente recompensado por haberse mostrado a la altura de los ideales. Esta recompensa trasciende de las ganancias materiales y responde al deseo más fundamental de integridad personal que se alcanza al identificarse con instituciones existentes.

Los líderes tienden a ser personalidades nacidas dos veces, personas que se sienten separadas de su ambiente, incluso de otras

---

[12]William James, *The Varieties of Religious Experience* (Nueva York: Mentor Books, 1958).

personas. Pueden trabajar en organizaciones, pero nunca pertenecen a ellas. Su sentido de quiénes son no depende de afiliaciones, papel en el trabajo, o indicadores sociales de identidad. Lo que parece seguirse de esta idea de la separación es una base teórica para explicar por qué ciertos individuos buscan oportunidades de cambio. Los métodos para producir el cambio pueden ser tecnológicos, políticos o ideológicos, pero el objeto es el mismo: alterar profundamente las relaciones humanas, económicas y políticas.

Los sociólogos se refieren a la preparación que recibe el individuo para actuar en el papel que le corresponde, como el proceso de socialización. Cuando el individuo se siente parte integrante de la estructura social (su propia estimación se fortalece por participación y conformismo), las normas sociales ejercen poderosa influencia para mantener el sentido personal de continuidad de ese individuo, aun más allá de los primeros años en familia. La línea de desarrollo desde la familia hasta la escuela y luego hasta la carrera es acumulativa y reforzadora. Cuando no es reforzadora, a causa de perturbaciones significativas en las relaciones o de otros problemas experimentados en la familia o en otras instituciones sociales, el individuo se recoge en su interior y lucha por establecer autoestimación, identidad y orden. Aquí la dinámica psicológica se centra en la experiencia con la pérdida y los esfuerzos por la recuperación.

Al considerar el desarrollo del liderazgo, debemos examinar dos caminos distintos: 1) El desarrollo por medio de socialización, que prepara al individuo para guiar instituciones y mantener el equilibrio existente de relaciones sociales; y 2) el desarrollo por medio de dominio personal, que impulsa al individuo a luchar por el cambio psicológico y social. La sociedad produce sus talentos gerenciales por medio de la primera línea de desarrollo, y por medio de la segunda surgen los líderes.

—— DESARROLLO DEL LIDERAZGO

El desarrollo de toda persona empieza en la familia. Cada uno experimenta los traumatismos que se relacionan con la separación de sus padres, lo mismo que el dolor que sigue a esa frustración. De igual manera, todos los individuos se ven ante las dificultades de lograr autorregulación y dominio de sí mismos; pero para algunos, tal vez para la mayoría, la niñez ofrece recompensas adecuadas y oportunidades suficientes de encontrar sustitutivos para las recompensas que ya no pueden obtener. Tales individuos, los "nacidos una vez", hacen identificaciones moderadas con los padres y encuentran armonía entre lo que esperan y lo que son capaces de alcanzar en la vida.

Pero supongamos que los dolores de la separación se amplifican por una combinación de las exigencias paternas y las necesidades del individuo, hasta tal punto que un sentido de aislamiento, de ser especial, y de cautela, perturba los lazos que unen a los niños con los padres y con otras figuras de autoridad. ¿Qué ocurre entonces? En tales circunstancias, y dada una aptitud especial, los orígenes de la cual permanecen en el misterio, la persona se interesa profundamente en su propio mundo interior, a costa del interés en el mundo externo. Para esa persona la estimación de sí misma ya no depende sólo de vínculos positivos y recompensas reales. Se impone una forma de autoconfianza con expectativas de rendimiento y realización, y tal vez hasta un deseo de realizar grandes obras.

Esas percepciones de sí mismo puede que no lleguen a nada si los talentos del individuo son mediocres. Aun teniendo grandes talentos, no hay garantía de que se siga la realización, ni menos aún de que el resultado final sea para bien y no para mal. Otros factores entran en el desarrollo. Por una parte, los líderes son como los artistas y otras personas privilegiadas que con frecuencia luchan con neurosis; su habilidad para funcionar varía considerablemente, aun a corto plazo, y algunos líderes en potencia pueden perder la lucha del todo. Asimismo, más allá de la primera niñez, entre los patrones de desarrollo que afectan a los gerentes y a los líderes se incluye la influencia selectiva de determinadas personas. Así como aparecen flexibles y distribuidos uniformemente en tipos de talentos disponibles para el desarrollo, los gerentes forman vínculos moderados y ampliamente distribuidos. Los líderes, por el contrario, establecen y también rompen relaciones intensas de persona a persona.

Es observación común que las personas de gran talento muchas veces son malos estudiantes. Por ejemplo, nadie podría haber predicho las grandes realizaciones de Einstein con base en su mediocre rendimiento escolar. La razón de la mediocridad, obviamente, no es la falta de capacidades. Puede ser más bien el resultado del ensimismamiento y de la incapacidad de prestar atención a las tareas ordinarias de todos los días. La única forma segura en que el individuo puede interrumpir la preocupación como de ensueño y el ensimismamiento, es formar un fuerte vínculo con un gran maestro u otra persona benévola que comprenda al individuo privilegiado y tenga la habilidad de comunicarse con él.

Que los individuos privilegiados encuentren lo que necesitan en la relación de persona a persona, depende de que haya mentores sensitivos que tengan la vocación de cultivar el talento. Por fortuna, cuando se encuentran las generaciones y ocurren las autoselecciones, aprendemos más sobre cómo desarrollar líderes y cómo las personas de talento de distintas generaciones influyen las unas en las otras.

Aun cuando parezcan destinadas a una carrera mediocre, las personas que forman importantes relaciones de persona a persona pueden acelerar e intensificar su desarrollo mediante un aprendizaje. Los antecedentes de tal aprendizaje, o la disposición psicológica de un individuo para aprovechar una relación intensiva, dependen de alguna experiencia en la vida que fuerza al individuo a volverse a su interior. Un ejemplo aclarará este punto. Lo tomamos de la vida de Dwight David Eisenhower, e ilustra la transformación de una carrera, de competente a sobresaliente.[13]

El desempeño de Dwight Eisenhower durante los primeros años de su carrera en el ejército no hacía prever gran cosa sobre su futuro desarrollo. Durante la Primera Guerra Mundial, cuando algunos de sus condiscípulos de West Point ya estaban experimentando la guerra de primera mano en Francia, él se sentía "metido en la monotonía y la seguridad no buscada de la Zona del Interior ... que era un intolerable castigo".[14]

Poco después de la guerra, siendo entonces un oficial joven y un poco pesimista sobre las posibilidades de su carrera, pidió traslado a Panamá a trabajar bajo las órdenes del general Fox Connor,

---

[13]Este ejemplo se encuentra en Abraham Zaleznik y Manfred F. R. Kets de Vries, *Power and the Corporate Mind* (Boston: Houghton Mifflin, 1975).

[14]Dwight D. Eisenhower, *At Ease: Stories I Tell to Friends* (Nueva York: Doubleday, 1967), p. 136.

oficial superior a quien admiraba. El ejército le negó la solicitud. Este rechazo lo tenía todavía muy disgustado cuando su hijo primogénito murió de influenza. Entonces el ejército, con algún sentido de responsabilidad para con los suyos, lo trasladó a Panamá, donde entró a servir bajo el general Connor, llevando consigo el recuerdo de la tragedia de la muerte del niño.

En relación con el tipo de padre que él hubiera querido ser, Eisenhower volvió a ser el hijo que él perdió. En esta situación delicadísima, empezó a aprender de su mentor. El general Connor le ofreció, y él gustosamente aceptó, un magnífico curso de técnica militar. El efecto que esta relación tuvo en su ánimo no se puede medir cuantitativamente, pero según sus propias reflexiones y el curso posterior de su carrera, no se puede sobrestimar su significado en la reintegración de una persona destrozada por el dolor.

Refiriéndose a Connor, Eisenhower escribió más tarde: "La vida con el general Connor fue una especie de escuela de postgrado en asuntos militares y en las humanidades, adobada por un hombre experimentado y conocedor de los hombres y de su conducta. Nunca podré expresar en forma adecuada mi gratitud para con este caballero. En toda una vida de asociación con grandes y buenos hombres, ésta es la figura más o menos invisible para con quien tengo una deuda incalculable".[15]

Poco después de su servicio con el general Connor, llegó el momento crucial de su carrera: Recibió órdenes de asistir a la Escuela de Mando y Estado Mayor en Fort Leavenworth, una de las más competidas del ejército. Era una destinación muy codiciada, y Eisenhower aprovechó la oportunidad. A diferencia de su aprovechamiento en la escuela secundaria y en West Point, en la Escuela de Estado Mayor fue sobresaliente; se graduó ocupando el primer puesto en su curso.

Los biógrafos que estudian la vida psicológica de personas eminentes demuestran una y otra vez la importancia del papel que desempeña un mentor en el desarrollo de un individuo. Andrew Carnegie debió mucho a su superior Thomas A. Scott, quien como jefe de la División del Oeste del Ferrocarril de Pensilvania reconoció el talento y la voluntad de aprender del joven telegrafista destinado

---

[15]Ibídem, p. 187.

a su servicio. Confiándole cada día mayores reponsabilidades y brindándole la oportunidad de aprender por observación personal directa, Scott aumentó la confianza de Carnegie en sí mismo y su sentido de realización. Por su propia fortaleza personal y sus propias realizaciones, Scott no temía la acometividad de Carnegie, antes bien, le dio rienda suelta estimulando sus iniciativas.

Los mentores se arriesgan con las personas. Inicialmente, apuestan al talento que perciben en los jóvenes. También corren el riesgo de participación emocional trabajando íntimamente con ellos. Los riesgos no siempre son recompensados, pero la voluntad de correrlos parece crucial para el desarrollo de líderes.

¿PUEDEN LAS ORGANIZACIONES DESARROLLAR LÍDERES?

Los ejemplos que di destacan la importancia de la influencia personal y de las relaciones de persona a persona en la formación de líderes. Para que las organizaciones fomentaran deliberadamente el desarrollo de líderes, a diferencia de gerentes, sería preciso desarrollar relaciones de persona a persona entre ejecutivos viejos y jóvenes y, lo que es más importante, fomentar una cultura de individualismo y posiblemente de elitismo. El elitismo nace del deseo de identificar talento y otras cualidades que indican la capacidad de dirigir y no simplemente de administrar.

Un mito sobre cómo aprenden y se desarrollan las personas parece haber arraigado en la cultura estadounidense y domina igualmente el pensamiento en los negocios. El mito es que las personas aprenden mejor de sus pares. Se supone que en las relaciones entre iguales se elimina la amenaza de evaluación y hasta de humillación, por la tendencia a la identificación recíproca y por la abolición social de los comportamientos autoritarios que implica la igualdad. La capacitación de pares en una organización tiene lugar en diversas formas. Por ejemplo, se supone que el uso de fuerzas de tarea compuestas de pares provenientes de los distintos grupos ocupacionales interesados (ventas, producción, investigación y finanzas) elimina las restricciones que impone la autoridad a la voluntad del individuo de afirmar e intercambiar ideas. En consecuencia, dice la teoría, las personas interactúan con mayor libertad, escuchan las críticas y los otros puntos de vista más objetivamente, y, finalmente, aprenden de este saludable intercambio.

Otra aplicación de capacitación de pares existe en algunas grandes corporaciones, como Philips, N.V., en Holanda, en la cual la organización se estructura sobre el principio de la responsabilidad conjunta de dos pares, uno de los cuales representa el aspecto comercial del negocio y el otro el aspecto técnico. Formalmente, ambos tienen por igual la responsabilidad de las operaciones en un área geográfica o la de grupos de producto, según sea el caso. En la práctica, puede suceder que uno de los pares domine la administración. En todo caso, la interacción principal es entre dos o más iguales.

Mi duda principal acerca de esas disposiciones es si no perpetúan la orientación gerencial e impiden la formación de relaciones de persona a persona entre ejecutivos de más antigüedad y líderes potenciales.

Consciente del posible efecto paralizador de las relaciones entre pares sobre la acometividad y la iniciativa individual, otra compañía, mucho menor que Philips, utiliza la responsabilidad conjunta de iguales para las unidades operativas, con una diferencia importante. El director ejecutivo de esta compañía estimula la competición y la emulación entre pares, nombrando finalmente al que sobresalga entre ellos para asignarle mayor responsabilidad. Estas providencias híbridas producen consecuencias no buscadas que pueden resultar desastrosas. No hay manera fácil de limitar la rivalidad, la cual penetra en todos los niveles de la operación y abre el camino a la formación de camarillas en una atmósfera de intrigas.

Una gran compañía petrolera integrada ha aceptado la importancia de desarrollar líderes mediante la influencia directa de los ejecutivos superiores sobre los jóvenes. El presidente de la junta directiva y el director ejecutivo de una compañía eligen todos los años a un graduado universitario de talento para designarlo asistente especial, y trabajan con él de cerca durante un año. El joven ejecutivo queda entonces preparado para ser destinado a una de las divisiones operativas, para ocupar allí una posición de responsabilidad, ya no de capacitación. La relación con el mentor le permite conocer de primera mano el uso del poder, lo mismo que los antídotos importantes para esa enfermedad del poder que se llama arrogancia: rendimiento e integridad.

Cuando se trabaja en la relación de persona a persona, en la cual hay una diferencia formal y reconocida en el poder de los actores, se requiere mucha tolerancia para el intercambio emotivo. Este intercambio, inevitable cuando se trabaja en estrecho contacto, probablemente explica la renuencia de muchos ejecutivos a entrar a formar parte de esa relación. Yo me pregunto si no sería útil para las corporaciones una mayor capacidad de los altos funcionarios para tolerar los impulsos competitivos y el comportamiento desafiante de sus subalternos. Por lo menos una mayor tolerancia del intercambio no favorecería al jugador del equipo gerencial a expensas del individuo que puede llegar a ser líder.

Constantemente me sorprende la frecuencia con que los directores ejecutivos se sienten amenazados cuando abiertamente se combaten sus ideas, como si se cuestionara la fuente de su autoridad más bien que sus ideas específicas. En cierto caso, un director ejecutivo a quien mortificaba mucho la actitud osada y a veces hasta grosera de uno de sus vicepresidentes de talento, se valía de diversos métodos indirectos, tales como reuniones en grupo e insinuaciones hechas por directores de fuera, para evitar tratar con su subalterno. Yo le aconsejé que hiciera frente resueltamente a lo que le producía irritación. Le sugerí que en un enfrentamiento directo, cara a cara, tanto él como su subalterno aprenderían a validar la distinción entre la autoridad que había que preservar y los asuntos que había que discutir.

Enfrentar es también tolerar el intercambio agresivo, y produce el efecto neto de descorrer los velos de ambigüedad y señalización que son tan característicos de las culturas gerenciales, lo mismo que de fomentar las relaciones emocionales que los líderes necesitan para sobrevivir.

Copyright © 1977; revisado en 1991.

TEMAS DE DISCUSIÓN

1. ¿El autor prefiere a los gerentes o a los líderes?
2. ¿Distingue Zaleznik en una forma demasiado cortante entre gerentes y líderes? ¿Es realista la descripción que hace de ellos?
3. ¿Pueden los gerentes beneficiarse de la relación con mentores?
4. ¿Son tanto los gerentes como los líderes indispensables en una organización? ¿Alguna vez se duplican sus deberes?